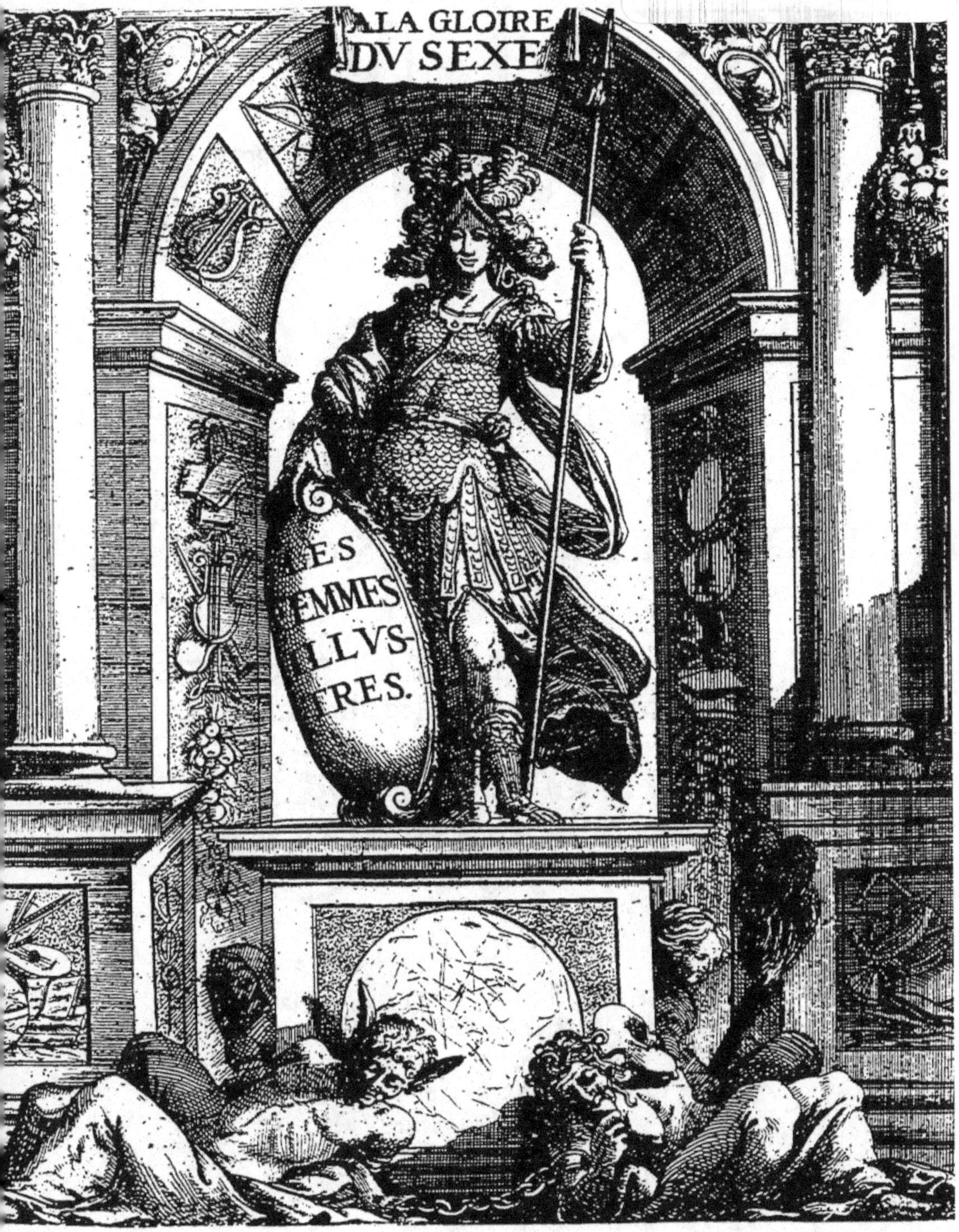
A LA GLOIRE
DV SEXE
ES
EMMES
LLVS-
TRES.

FEMMES
ILLVSTRES,
OV
LES HARANGVES
HEROÏQVES
DE
MONSIEVR DE SCVDERY,
AVEC
LES VERITABLES PORTRAITS DE
ces Heroïnes, tirez des Medailles Antiques.

A PARIS,
Chez { ANTOINE DE SOMMAVILLE, en la Galerie des Merciers, à l'Escu de France, & AVGVSTIN COVRBE', en la mesme Galerie, à la Palme. } Au Palais.

M. DC. XXXXII.
AVEC PRIVILEGE DV ROY.

AVX
DAMES.

I'Offre LES FEMMES ILLVSTRES, aux plus Illustres des femmes, & les coniure d'en vouloir prendre la protection. En soutenant la gloire de ces Heroines, elles soutiendront la leur propre : & par vn interest genereux, elles se défendront en les défendant. Pour moy, Belles & aimables Dames, qui ay tousiours esté adorateur de vostre Sexe; pour-

EPISTRE.

ueû que cet Ouurage vous plaise, & qu'il contribuë quelque chose à vostre reputation; ie seray arriué à la fin, que ie me suis proposée. Que si toutefois, par vne bonté qui vous est naturelle, vous voulez me proteger; & que la malice des hommes me reduise aux termes, d'auoir besoin de ce glorieux secours; Vous leur direz, s'il vous plaist, ce que ie m'en vay vous dire : & tascherez de les faire taire, si vous me iugez digne de parler.

Ils sçauront donc, pour les instruire de mon dessein; que l'heureux succés de la Traduction que i'ay faite, des Harangues du Manzini, m'a obligé en partie, à entreprendre celles-cy. I'ay voulu voir si ie réussirois aussi bien, en Original

EPISTRE.

qu'en Copie : & si ie ne m'égarerois point, lors que ie marcherois sans guide. Que s'ils trouuent estrange, que i'aye choisi des femmes, pour exprimer mes pensées ; & qu'ils s'imaginent que l'Art Oratoire, vous est absolument inconnu : désabusez-les, ie vous en coniure ; & me deffendez auec tant d'eloquence, qu'ils soient contraints de confesser, que vous n'en manquez pas; & que par consequent, ie n'ay point failly en mon election. En effet, entre mille belles qualitez, que les Anciens ont remarquées en vostre Sexe ; ils ont tousiours dit, que vous possediez l'eloquence, sans art, sans trauail, & sans peine : que la Nature vous donnoit liberalement, ce que l'estude nous vend bien cher : que vous

EPISTRE.

naissiez ce que nous deuenons en fin: & que la facilité de bien parler vous est naturelle, au lieu qu'elle nous est acquise. Mais me diront-ils, peut-estre, puis que les Dames sont naturellement si eloquentes, pourquoy ne leur faites vous pas obseruer ponctuellement, toutes les parties de l'Oraison, comme la Rethorique les enseigne dans les Escolles? Que ne voit-on en ce Liure, (pardonnez moy Illustres Dames, les terribles mots que ie vay dire;) les Exordes, les Narrations, les Epilogues, les Exagerations, les Metaphores, les Disgressions, les Anthitheses, & toutes ces belles figures, qui ont accoustumé d'enrichir les Ouurages de cette espece? A cela i'ay à leur respondre, qu'elles y sont; mais qu'elles y sont plus adroitement

EPISTRE.

tement placées. L'artifice le plus delicat, consiste à faire croire qu'il n'y en a point: Vous portez des mouches sur le visage, que vostre adresse y a mises, pour relever la blancheur du teint: Mais elles y sont mises de sorte, qu'on diroit qu'elles sont vivantes, & qu'elles y ont volé par hazard. Vous faites des boucles & des anneaux de vos cheueux; mais c'est avec vne negligence si subtile, & vne nonchalance si agreable, qu'on soubçonne plustost le vent que vostre main, d'avoir aidé à la Nature. Tout de mesme icy, i'ay tasché de faire mes Heroines eloquentes: mais ie n'ay pas iugé, que l'eloquence d'vne Dame, deust estre celle d'vn Maistre aux Arts. Les Ruelles & les Classes, les Colleges & le Louure, la Cour &

EPISTRE.

l'Vniuersité, ont des manieres aussi differentes, que si c'estoient des peuples fort éloignez : & quiconque feroit voir vne Demoiselle du païs Latin, aux ieunes Gens de la Court; ils la regarderoient comme vn Monstre, & la traitteroient de ridicule. C'est, Illustres Personnes, ce que vous auez à leur dire, sur le sujet dont il s'agit. Que s'ils adioustent, que ie n'ay obserué nul ordre de Chronologie, en celuy où i'ay placé mes Harangues; que l'on y voit Cleopatre deuant Sisigambis, Lucrece apres Zenobie, & ainsi de toutes les autres : Vous leur direz qu'il est vray ; mais que cette erreur est volontaire, & si ie l'ose dire, iudicieuse. I'ay imité en cette occasion, l'adresse de celles qui font des bouquets, & qui meslent par vne

EPISTRE.

confusion reguliere, les Roses & le Iasmin, la fleur d'Orange & de Grenade, les Tulipes & les Ionquilles; afin que de ce beau meslange de couleurs, resulte cette agreable diuersité, qui plaist tousiours tant à la veuë. De mesme icy, i'ay choisi dans l'Histoire, les matieres les plus illustres, & les plus differentes que i'ay pû; & ie les ay meslées auec vn tel ordre, quoy qu'il soit adroitement caché; qu'il est comme impossible, que le Lecteur n'en soit diuerty. Or, Diuines Personnes, si l'on remarque par hazard, qu'entre mes Heroïnes, il y en a plus d'affligées que de contentes: respondez que c'est vne chose ordinaire; que la Fortune & la Vertu, sont deux anciennes ennemies; que toutes les Belles ne sont pas heureuses; &

EPISTRE.

que la compassion & la pitié, ne sont pas les sentimens les moins agreables & les moins touchans, que cette espece de lecture puisse donner. Vous aurez encor à respondre, à ceux qui trouueroient estrange, que le titre de mon Liure soit

LES FEMMES ILLVSTRES, OV LES HARANGVES HEROÏQVES:

& qui diroient, que des Femmes & des Harangues, ne sont pas la mesme chose : Vous aurez, dis-ie, à leur respondre, que l'exemple d'Herodote, m'authorise & les condamne: & que puis qu'il ne luy a pas esté défendu, de nommer les neuf Liures de son Histoire, Melpomene, Eraton, Clio, Vranie, Terpsicore, Euterpe, Thalie, Calliope, & Polimnie, qui

EPISTRE.

sont les Noms des neuf Muses, elles qui sont des Deesses, & non pas des Liures; ce que i'ay fait me doit bien estre permis. Que si l'on obseruoit encore, que dans vne partie de mes Harangues, il y a quelques pensées, que l'on a veuës dans des Tragedies modernes, où les mesmes Heroïnes sont introduites: empeschez, ie vous en coniure, que l'on n'aye l'iniustice de me souçonner, de les auoir prises en ce lieu-là. Et pour m'en iustifier, dittes, s'il vous plaist, qu'il est certaines notions vniuerselles, qui viennent necessairement à tout le monde, quand on traitte les mesmes sujets. Que de plus, s'il y a quelque chose d'estranger en mon Ouurage, il n'a pas esté pris chez les modernes: mais qu'eux & moy l'auons pris chez les

EPISTRE.

Anciens. I'ay creu qu'il falloit orner ces Harangues de tout ce que l'Histoire auoit de beau & de remarquable, dans les sujets que i'ay traitez; & i'en ay fait vne recherche assez curieuse, pour en meriter quelque gloire: Mais cependant i'ay esté si scrupuleux en cela, que i'ay marqué d'vn caractere different, tout ce qu'elle m'a fourny, quant aux pensees, pour faire taire la médisance: car pour l'enuie, ie ne m'estime pas assez, pour oser croire que ie la fasse parler. Enfin, pour acheuer de répondre à toutes les obiections qu'on pourroit faire contre moy; si quelqu'vn prenoit les Medailles de ces Heroïnes, pour des Medailles faites à plaisir; & qu'il les creust fausses, parce que les inscriptions en sont

EPISTRE.

Françoises, au lieu qu'en celles qui sont veritables, elles sont Grecques ou Latines. Respondez, s'il vous plaist, que les curieux qui les connoissent, me deffendront des ignorans qui ne les connoissent pas: & que si i'ay traduit ces inscriptions en nostre langue, ça esté en faueur de ceux qui n'auroient point entendu les Latines, & qui n'auroient pas seulement pû lire les Grecques.

Voila, Illustres Dames, ce que vous auez à dire pour moy, ou pour parler plus veritablement, voila ce que i'auois à vous dire. Car pour finir ce discours par où ie l'ay commencé; pourueu que vous soyez satisfaites, ie ne puis manquer d'estre content: & si L'ARC DE TRIOMPHE que i'ay esleué, A LA GLOI-

EPISTRE.

RE DE VOSTRE SEXE, n'est pas iugé indigne de vous ; ce ne sera pas le dernier Ouurage que i'entreprendray pour vous. Ie medite vn second Volume de Harangues, dont les sujets ne sont pas moins grands que les premiers : ils ont mesme quelquechose de plus piquant, & de plus propre à diuertir : Mais vous trouuerez bon, apres cette premiere course, que ie pare au bout de la Carriere : qu'auant que d'en faire vne seconde, ie regarde vers les Eschaffaux : & que ie cherche à connoistre dans vos yeux, si mon adresse vous a pleû.

TABLE

TABLE
DES HARANGVES
CONTENVËS EN
ce Volume.

 Rtemise à Isocrate.   Page 1
Mariamne à Herodes. p. 17
Cleopatre à Marc-Antoine.
page   45
Sisigambis à Alexandre.   p. 67
Sophonisbe à Massinisse.   p. 85
Zenobie à ses filles.   p. 105
Porcie à Volumnius.   p. 131
Berenice à Titus.   p. 149
Panthée à Cyrus.   p. 169
Amalasonthe à Theodat.   p. 187
Lucrece à Colatin.   p. 205

Volumnia à Virgilie. p. 225
Athenaïs à Theodose. p. 249
Pulcheria au Patriarche de Constantinople. p. 269
Calphurnie à Lepide. p. 289
Liuie à Mecene. p. 329
Cloelia à Persenna. p. 355
Octauie à Auguste. p. 375
Agripine au peuple Romain. p. 395
Sapho à Erinne. p. 421

Contraste insuffisant

NF Z 43-120-14

ARTEMISE
A
ISOCRATE.
PREMIERE HARANGVE.

ARGVMENT.

Apres qu'Artemise eut employé les plus sçauans Architectes de son siecle, à bastir ce superbe Tombeau, qui fut depuis vne des sept Merueilles du Monde : l'amour qu'elle auoit pour son cher Mausole, ne fut pas encor pleinement satisfaite : Elle fit venir de la Grece Isocrate & Theopompe, les plus celebres Orateurs de l'Antiquité, & par des liberalitez vrayement Royalles, elle obligea ces grands Hommes, à faire agir leur eloquence, en faueur du Roy son Mary, dont ils eterniserent la memoire. Ce fut donc pour leur demander cette grace, que cette belle inconsolable, leur parla de cette sorte : apres que l'excez de son amour luy eut fait oublier qu'elle parloit, deuant le fameux Isocrate.

Toy par qui l'Architecte employa tant de veilles,
Lors que ton cher Espoux se vit priué du iour;
L'on met ton Mausolée, au nombre des merueilles,
Mais pour moy, i'y mets ton amour.

ARTEMISE
A
ISOCRATE.

C'Est de vous, ô Illustre Orateur, que j'attends l'Immortalité de Mausole: c'est à vous à donner l'Ame à toutes les Statuës que ie luy esleue ; c'est à vous

A ij

à luy faire vn Tombeau, que la reuolution des siecles ne puisse destruire; & qui eternise tout ensemble, Mausole, Isocrate, & Artemise. Ne pensez pas que ie croye, que le temps & la fortune respectent l'Or, le Marbre, le Iaspe, le Porphire, & l'Albastre Orientale, que j'employe à luy bastir vn superbe Monument : Non, ie sçay que ces trois cens Colomnes où tous les ordres sont obseruez auec soin; dont les bazes sont si bien affermies; dont les Chapiteaux sont si magnifiques; & où l'Art surpasse la matiere; ne seront vn iour, que de pitoyables ruines; & quelques temps apres ne seront plus rien du tout. Toutes ces Basses-tailles, qui sõt aux quatre faces de ce Sepulchre, seront successiuement effacées, par l'injure des Saisons : Et à peine pourra-t'on encor aperceuoir quelques figures imparfaites, de toutes celles, que nous y admirons auiourd'huy. Ces Obelisques, qui semblent deffier la tempeste, seront peut-estre abatuës par la foudre, & reduites en cendre. Ces Vases fumans, ces Flambeaux esteins, ces Trophées d'Armes, & tous les Ornemens dont l'Architecture est

A ISOCRATE.

capable, n'empeſcheront pas la deſtruction de cét Ouurage: Enfin Iſocrate, quand j'auray employé tous mes Treſors à ce Tombeau, & que par les ſçauantes mains de Scopas, de Briaxis, de Timothée, & de Leochares, ie l'auray mis en eſtat de paſſer pour vne des merueilles du Monde: ſi apres tout cela, quelqu'vn ne prend le ſoin d'en conſeruer la memoire par ſes eſcrits; les Statuës que i'ay fait eſleuer, l'Or, le Marbre, le Iaſpe, le Porphire, l'Albaſtre, les Colomnes, les Baſſes-tailles, les Obeliſques, les Vazes fumans; les Flambeaux eſteins, & tous les Ornemens de l'Architecture, qui paroiſſent en cét ouurage; n'empeſcheront diſ-je pas, que Mauſole, ſon Tombeau, ſes Architectes, ſes Sculpteurs, & Artemiſe meſme, ne ſoient enſeuelis dans l'oubly: & ne ſoient auſſi inconnus aux ſiecles eſloignez du noſtre, que s'ils n'auoient iamais eſté. C'eſt donc à vous Iſocrate, c'eſt donc à vous Theopompe, à donner de plus ſolides fondemens à cét Edifice: c'eſt à vous à animer tous ces Marbres, par des inſcriptions magnifiques; c'eſt à vous à reſſuſciter Mauſole; c'eſt à vous à me faire viure eter-

A iij

nellement; quoy que ie fente que ie mourray bien-toft. Ie ne vous demande pas Ifocrate, que vous donniez des loüanges à Helene, ou que vous faffiez l'Eloge de Bufire, comme vous auez fait autrefois : ie vous donne vne matiere plus illuftre & plus facile: les Vertus de Maufole, & l'Amour legitime d'Artemife, font vn plus noble fujet, que l'inhumanité de Bufire, ou la legereté d'Helene. Voftre eloquence n'aura point de crimes à déguifer: tous les artifices que la Rhetorique enfeigne, pour impofer des menfonges, & les rendre vray femblables, ne vous feruiront qu'à perfuader la verité : & fans emprunter rien des Sophiftes, il fuffira que vous efcriuiez comme vn Orateur, comme vn Philofophe, & comme vn Hiftorien tout enfemble. L'eloquence, ce rare priuilege que les Dieux ont accordé aux hommes, comme vn Rayon de leur diuinité; ne deuroit iamais eftre employé, que pour proteger l'innocence, ou pour eternifer la Vertu. Ceux qui ont fait vne Deeffe de la Perfuafion, n'auoient pas deffein de la rendre efclaue du caprice des hommes: & ils connoiffoient fans doute auffi bien que moy, que l'eloquence est vn don du Ciel, qu'on ne doit iamais prophaner. Le pouuoir qu'elle a d'exciter, ou d'apaiser les passions les plus violentes; d'esmouuoir les cœurs les plus endurcis; de persuader les plus incredules; de forcer les plus opiniastres; de contraindre iusqu'à nostre volonté, & de faire que nous nous oposions à nous mesme, en quitant nos propres opinions, pour suiure celles d'autruy; tous ces aduantages, dis-je, ne luy ont pas esté donnez, pour s'en seruir auec iniustice. Au contraire, c'est elle que les Dieux ont choisie, pour faire voir au monde la vertu aussi belle qu'elle est; & pour luy faire tous les iours de nouuelles conquestes. C'est par elle, que les hommes qui la possedent, acquierent l'immortalité, en immortalisant les autres: c'est elle, qui malgré le temps, & la vicissitude des choses, conserue la memoire des belles actions: c'est elle, qui malgré la destruction des Royaumes & des Empires, perpetuë le souuenir des Roys & des Empereurs: & qui lors que leurs cedres mesme, ne sont plus dans leurs Tombeaux; que leurs Palais sont destruits; que leurs plus fameuses Villes sont desertes ; que leurs Statuës sont renuersées ; & que leurs Royaumes mesme ont changé de nom ; fait encor voir à toute la terre, vne Image de leur vertu. Ouy, plusieurs Siecles apres qu'ils ont cessé de viure, ils viuent encor parmy les hommes; ils ont encor des amis & des sujets ; on les consulte pour la conduite de la vie ; on imite leurs bonnes qualitez ; on leur fait de nouueaux Eloges; l'enuie ne ternit plus leur gloire; on leur donne toute la loüange qu'ils meritent ; la veneration qu'on a pour eux est si grande, qu'on ne marche aux lieux qu'ils ont habitez, qu'auec quelque espece de crainte; & s'il demeure encor quelques vieilles ruines de leurs bastimens, on respecte en eux, ce que le temps n'a point respecté ; on les regarde auec plaisir ; on les prefere à toute la magnificence des Modernes ; & les Peintres mesme ornent leurs Tableaux, de ces illustres ruines, & en eternisent la memoire. Apres cela, Isocrate, ne vous estonnez pas si ie souhäite si passionnement, que vostre eloquence face vn Panegyrique pour mon cher Siegneur : ie sçay en quelle estime elle

est

A ISOCRATE.

est par toute la Grece; & ie preuoy auecques certitude, qu'on luy rendra Iustice aux Siecles aduenir. Tous les Escrits qui porteront le nom d'Isocrate ou de Theopompe, seront reuerez du Temps, de la Fortune, & de tous les hommes. Ils passeront chez toutes les Nations, & par tous les Siecles, sans qu'on leur face outrage: & porteront auec eux la reputation de ceux dont ils auront parlé. Il se trouuera peut-estre mesme d'Illustres personnes, qui par l'estime qu'elles feront de vos ouurages, vous feront parler des langues, qui ne sont pas encore inuentées: & qui par l'esclat de vostre gloire, croiront adjouster quelque chose à la leur en la publiant. Parlez donc Theopompe, parlez donc Isocrate, des Vertus de Mausole, & de l'Amour d'Artemise, afin que tous les hommes en parlent apres vous. Mais ne vous imaginez pas, qu'il se mesle vn sentiment de vanité, en la priere que ie vous fais: Non Isocrate, ie ne veux point que vous cherchiez en ma personne, ny en ma vie, dequoy me faire vn Eloge magnifique; Ie ne veux point que vous parliez de mon Illustre naissance; Ie ne veux point

B

que vous difiez, que ie fuis née auec la Couronne d'Halicarnaffe; Ie ne veux point que vous difiez, que quoy que femme, i'ay pourtant fceu l'Art de regner fouuerainement; Ie ne veux point que vous apreniez à la pofterité, l'eftime extraordinaire, que le grand Xerxes faifoit de moy; Ie ne veux point que vous difiez, que ie fis le voyage de Grece auec luy; Ie ne veux point que vous faciez connoiftre, que i'auois la premiere place à fon Confeil, & que le mien eftoit toufiours fuiuy; Ie ne veux point que vous parliez des exploits que ie fis en cette guerre, non plus que du prix exceffif, que les Atheniens promettoient, à quiconque me remettroit entre leurs mains: Mais ie veux feulement que vous difiez, qu'Artemife eftoit Reine de Carie, parce qu'elle auoit efpoufé Maufole qui en eftoit Roy; qu'Artemife fur toutes les vertus, a toûjours aymé celle, qui eft la pl⁹ neceffaire à fon Sexe; qu'Artemife n'a iamais eu d'autre paffion, que celle d'aimer parfaitemēt fon Mary; qu'Artemife apres l'auoir perdu, a perdu le defir de la vie; & enfin qu'Artemife apres ce malheur, n'a eu autre foin, que d'illuftrer fa memoire. Mais apres auoir dit toutes ces choses, & auoir loüé Mausole, autant qu'il le meritoit: apres dis-je auoir dépeint ma douleur, ou pour mieux dire mon desespoir aussi grand qu'il est; N'oubliez pas d'aprendre à la posterité, qu'apres auoir fait bastir le plus superbe Monument qu'on ait iamais vû; Ie n'ay pû trouuer d'Vrne, que ie creusse digne de renfermer ses cendres. Le Cristal, l'Albastre, & toutes les Pierres precieuses, que la Nature produit, n'eussent point ce me semble, assez tesmoigné mon affection. Il ne falloit estre que magnifique & liberale, pour luy donner vne Vrne d'Or, couuerte de Diamants: mais pour luy donner son cœur pour Vrne, il falloit estre Artemise. C'est là Isocrate, que ie renferme les cendres de mon cher Seigneur; c'est là Theopompe, que ie mets en dépost ces cheres Reliques; attendant auec impatience, que son Tombeau soit en estat, de receuoir cette Vrne viuante que ie luy ay onnée. C'est veritablement mon cœur, qui doit seruir d'Vrne aux cendres de mon cher Mausole. Il me semble que ie leur donne vne nouuelle vie en les y mettant;

& il me semble encor, qu'elles me communiquent cette froideur mortelle que i'y trouue. Et puis il est bien iuste, que Mausole ayant tousiours esté dans mon cœur tant qu'il a vescu, y soit encor apres sa mort. Peut-estre que si j'eusse mis ces cendres dans cette Vrne d'Or, toute couuerte de Pierreries; Peut-estre dis-je, que par la suite des Temps, quelque iniuste Conquerant, seroit venu ouurir son Tombeau; & d'vne main prophane & sacrilege, auroit emporté l'Vrne; ietté ces cendres au vent: & separé les miennes, d'auec celles de Mausole: Mais de la façon dont i'en vse, nous serons inseparables. Il n'est point de Tyran qui puisse troubler mon repos, puis qu'il n'en est point, qui puisse m'esloigner de mon cher Seigneur. Voila Isocrate, ce que vous deuez dire; voila Theopompe, ce que ie veux que vous disiez de moy. Mais pour mon cher Seigneur, n'oubliez rien de tout ce qui luy peut estre glorieux, & de tout ce qui effectiuement estoit en luy. Dittes qu'il estoit redoutable à ses Ennemis, aymé de ses Sujets, & en veneration à tous les Princes ses voisins. Parlez des grandes qualitez de son Ame, aussi bien que des graces qu'il auoit receuës de la Nature. Loüez sa valeur à la guerre, sa douceur dans la paix, & son équité & sa clemence enuers tout le monde. Enfin, formez vous l'idée d'vn Prince accomply, & vous ferez le veritable portraict de Mausole. Mais apres toutes les choses que vous aurez dites, de cét Illustre Mary; Parlez auec ardeur de l'amour qu'il auoit pour moy, & de celle que i'ay tousiours euë pour luy. Dépeignez cette Passion aussi forte, aussi pure, & aussi fidelle qu'elle a esté ; Détrompez ceux qui croyent, que le crime est la nourriture de l'amour; & qui pensent qu'vne passion legitime, ne peut estre ny ardente, ny longue, ny agreable. Aprenez leur, que Mausole & moy donnons vn exemple, qui destruit toutes leurs experiences, & tous leurs raisonnemens: puisqu'encore que nostre amour, ait tousiours eu beaucoup d'innocence, elle n'a pas laissé d'auoir beaucoup d'ardeur; de durer iusques à la mort; & de nous estre infiniment agreable. Parlez donc auec Eloge, de cette sainte liaison, qui force deux personnes vertueuses, à s'aymer eternellement.

B iij

Mais s'il est possible, hastez vous de me satisfaire: Employez mesme vostre eloquence, à persuader à tous ceux qui trauaillēt au Tombeau de Mausole, d'aporter le plus de diligence qui leur sera possible, à aduancer leur ouurage, car le mien s'en va bien-tost acheué. Le peu de cendres qui me reste de mon cher Mausole, sera bien-tost consumé ; & cela estant, ie n'ay plus rien à faire au monde. Tout ce qui est en la terre, ne sçauroit plus me toucher l'esprit : ie suis insensible à tout excepté à la douleur : & le seul desir que i'ay en l'ame, est de rejoindre mon cher Mausole, & de sçauoir certainement, que vous prendrez soin de sa gloire. La vostre vous y doit obliger ; la compassion vous y doit porter ; & s'il est permis de proposer d'autres recompenses à des Philosophes, que le seul plaisir de faire le bien ; Considerez quelle est la despence que ie fais, pour la structure de ce magnifique Tombeau ; & iugez de là, que celle qui despence tant de Tresors pour des Marbres muets, ne sera pas ingrate, quand vous parlerez à la Gloire de son cher Mausole. Mais quelque diligence que vous aportiez à me satisfaire; ny les Architectes, ny vous, n'aurez pas si tost acheué vos ouurages, que i'auray finy le mien; & si ie ne me trompe, ie mourray assez tost, pour vous permettre d'illustrer le Panegyrique de Mausole, de la mort de son Artemise.

EFFECT DE CETTE HARANGVE.

Ette vertueuse Reine obtint ce qu'elle vouloit: Isocrate & Theopompe, parlerent de son cher Mausole: mais en des termes si aduantageux, que quelques vns les ont accusez, de l'auoir flatté pour de l'argent. Quant à elle, ce n'estoit pas sans raison, qu'elle pressoit les Architectes: car ce superbe Tombeau, n'estoit pas encor acheué, lors qu'il falut qu'elle y eust sa place. Ceux qui auoyent entrepris ce miraculeux ouurage, ne laisserent pas de le finir : il fut long-temps vne des Merueilles du Monde : & sa gloire qui eut de plus solides fondemens que luy, dure encor en la memoire des hommes, auec celle de Mausole, & de l'Illustre Artemise.

MARIAMNE
A
HERODES.
SECONDE HARANGVE.

ARGVMENT.

Peu de gens ignorent, qu'Herodes fit mourir sa femme ; mais tous ne sçauent pas ce qu'elle dit en sa deffence : des deux Historiens qui nous ont parlé d'elle, l'vn n'estoit pas de son temps, & l'autre estoit des flateurs de son Mary : ainsi c'est à nous à chercher la verité, parmy l'ignorance de l'vn, & la malice de l'autre. Pour moy j'aduoüe, que ie me range du party de Mariamne : & que soit par pitié ou par raison : soit dis-je que sa beauté m'éblouisse, ou que son innocence m'éclaire ; Ie ne sçaurois croire, qu'vne Princesse sortie de l'illustre & genereux sang des Machabées, ait mis vne tache à sa reputation : & j'aime mieux croire qu'Herodes fut tousiours Herodes ; ie veux dire vn injuste & vn sanguinaire. Voicy donc l'Apologie de cette belle infortunée, qui aura plus de grace en sa bouche qu'en la mienne : escoutez-la donc parler ie vous en conjure ; & remarquez en son noble orgueil, le vray caractere de l'humeur de Mariamne.

Monstre, qui fis perir cette innocente Reine,
Dont ton cœur adoroit le visage charmant:
Quel seroit l'effect de ta haine,
Si tu fais mourir en aimant?

MARIAMNE
A
HERODES.

CE n'est ny la crainte de la mort, ny le desir de la vie, qui me font parler aujourd'huy : & si j'estois asseurée, que la Posterité me rendist Iustice quand ie

C ij

ne feray plus, j'ayderois moy mefme à mes accufateurs & à mes ennemis; ie regarderois le dernier de mes jours, comme le premier de ma felicité; & i attendrois l'heure de mon fuplice auec tant de conftāce, qu'elle donneroit peut eftre quelque confufion, à ceux qui me perfecutent. Mais puifqu'on en veut autant à ma vertu qu'à ma vie, il y auroit de la lafcheté, à fouffrir la calomnie fans la repouffer : & l'innocence & la gloire, font des chofes fi precieufes, qu'on doit tout faire pour les conferuer. Souffrez donc Seigneur (s'il eft bien feant à la petite fille d'Hircane, de vous apeller ainfi) que pour vous faire voir la pureté de mon ame, ie rapelle en voftre memoire, ce que vous eftes, & ce que ie fuis ; afin que comparant mes actions paffées, auec les accufations que l'on fait maintenant contre moy, vous puiffiez en quelque forte preparer voftre efprit, à croire les veritez que ie luy dois dire. Vous n'auez pas fans doute oublié, que ie fuis de cette illuftre race, qui depuis tant de fiecles, a donné des Roys à la Iudée : que tous mes predeceffeurs ont tenu iuftement, le Sceptre que vous auez : que par le

A HERODES.

droit de leur naissance, ils ont porté la Couronne, que la fortune vous a mise sur la teste : & que si les choses eussent esté selon l'ordre ordinaire, bien loin d'estre mon Iuge, j'eusse pû vous compter au nombre de mes Sujets : & prendre legitimement sur vous, le pouuoir que vous vsurpez sur moy. Cependant, côme cette haute naissance, m'obligeoit à vne vertu non commune ; Hircane ne m'eut pas plûtost commandé d'estre vostre femme, que sçachant l'obeïssance que ie luy deuois, sans considerer l'inegalité qui estoit entre nous, ie vous receus pour Mary : & quoy que mes inclinations, fussent graces au Ciel toutes contraires aux vostres, vous sçauez de quelle façon i'ay vescu auec vous : & si vous eussiez pû attendre plus de complaisance, & plus de tesmoignage d'affection de moy, quand mesme vostre alliance m'eust esté aussi honnorable, que la mienne vous estoit glorieuse. Depuis cela Seigneur, iusques à la perte d'Hircane ; qu'ay-ie fait ? qu'ay-ie dit ? qu'ay-ie pensé contre vous ? rien, si ce n'est que ie n'ay pû me réjouïr de vos victoires, parce qu'elles estoient funestes pour mes Pa-

C iij

rens : Et qu'encor que i'aye le cœur aussi grand que ma naissance est illustre, ie n'ay pû monter sur le Trosne de mes Predecesseurs qu'en respandant des larmes : parce que ie ne le pouuois auec justice : du moins en qualité de femme d'Herodes. Mais vous sçauez que ne pouuant empescher ce iuste sentiment, que la raison & la nature me donnoient ; i'apportois du moins quelque soin à vous cacher mes pleurs. Ie taschois moy-mesme en ce temps-là, de vous iustifier dans mon esprit : & tant que vous n'auez eu que de l'ambition sans cruauté, ie vous ay plustost plein qu'accusé. I'appellois cette passion, l'erreur des grandes ames ; & la marque infaillible d'vne personne née pour les grandes choses. Combien de fois ay-ie dit en moy-mesme, que si la fortune vous eust donné de legitimes ennemis, vous eussiez esté le plus grand Prince de la terre ? Combien de fois ay-ie souhaité, que ce grand & merueilleux Esprit que vous auez ; que ce cœur inuincible qui vous fait tout entreprendre ; vous eust porté contre des Peuples, dont vous eussiez pû estre le Conquerant, &

non pas l'vsurpateur? Helas! si vous sçauiez tous les vœux que i'ay faits pour vostre gloire, vous ne me croyriez pas capable de l'auoir voulüe tenir en oubliant la mienne ! Mais peut-estre est-ce pour cette faute que le Ciel me punit : ie ne sçaurois pourtant souhaiter de ne l'auoir point faite ; & quoy que ie me trouue auiourd'huy en danger de perdre la vie, ie ne puis me repentir de vous l'auoir conseruée par mes Conseils ; lors que contre toute aparence, vous vouliez vous fier au traistre Barsaphane. Ie ne vous reproche pas ce bon office, mais ie vous en fais souuenir seulement ; pour vous faire voir, que i'ay tousiours fait tout ce que i'ay dû. Depuis cela, i'aduoüe que ie n'ay pas tousiours vescu ainsi : ie n'ay plus caché mes pleurs ; ie n'ay plus estouffé ma voix ; i'ay pleuré ; i'ay crié ; i'ay poussé des pleintes & des sanglots: mais que pouuoit moins faire la petite fille d'Hircane, qui venoit d'expirer par vos ordres, & par vostre cruauté ? que pouuoit dis-ie moins faire la sœur du ieune Aristobule, que vostre inhumanité auoit fait perir, pour affermir le Sceptre entre vos mains ? Ha non,

non, la patience eust esté criminelle en cette occasion. I'estois sans doute née pour le Trosne, mais ie n'y voulois pas monter, puis que ie ne le pouuois sans marcher sur le corps de mon Ayeul & de mon Frere. Ce Trosne estoit moüillé de leur sang, il faloit du moins le lauer de mes larmes; puis qu'il ne m'estoit pas permis de respandre celuy de leur ennemy. Helas! lors que ie me souuiens, quel objet digne de compassion, estoit celuy de voir ce Successeur de tant de Roys, ce venerable vieillard, receuoir la mort de celuy qu'il auoit receu en son alliance; ie fremis d'horreur d'y songer seulement, & ie n'en pourrois destourner la pensée, si l'image du ieune Aristobule ne s'offroit à mes yeux. Qu'auoit fait cét infortuné, pour meriter son mal-heur ? Il estoit ieune, il estoit vertueux, il estoit illustre en toute chose; & son plus grand deffaut, estoit sans doute qu'il me ressembloit. Mais helas! ce deffaut luy deuoit estre aduantageux en cette occasion: car s'il estoit vray que vous eussiez pour moy cette amour ardente, que vous m'auez toûjours voulu persuader estre dans vostre ame;

quand

quand Aristobule n'eust pas esté mon Frere, quand il n'auroit pas esté innocent, vous auriez tousiours dû respecter mon image en luy. La ressemblance de la personne aimée, eust fait tomber les armes des mains des plus cruels, & les eust fait changer de dessein. Mais que fais-ie insensée, de parler de cette sorte, à celuy qui en veut à ma propre vie; & qui non content d'auoir renuersé le Trosne de mes Peres, fait tuër mon Ayeul, noyer mon Frere, & exterminer toute ma Race; veut encore auiourd huy me rauir l'honneur, en m'accusant iniustement de trois crimes, dont ie ne puis iamais estre capable? I'ay si peu accoustumé d'en commettre, & ie suis si innocente de ceux qu'on m'impose, que ie doute si ie me souuiendray bien des accusations qu'on fait contre moy. Ie pense toutesfois que mes ennemis disent, que i'ay enuoyé mon portraict à Antoine ; que i'ay eu vne intelligence trop particuliere auec Ioseph ; & que i'ay voulu attenter à vostre vie. O ! Ciel est il possible, que Mariamne soit obligée de respondre à de semblables choses ? & ne suffit-il pas de dire que c'est Ma-

D

riamne qu'on accuse, pour dire qu'elle est innocente? non, ie voy bien que sans me souuenir, ny de ma condition, ny de ma vertu, il faut me mettre en estat d'estre condamnée iniustement : & quoy que ie sois d'vne naissance, à ne deuoir rendre conte de mes actiõs qu'à Dieu seul ; il faut pourtant que ie les iustifie deuant mes accusateurs, mes ennemis, & mes Iuges tout ensemble. Vous dites donc, que i'ay enuoyé mon portraict à Antoine que ie ne cõnoissois point, & qui ne me vit iamais : & sans en marquer nulle circonstance, sinon qu'il estoit lors en Egypte, vous voulez pourtant, que cette accusation passe pour vne verité constante. Mais dites vn peu, quel est le Peintre qui l'a fait ? quel est celuy qui l'a porté ? quelles sont les personnes à qui Antoine l'a monstré ? où sont les lettres qu'il m'a escrites pour me remercier d'vne si grande faueur ? car il n'est pas croyable, qu'il ait receu vn tesmoignage si extraordinaire de mon affection sans m'en rendre grace. Le cœur de Mariamne n'est pas vne conqueste si peu glorieuse, qu'il y eust de Roys en la terre, qui ne tinssent à gloire de l'auoir faite, &

qui ne fissent toutes choses pour la meriter. Cependant, il ne paroist nulles marques des soins qu'Antoine a aportez, ny à me conquerir, ny à me conseruer : & certes en cette occasion, il faudroit que i'eusse non seulement oublié ma propre gloire, mais entierement perdu la raison, pour auoir songé au crime dont on m'accuse. Car si c'estoit du temps que vous faisiez toutes choses pour luy, iusques à luy enuoyer toutes vos Pierreries, & à vous opposer à l'Empire Romain en sa faueur ; i'estois peu iudicieuse en mon choix : & ie ne deuois pas croire qu'Antoine, qui se piquoit de generosité, deust trahir vn homme à qui il auoit tant d'obligation, pour vne personne qu'il ne connoissoit pas. Que si c'est depuis que vous n'auez plus esté bien ensemble, par les artifices de Cleopatre, il y a encor moins d'apparence : & i'aurois bien esté inconsiderée, de donner moy-mesme des armes à mon ennemy ; (car en ce temps-là, vos interests estoient encor les miens.) Et puis, quelle vray semblance y a-t'il, quand ie serois aussi infame que ie suis innocente, que dans vn temps où toute la terre n'estoit remplie

D ij

que de l'amour d'Antoine & de Cleopatre ie luy eusse enuoyé mon portraict ? Rome auoit elle trouué cét expedient, pour le guarir des charmes de cette Egyptienne? L Empire auoit-il eu besoin de ce remede, ou bien ay-ie voulu me sacrifier à la vanité de cette malheureuse Princesse; dont la ialousie n'auroit pas manqué d'esclater hautement ? non Herodes, rien de tout cela n'est arriué : & l'innocence de Mariamne est si grande, que ses ennemis mesmes, ne peuuent luy supposer de crimes vray semblables. Et puis, vous sçauez que ce que l'on apelle Beauté en moy, ne m'a iamais donné de vanité : & que i'ay tousiours eu plus de soin, d'estre vertueuse que d'estre belle. Ie ne nie pas toutesfois, qu'il n'y ait vn portrait de Mariamne, qui a passé chez tous les Princes de la terre, & qui peut-estre y sera conseruélong-temps. Ouy Herodes, il y a vne image innisible de Mariamne, qui erre parmy le monde; qui luy fait des conquestes innocentes ; & qui sans son consentement, vous fait des ennemis secrets. Sa haute naissance, sa vertu, sa patience, & vostre cruauté, sont les seules couleurs qui sont employées à ce portrait : & le sang que ie m'en vay répandre, acheuera sans doute de le rendre adorable à la posterité. Mais pour respondre à la seconde accusation que l'on me fait; qui bien que fausse, ne laisse pas de me faire changer de couleur, par la confusion que i'ay, d'estre contrainte de parler d'vne semblable chose : ie diray auec ioye, que graces au Ciel, ie n'ay point d'autres témoins contre moy que vous, qui durant le temps de ce crime supposé, estiez à Laodicée : & qui par consequent, estiez incapable de respondre de mes actions. Aussi suis-ie bien asseurée, que vos yeux, ny vos oreilles, ne sçauroient rien rapporter contre mon innocence : & quoy que toute vostre Cour ne soit composée, que de vos esclaues ou de mes ennemis; que vostre Sœur mesme qui me hait, & par enuie, & par interest d'Estat, aye obserué auec vn soin extraordinaire, iusques aux moindres choses que i'ay faites ou dites; ie suis (dis-ie) bien certaine, qu'elle n'oseroit me soustenir, d'auoir entendu vne seule parole, ny remarqué vn seul de mes regards, qui pust faire soupçonner la modestie de Mariamne. Ce n'est pas que ie ne sçache bien qu'elle peut dire vn mensonge : mais ce qui fait que ie parle auec tāt de hardiesse, c'est que ie sçay, que i'ay encor plus de vertu qu'elle n'a de malice : & qu'ayant le Ciel pour mon protecteur, ie ne puis croire que du moins si ie dois perir, ie n'obtienne la grace de mourir de façon, que vostre iniustice & mon innocence, seront égallement manifestes. Et certes en cette occasion, il ne faut qu'ouurir les yeux, pour voir que les accusations que l'on fait contre moy, ne sont qu'vn pretexte pour me perdre. Car quelle aparence y a-t il, quand mesme i'aurois esté capable d'vn semblable crime, que i'eusse choisi le Mary de Salome, ma plus cruelle ennemie, & le confident d'Herodes? mais confident iusques au point qu'on luy confioit toutes choses; & qu'il n'étoit point de mauuais desseins, qu'on ne luy cōmuniquast. Il auoit part à tous les crimes; il estoit le geolier & non l'amant de Mariamne; & pour tout dire, c'estoit luy qui me deuoit mettre vn poignard dans le cœur, pour obeïr à vos volontez. O Ciel, qui vit iamais vn pareil témoignage d'amour! quoy Herodes, vous pustes en partant me dire adieu auec des larmes; vous pustes me regarder comme vous fistes, auec des yeux où ie ne voyois que des marques d'affection; & dans ce mesme temps mediter ma mort? ha! si vous l'auez pû (cōme ie n'en doute point) voꝰ pouuez bien encor auiourd'huy feindre de me croire coupable, pour me faire mourir innocente. Et ne me dites point de grace, que ce commandement fut vn effet de la forte passion que vous auiez pour moy: la mort de la personne aymée, ne peut iamais estre vn tesmoignage d'affection. La haine & l'amour ne font pas faire les mesmes choses: elles peuuent quelques fois regner successiuement dans vn cœur, mais iamais ensemble. Tout homme qui ayme bien, ne peut iamais viure sans la personne aymée, mais il peut tousiours mourir sans elle: & sa perte ne luy doit iamais estre vne pensée agreable. Il doit auoir regret de s'éloigner d'elle, & non pas regret de ce qu'elle ne meurt pas auec luy. Mais vostre façon d'aimer vous est toute particuliere: & vostre inclination est naturellement si cruelle, que les poisons & les poignards, sont les

plus agreables presens qu'on puisse receuoir de vous, quand vous voulez tesmoigner vostre amitié. Dites moy de grace comment vous pouuez accommoder toutes ces choses ? vous dites que i'ay enuoyé mon portrait à Antoine, & que par consequent i'ay eu vne intelligence auec luy : & dans ce mesme têps, vous m'accusez encor d'en auoir eu vne autre auec Ioseph : parce, dites vous, que luy ayant confié la chose du monde, qui vous estoit la plus importante; & luy me l'ayant découuerte; il est impossible que ie ne me sois donnée absolument à luy, pour le recompenser de cét aduis. Songez vous bien Herodes à ce que vous dites ? Antoine & Ioseph, eussent ils pû estre ensemble dans mon cœur ? estoient-ce deux Riuaux de mesme rang & de mesme merite? & cette Mariamne, dont la naissance est si grande & si illustre; dont l'ame est si haute & si glorieuse, que quelques vns prennent plustost ce noble orgueil, pour vn deffaut que pour vne vertu; auroit-elle pû estre capable d'vne mesme foiblesse, pour deux hommes si differens, & qui n'eussent pû auoir nulle conformité ensemble, sinon
qu'il

qu'il leur eust esté esgallement impossible de toucher mon cœur, quand ils l'auroient entrepris ? cette conqueste n'est pas si facile que vous pensez : & certes ie m'estonne, que vous qui ne l'auez iamais pû faire, iugiez qu'elle ait si peu cousté aux autres. I'aduoüe que Ioseph m'a découuert le mauuais dessein que vous auiez contre moy : mais i'aduoüe aussi que ie ne le creus point. Ie pensé d'abort que c'étoit vne meschanceté de Salome, qui pour me porter à éclater plus hautement contre vous, afin d'aduancer ma perte, auoit inuenté cét artifice : s'imaginant que ma mort me toucheroit plus, que n'auoit encore fait celle d Hircane, & celle de mon Frere. Et ce qui me portoit dauantage à le croire ainsi, estoit que ie voyois qu'il entreprenoit de me persuader, que ie vous deuois estre infiniment obligée de cét excez d'amour, que vous m'auiez tesmoigné en cette occasion : joint aussi, qu'il ne m'aprit ce dessein, que lors que vous estiez prest à reuenir : & que bien loing de m'en faire vn secret mysterieux, il me le dit en presence de ma Mere, & deuant toutes mes Femmes. Il est certain, qu'encore que ie deuſſe tout attendre de vous, ie douté de la verité que me diſoit Ioſeph. Ie penſé qu'étant Mere de vos Enfans, vous eſtiez incapable d'vn ſentiment ſi barbare: & en effet, ſans determiner la choſe dans mon eſprit, i'atendis voſtre retour. Ie vous receus lors auec la meſme mélancholie que i'ay touſiours euë, depuis la perte d'Hircane & d'Ariſtobule, ſans vous en teſmoigner dauantage : & obſeruant toutes vos actions, i'aduoüe que ie doutois touſiours de la verité du diſcours de Ioſeph. La malice de ſa Femme, me le rendoit encore plus ſuſpect : & lors que ie vous en parlé, il eſt certain que i'auois pluſtoſt le deſſein de m'éclaircir de la choſe, que de vous la reprocher. Car s'il euſt eſté vray que i'euſſe eu pour Ioſeph vne affection particuliere, & que i'euſſe receu ce qu'il m'auoit dit, comme vn pur effet de la compaſſion qu'il auoit de moy; ie ferois pluſtoſt morte que d'en auoir parlé, & ce malheureux viuroit encore. Voila toutesfois, tous les teſmoignages de bien-veillance que ie luy ay rendus : perſonne ne dit que nous ayons eu vn commerce fort particulier enſemble ; personne ne dit qu'il soit venu souuent à mon apartement ; & enfin ie n'ay rien fait pour luy, que ce qu'auroit pû faire sa plus cruelle ennemie, si elle auoit sceu la mesme chose: certes ie l'aurois mal recompensé, si i'en auois vsé ainsi. Vous dites encor que la haine & la vangeance, m'ont portée à fauoriser Ioseph, apres auoir sceu vostre dessein : mais sçachez que les grandes ames ne faillent iamais par exemple. Les crimes d'autruy leur donnent tant d'horreur, qu'elles ne sont iamais plus fortement confirmées au bien, que lors qu'elles voyent commettre le mal : & pour moy, ie pense que i'aurois esté moins innocente, si vous auiez esté moins iniuste. Enfin pour conclusion, si Mariamne sortie de tant d'illustres Roys, auoit voulu donner son affection à quelqu'vn ; ce n'auroit point esté au Mary de Salome, ny au Fauory d'Herodes : & si pour la punition des crimes d'autruy, elle en auoit esté capable, elle n'auroit pas causé la mort, à celuy qu'elle auroit crû luy vouloir conseruer la vie. Vous ne sçauez que trop, quel fut mon estonnement, lors qu'apres le discours que ie vous fis, ie connus par vostre responce qu'il estoit veritable: i'en fus si surprise, que i'en perdis presque la parole. Ie ne preueu toutesfois pas l'accusation qu'on fait auiourd'huy contre moy: & la seule connoissance de vostre crime, & de l'innocence de Ioseph, que i'exposois à vostre cruauté, firent toute ma douleur. Depuis cela, Salome profitant de ce malheur pour me perdre, comme elle en a le dessein depuis long-temps ; vous a sans doute persuadé, que i'auois voulu attenter à vostre vie: & voicy le seul crime ou il se treuue vn tesmoin contre moy ; mais si ie ne me trompe, il me iustifie plus qu'il ne me conuainc. Car quelle apparence y a-t'il, que pour vn dessein de cette importance, ie me sois confiée à vn homme de si basse condition ? & quelle vray-semblāce y a-t'il, s'il estoit vray que i'eusse eu vne intelligence auec Ioseph, que ce n'eust pas esté luy plustost que moy, qui luy eust fait cette proposition ? ay-ie accoustumé de conuerser auec de semblables personnes ? cét hōme est-il venu à mon apartement ? l'ay-ie mis auprès de vous ? a-t'il esté de ma maison ? est-il Parent de quelqu'vn de mes Officiers ? en quel lieu ay-ie parlé à luy ? de quelle façon l'ay-ie suborné ? qu'il montre les Pierreries que ie luy ay données ; qu'il face voir l'argent qu'il a receu pour vn si grand dessein : car il est hors de raison, de penser que sur vne simple esperance, il ait entrepris de hazarder sa vie. Il respondra peut-estre à cela, que comme il n'auoit pas dessein de faire la chose, & qu'au contraire il vouloit vous en aduertir, il n'a pas songé à la recōpense. Mais i'ay à dire à cét imposteur, que pour ne me donner pas lieu de le soupçonner, il auroit tousiours accepté ce que ie luy aurois offert : & qu'ainsi n'en ayant point parlé, & ne pouuant le faire voir ; c'est vne induction forte & conuaincante de son mensonge. Car enfin l'or est le cōplice de tous les crimes ; l'esperance seule est le partage des grandes ames: mais pour les basses & les mercenaires, il faut les toucher par la veuë d'vne recompense certaine : autrement ces sortes de gens ne vous seruent point : & trop d'exemples de vostre regne, vous doiuent auoir apris ce que ie dis. Que s'il est vray que l'on ne puisse faire voir, que moy ny les miens, ayons eu nul commerce

E iij

auec cét homme, il n'en est pas ainsi de Salome voftre Sœur & mon ennemie. Il y a long-temps que mes Femmes m'ont aduertie, que contre la couftume & la bien-feance du rang qu'elle tient auiourd'huy, il alloit fouuent l'entretenir, iufques dans fon cabinet : neantmoins, comme ie n'ay iamais pû m'abaiffer à prendre garde à de femblables chofes, & que par vn excez de vertu, ie ne foupçonne pas aifement les autres; i'efcouté ce difcours fans y faire nulle reflection. Mais fi vous voulez les obliger à vous rendre conte, de tant de conuerfations qu'ils ont euës enfemble, ie m'affeure que vous ne trouuerez pas qu'ils vous refpondent precifément. Et puis en quel lieu ay-ie pris du poifon? qui l'a preparé? d'où l'ay-ie fait venir? & pourquoy, fi i'auois eu cette intention, eftoit-il neceffaire d'y employer cét homme? ne m'eftoit-il pas aifé, en tant de diuerfes rencontres où nous auons mangé enfemble, de vous empoifonner de ma main, fans me confier à perfonne ? pourquoy n'euffay-ie pas tenté la chofe dés voftre retour de Laodicée, auffi bien qu'on pretend que i'ay fait apres voftre retour de Rhodes, puis que le malheureux Ioseph m'auoit découuert alors vos cruelles intentions, aussi bien que l'infortuné Soesme me les a dites depuis: Enfin Herodes, toutes ces choses sont hors d'aparence : & il n'y a point d'esprit si peu intelligent, qui ne voye bien, que si ie n'estois pas sortie des Roys de Iudée ; si ie n'estois pas vertueuse ; ie n'aurois point d'ennemis: & si ma perte n'estoit point resoluë, ie n'aurois point enuoyé mon portrait à Antoine ; ie n'aurois point eu d'intelligence auec Ioseph ; ie n'aurois point attenté à vostre vie ; & par consequent la mienne seroit en seureté. Mais parce que ie suis d'vn sang trop illustre, & que mon ame est trop haute, pour souffrir les bassesses & les laschetez de mes ennemis ; il faut que Mariamne meure ; il faut qu'elle perisse ; & qu'elle soit sacrifiée, à la haine de ses persecuteurs : ils le veulent ainsi, & elle y est resoluë. Ne pensez donc pas, iniuste & cruel Herodes, que ie parle auec intention de vous flechir : ie songe à conseruer ma reputation, & non pas à toucher vostre cœur. Car comme ie l'ay dit au commencement de mon discours, ce n'est ny la crainte de la mort, ny le desir de la vie, qui me font parler auiourd'huy. La premiere ne me prepare que des Couronnes, & l'autre ne me dôneroit que des suplices. Ce n'est dôc point l'esperance d'eschaper du peril où ie suis, qui m'a fait aporter quelque soin à me iustifier: ie sçay que mon Arrest est signé, que mes Bourreaux sont desia tous prests à m'enleuer la teste, & que mon Tombeau est dé-ja ouuert pour me receuoir : mais ce qui m'a portée à en vser ainsi, a esté afin que tous ceux qui m'écoutent, pussent aprendre à la posterité, que mes ennemis mesme n'ont pû auec toute leur malice, noircir la vertu de Mariamne: ny trouuer vn pretexte plausible de la condamner. Si i'obtiens cette grace de ceux qui m'entendent, ie meurs presques sans douleur : & ie dirois absolument sans regret, si les enfans que ie vous laisse, estoient exilez de la maison Paternelle: car ie ne doute point comme ils sont vertueux, qu'ils ne s'aquierent vostre haine aussi bien que moy. Les pleintes qu'ils feront de ma mort, seront des crimes contre vous : vous croirez qu'ils en voudront à vostre vie, en pleignant la

perte

perte de la mienne. Helas ! ie les voy desia mal traitez de cette esclaue, qui fut vostre premiere Femme : ie les voy soûmis à l'humeur violente de vostre Fils Antipatre ; à la calomnie de Salome ; aux outrages de Pherore ; & à vostre propre cruauté : Et peut-estre, que les mesmes Bourreaux qui me feront mourir respandront leur sang ; ou pour mieux dire, acheueront de verser le mien. Ie vous voy desia, iniuste & cruel, à la fin de tant de meurtres : mais n'esperez pas de iouïr paisiblement du fruit de tant de funestes victoires. Vous cherchez vn repos, que vous ne trouuerez pas : vous serez vous-mesme vostre accusateur, vostre juge, & vostre bourreau : les Ombres de tant de Roys dont ie suis descenduë, & que vous outragez en ma personne, vous enuironnerõt de toutes parts : celles du vieil Hircane, & du jeune Aristobule, troublerõt toute vostre vie : vous vo⁹ verrez tousiours tout couuert du sang de vos Enfans : & l'image de Mariamne poursuiuie par les Bourreaux qui l'attendent, vous suiura tousiours pas à pas. Vous la verrez tousiours, soit en veillant, soit en dormant, qui vous re-

F

prochera sa mort: vous aurez en voſtre cœur le repentir, la honte, la confuſion, & le deſeſpoir: vous ſouhaiterez la mort que vous donnez aux autres: ma vertu vous paroiſtra lors auſſi pure qu'elle eſt: vos crimes vous ſembleront auſſi grands qu'ils ſont: mais vous aurez peut-eſtre le malheur de vous repentir ſans vous amender: Et ie ne doute point, qu'apres auoir violé tous les droits diuins & humains, on ne les viole auſſi en voſtre perſonne. Ouy, ie voy deſia l'aiſné de vos Enfans (car les miens n'en ſeront iamais capables,) vous vouloir donner ce poiſon, dont vous m'accuſez iniuſtement. Ie voy (diſ-je) tous les Miniſtres de vos fureurs, deuenir vos plus cruels ennemis: Salome, Pherore, & Antipatre, ſeront les plus ardents à vous nuire: ie vous voy hay de tout le Peuple; deteſté de tous les Princes; execrable à la Poſterité: & peut-eſtre vous ſerez vous lors ſi effroyable à vous meſme, qu'apres auoir reſpandu tout le ſang de voſtre Race, le deſeſpoir vous mettra vn poignard dans la main, pour deliurer le monde d'vn ſi dangereux ennemy: mais peut-eſtre encor, ne pourrez vous finir quand vous

A HERODES. 43
le souhaiterez : & vous aurez le malheur de souffrir dés cette vie, les suplices qui vous sont preparez en l'autre. Voila iniuste & cruel Herodes, la prediction que vous fait en mourant iniustement, la malheureuse Mariamne; qui en cette derniere iournée, vous regarde pluftoft comme vn suïet reuolté, ou comme son Tyran; que comme son Roy, ny comme son Mary.

EFFECT DE CETTE HARANGVE.

Ette belle & genereuse affligée, obtint tout ce qu'elle demandoit à son Mary, & à la Posterité : car le premier luy donna la mort, & l'autre a conserué sa gloire. Ie croirois la mienne bien grande, si apres tant de Siecles, i'y pouuois encor contribuer quelque chose, & si mes pensées n'estoient pas creuës indignes d'elle.

F ij

44 MARIAMNE A HERODES.

I'en dirois dauantage, si l'Autheur de la Cour Sainte n'auoit tout dit : mais comme il a esté trop soigneux, pour rien laisser en ce beau champ, ie suis trop glorieux pour y paroistre inutilement apres luy. Il suffit que ie regarde son Triomphe, sans m'atacher à son Char : & i'aime mieux quiter mes Armes, que de les voir parmy ses Trophées.

CLEOPATRE
A
MARC-ANTOINE.

TROISIEME HARANGVE.

ARGVMENT.

Pres la perte de la Bataille d'Actium, arriuée par la fuite de Cleopatre, qui fut suiuie de celle d'Antoine: il eut quelque opinion qu'elle l'auoit voulu trahir, & luy en tesmoigna ses ressentimens. Mais cette belle & adroite Egyptienne, qui luy voulut oster vne impression, qui luy estoit si desaduantageuse, luy parla de cette sorte, en faueur de son innocence. Au moins ay-ie fondé les paroles que ie mets en la bouche de cette Reine, sur des coniectures de l'Histoire: & voicy selon mon sens, ce qu'elle pût dire en cette occasion, à cét Amant irrité.

Cette Reine en son mauuais sort,
Comme de la pitié, peut donner de l'enuie;
Puis que la gloire de sa mort,
Oste la honte de sa vie.

CLEOPATRE
A
MARC-ANTOINE.

IL est donc vray, qu'Antoine a pû soupçonner Cleopatre, d'auoir fauorisé son ennemy ? qu'il a pû penser, que de sa propre main, elle auoit voulu luy arracher la Couronne, que la victoire alloit luy mettre sur la teste ? & pour tout dire en vne seule parole, qu'il a creu quelle l'auoit trahy ? ha s'il est ainsi, & que par mon discours, ie ne puisse remettre la raison en vostre ame, en luy donnant d'autres sentimens de ma fidelité, ie ne veux plus de vie, & la mort est le terme de mes souhaits. Non Antoine, si ie suis morte en vostre cœur, ie ne veux plus viure au monde : & peut-estre que ma perte vous fera voir, que ien'ay pas voulu la vostre. Mais dites moy de grace (ô illustre Empereur) par quelle voye, par quelles liberalitez, ou par quelles esperances Octaue a-t'il pû suborner ma fidelité ? ce ne peut du moins pas estre vne nouuelle passion, qui ait surpris mon cœur en conquestant le sien; puis que nous nous sommes esgallement inconnus l'vn à l'autre. Ce ne peut pas estre aussi par des presens, car que pourrois-ie receuoir de luy, que ie n'aye receu de vous, qui m'auez donné des Royaumes tous entiers; & qui enfin me faites regner sur la plus grande partie de l'Asie ? mais quand il seroit vray, que i'aurois pû me resoudre à vous abandonner

ner pour suiure son party ; quelle seureté au-rois-ie pû prendre en ses paroles ? où sont les ostages qu'il m'a enuoyez, pour l'asseurance de nostre traité ? où sont les places qu'il m'a renduës ? quoy Antoine, i'aurois pû me fier à la parole de Cesar, luy qui est le Frere d'Octauie : luy qui publiquement dans Rome, m'a declaré la guerre, & qui me connoist bien plustost, sous le nom de cette Egyptienne, plus fameuse (à ce qu'il dit) par ses enchantemens que par sa beauté ; que non pas par celuy de Cleopatre. Quoy Antoine, i'aurois pû m'asseurer en luy : Cleopatre se seroit elle mesme chargée de chaisnes : Elle auroit de ses propres mains attaché ses bras au Char de Triomphe de son ennemy ; & qui pis est encor, ennemy d'Antoine ; & par vne imprudence, & vne ingratitude qui n'eut iamais d'exemple, elle auroit trahy vn homme qui a trahy sa propre gloire pour l'amour d'elle; qui s'est rendu l'ennemy de son païs, en sa consideration : qui a abandonné la Sœur de Cesar, plutost que de l'abandoner ; qui a partagé sa puissance auec elle ; qui a preferé ses interests à ceux de l'Empire Romain ; & qui pour tout

G

dire, luy a donné son cœur absolument. Ha! non Antoine, toutes ces choses sont hors d'aparence: & il suffit presques de voir, que ie n'ay pas oublié les obligations que ie vous ay, pour faire croire que ie suis innocente. Mais s'il m'est permis d'y adiouster encore vne autre raison ; Ie diray, que comme on n'oublie pas aisement les bien-faits d'autruy quand on est genereux ; on n'ayme pas aussi à perdre les siens propres: & rarement voulons nous effacer par des iniures, les bons offices que nous auons faits à quelqu'vn. Considerez donc s'il est possible (pardonnez-moy si ie parle ainsi) qu'apres auoir fait pour vous tout ce que i'ay fait, ie veuille moy-mesme en estouffer le souuenir en vostre ame: & de ma propre volonté, mettre la haine dans vn cœur, dõt l'Empire m'a cousté tant de vœux & tant de soins. Car s'il vous en souuient, mon cher Antoine, vous fustes plustost ma conqueste, que ie ne fus la vostre : la renommée m'auoit desia fait vn portrait de vous, qui me donnant de l'admiration, me fit prendre le dessein de vaincre en vostre personne le vainqueur de tous les autres. Et quoy que

A MARC-ANTOINE.

mes yeux euſſent quelques fois remporté d'aſſez illuſtres victoires, & qu'entre leurs captifs, ils puſſent conter des Ceſars & des demy-Dieux ; Ie ne me fié pourtant point à leurs charmes ; ma beauté me fut ſuſpecte en cette occaſion ; ie la creus trop foible pour vous vaincre : & comme vous eſtiez le plus magnifique de tous les hommes, ie voulus que l'amour n'entraſt dans voſtre cœur, que par la magnificence : & que le iour de ſa priſe, ſemblaſt plûtoſt vn iour de Triomphe qu'vn iour de combat. Ie voulus donc vous éblouïr par la beauté de mes armes : car s'il vous en ſouuient, mon cher Antoine, le premier iour que ie vous vy, ie parus dans vn vaiſſeau, dont la poupe eſtoit d'or, les voiles de pourpre, & les rames d'argent : qui par vne cadence meſurée, ſuiuoient le ſon de diuers inſtrumens conſertez enſemble. I'eſtois ſous vn Pauillon tiſſu d'or ; & comme ie ſçauois que voſtre naiſſance eſtoit diuine, puis que vous eſtes deſcendu d'Hercule ; i'auois, comme vous ne l'ignorez pas, vn habillement pareil à celuy qu'on donne à Venus. Toutes mes Femmes eſtoient habillées magnifiquement

G ij

en Nymphes : & cent petits Amours à l'entour de moy, estoient encor vn effet du desir que i'auois de vous vaincre : car enfin, mon cher Antoine, ce petit armement n'estoit fait que contre vous. Ce ne fut donc pas sans dessein que ie vous surmonté : i employé toutes choses pour cela : & tout ce que la beauté, l'esprit, l'adresse, & la magnificence peuuent faire, ne fut pas oublié en cette occasion. Ie sçay bien que c'est vne imprudence, de vous parler de toutes ces choses, dans vn temps si esloigné de la felicité de celuy-là : mais cette iournée me fut si glorieuse, que ie n'en puis iamais perdre la memoire : & puis à parler raisonnablement, ce souuenir n'est pas inutile à ma iustification. Car le moyen de penser, que i'aye voulu moy-mesme perdre ma conqueste ? c'est vn sentiment qui n'est iamais tombé dans l'esprit de tous les Conquerans : Alexandre auroit sans doute mieux aymé perdre la Macedoine que la Perse : ce Royaume-là estoit le bien de ses Peres ; mais cetuy-cy estoit veritablement à luy : & par la mesme raison, ie me perdrois plustost moy-mesme que de vous perdre. Vous sçauez en-

A MARC-ANTOINE.

cor, si ie ne me trompe, que ie ne fus pas vn vainqueur rigoureux : les chaisnes que ie vous donné n'estoient point pesantes : mes Loix n'auoient rien de rude : & de la façon dont i'en vsé, il eust esté difficile de connoistre le victorieux. Depuis cela, qu'ay-ie fait Antoine, qui me puisse rendre suspecte? il est vray que i'ay oublié ma propre gloire, mais ç'a esté pour l'amour de vous. Ouy, i'ay souffert qu'on m'ait diffamée à Rome : & quoy que l'orgueil de vostre nation, qui traite toutes les Estrangeres de Barbares, & toutes les Reines d'Esclaues, m'ait empesché d'estre vostre Femme, l'affection que i'ay pour vostre Personne a esté si forte, que ie n'ay pas laissé d'estre à vous. Ouy Antoine, ie vous ay aymé plus que mon honneur, & plus que ma vie : I'ay crû qu'il ne pouuoit estre iniuste d'aymer vn hõme digne du rang des Dieux : & que la passion que i'auois dans l'ame, auoit vne si noble cause, qu'elle me rendroit excusable : de sorte que sans considerer les malheurs qui m'estoient preparez, ie vous ay tousiours constamment aymé, depuis le premier iour que ie vous l'ay promis : iugez apres

G iiij

cela, si i'ay pû vous trahir, ou pour mieux dire, si i ay pû me trahir moy-mesme. Il est vray que i ay pris la fuite ; mais genereux Antoine, si i ay fuy, ce n'a esté que pour l'amour de vous. I'ay mesprisé la victoire pour conseruer vostre vie : & vostre personne m'a esté plus chere, ny que vostre gloire, ny que la mienne. Ie voy bien que ce discours vous estonne & vous surprend : mais pour vous le faire comprendre, souffrez que ie vous die en quel estat se trouua mon ame, lors qu'au milieu du combat, ie vous vy tout couuert de traits & de flames. La mort que ie voyois en tant de lieux, me faisoit aprehender la vostre: toutes les jauelines des ennemis me sembloient ne s'adresser qu'à vous: & de la façon dont mon imagination me representa la chose, ie creus que toute l'armée de Cesar, ne vouloit combatre qu'Antoine. Il me sembla mesme plus d'vne fois, que ie vous auois vû entraisner par force dans les vaisseaux ennemis, ou tomber mort à leurs pieds. Et quoy que ceux qui m'euironnoient, m'asseurassent que mes yeux me trompoient, & que la victoire estoit encore incertaine, que ne disois-

A MARC-ANTOINE

ie point en ces funestes momens ? & quelle douleur ne sentois-ie pas ? ha ! mon cher Antoine, si vous sçauiez en quelle peine se trouue vne ame, qui voit la personne aimée au hazard de mourir à chaque instant ; vous trouueriez que c'est le plus effroyable tourment, que l'on puisse iamais endurer. Mon cœur receut tous les coups que l'on vous porta ; ie fus captiue toutes les fois que ie creus que vous l'estiez ; & la mort mesme n'a rien de si rude, que ie n'eprouuasse en cette occasion. En ce deplorable estat, ie ne trouuois point de remede à ma douleur : & mon imagination deuenant tousiours plus ingenieuse à me persecuter ; apres m'auoir persuadé que tous les ennemis vouloient vostre mort, me persuadoit en suite, qu'ils songeoient à conseruer vostre vie, pour se rendre Maistres de vostre liberté. Ce premier sentiment me donnoit sans doute vn instant de repos: mais l'image du Triomphe de César, se presentant tout d'vn coup à moy, ie retombois dãs mon premier desespoir. Ce n'est pas, mõ cher Antoine, que ie vous creusse capable de suiure le Char d'vn vainqueur: mais ie crû que pour éuiter cette suprême infortune, vous auriez recours à la mort : & qu'ainsi de quelque façon que fust la chose, ie me trouuerois tousiours esgallement malheureuse. Ie cherchois quel seroit le poison que ie choisirois pour vous suiure : & il n'est point de funeste resolution, qui ne me passast en l'esprit. Ie pensé plus de vingt fois me ietter dans la mer, pour me déliurer de la peine où i'estois : neantmoins comme ie ne pouuois mourir sans vous quiter, ie ne pus suiure ce dessein. Mais tout d'vn coup, venant à considerer la forte passion que vous m'auiez tousiours tesmoignée, ie creus que si vous me voyez abandonner l'armée, vous l'abandonneriez aussi : & que par là, i'auois trouué vn moyen, de conseruer voste vie, & voste liberté tout ensemble. Car (disois-ie en moy-mesme, apres auoir formé cette resolution) Cesar ne cherche pas tant la victoire, que la vie où la liberté d'Antoine : & pourueu qu'il n'aye ny l'vne ny l'autre, ie me consoleray de la perte de la bataille. Enfin, mon cher Antoine, ie fis ce que mon affection & mon desespoir me conseillerent de faire ; & vous fistes

ce

A MARC-ANTOINE.

ce que i'auois attendu de vostre amour. Ie n'eus pas si tost veu, que quitant vostre vaisseau, vous preniez vne gallere pour me suiure, que mon cœur se laissa surprendre à la ioye. Il me sembla que c'estoit moy qui gagnois la bataille, puis que ie vous conseruois : & venant à penser, que Cesar eust voulu eschanger sa fortune auec la mienne, i'estois presques consolée de toutes mes disgraces. Mais ce qui me donna le plus de satisfaction, en cette funeste iournée, fut de voir qu'Antoine auoit esté capable de preferer Cleopatre, au desir de vaincre ses ennemis : qu'il auoit mieux aymé la suiure infortunée, que de poursuiure sa victoire : & qu'enfin l'Empire de tout le monde luy estoit moins cher que Cleopatre. Cette pensée est si douce, qu'encore que ma fuite nous ait mis au rang des vaincus, ie ne puis toutesfois m'en repentir : & de la façon qu'est la chose, la bataille d'Actium ne sera pas si glorieuse pour Cesar que pour Cleopatre. Il a vaincu des Soldats qui n'auoient plus de Chef ; mais Cleopatre a vû le plus vaillant de tous les Heros, ietter ses armes pour la suiure. Or pour acheuer de

H

me iustifier, souuenez-vous mon cher Antoine, qu'aussi-tost que vous vous fustes détaché de vos vaisseaux, ie fis mettre sur la Poupe du mien vne Banderole, pour vous aduertir que c'estoit là où vous deuiez me trouuer: iugez si cette action est d'vne criminelle ; car si i'eusse eu dessein de me separer de vous, il m'estoit aisé de ne vous receuoir pas: puisque i'auois soixante voiles, & que vous n'auiez qu'vne simple galere. Si ie vous eusse trahy, il m'eust esté aisé de vous remetre entre les mains de Cesar: & par là luy donner veritablement la victoire. Si i'eusse essayé de me ranger du costé des ennemis ; si la route que ie prenois, vous eust pû estre suspecte ; ie dirois que vos soupçons sont legitimes : mais au contraire, ma fuite n'ayant esté qu'vn effet de mon desespoir & de mon amour, vous deuez vous pleindre de la fortune, & non pas accuser Cleopatre. Au reste, ne vous imaginez pas, ny que cette victoire soit fort glorieuse à Cesar, ny que vostre retraite vous soit honteuse : vous n'auez pas fuy vos ennemis, mais vous auez suiuy Cleopatre. Vos Soldats ont esté vaincus par Cesar ; mais pour vous, vous ne l'auez esté que de l'amour seulement. Si cette bataille estoit la premiere occasion de guerre, où vous vous fussiez trouué, vostre valeur pourroit estre mise en doute : mais elle est si vniuersellement connuë, qu'aucun ne la peut ignorer. Il n'y a presques point de peuple, où vous n'ayez rendu des preuues de vostre courage en vostre premiere ieunesse: & certes il faloit que vous en eussiez beaucoup donné, puis que le grand Iules Cesar vous choisit pour commander la pointe gauche de son armée, en cette fameuse bataille de Pharsalle ; & en vne iournée, d'où dépendoit la conqueste de l'Empire de tout le Monde. Et puis, Octaue sçait assez que vo⁹ sçauez l'art de combatre & de vaincre: la bataille que vous gagnastes côtre Cassius, ne luy permet pas d'en douter : & moins encor la victoire que vous remportâtes sur Brutus: veu qu'en cette occasion on peut dire, que vous auez vaincu les vainqueurs d'Octaue: puis que comme vous sçauez, il auoit perdu la bataille, quelques iours auparauant : & auoit fuy lâchement deuant ceux que vous surmontâtes peu de temps apres : mais auec

H ij

cette difference, que l'amour a fait voſtre fuite, & que la crainte faiſoit peut-eſtre la ſienne. Vous voyez donc bien, mon cher Antoine, que vous eſtes vaincu ſans honte ; & que voſtre ennemy a preſques vaincu ſans gloire. Et puis nos affaires ne ſont pas encor deſeſperées : vous auez vne puiſſante armée auprés d'Actium, qui n'eſt pas encor ſous les Enſeignes de Ceſar : mes Royaumes ont encor des hommes, de l'argent, & des places fortes : & ie veux que tous mes ſuiets reſpandent iuſques à la derniere goute de leur ſang, pour conſeruer le voſtre & voſtre liberté. Mais enfin, quand la fortune vous oſtera auec iniuſtice, toutes les Couronnes que voſtre merite & voſtre valeur luy ont arrachées par force : ſçachez que Cleopatre ne vous en aymera pas moins. Non, mon cher Antoine, quand cette ennemie des perſonnes Illuſtres, nous reduiroit à viure ſous vne cabane de chaume, en quelque lieu ſeparé de la ſocieté des hõmes; i'aurois pour vous le meſme reſpect, que i'auois en ce bien-heureux temps, où vous donniez des Royaumes : & où l'on voyoit vingt-deux Roys à voſtre ſuite. Ne

A MARC-ANTOINE.

craignez donc point, que le malheur m'espouuante : il n'y en a qu'vn que ie ne puis iamais souffrir auec vous : & que sans doute vous ne souffrirez pas aussi. Ouy, Cleopatre peut-estre exilée auec Antoine sans se pleindre; elle peut renoncer à toutes les grandeurs de la Royauté, & conseruer encor le desir de la vie; mais pour la seruitude, c'est ce qu'elle ne sçauroit endurer, & ce qu'elle sçait bien que vo' ne souffrirez non plus qu'elle. Soyez donc asseuré, que bien-loin d'auoir intelligence auec Cesar, ie vous engage ma parole, de mourir plustost que de me fier en luy ; & me mettre au hazard de seruir à son Triomphe. Non Antoine, Cleopatre ne portera iamais de chaisnes : & si la fortune la conduit aux termes, de n'auoir point d'autre chemin à choisir, que celuy de Rome ou celuy de la mort ; la fin de sa vie, iustifiera l'amour que vous auez pour elle & son innocence. Mais auparauant que d'en venir à cét extreme remede, faisons toutes choses pour resister à nos ennemis. Conseruons la vie aussi long-temps que nous le pourrons sans honte : car enfin, elle ne nous doit pas estre indifferente, tant que nous nous aimerons parfaitement. Il me semble, mon cher Antoine, que ie voy dans vos yeux, que mon discours n'a pas esté inutile : ils me disent que vostre cœur se repent de m'auoir iniustement soupçonnée : qu'il voit mon innocence aussi pure qu'elle est : & que l'amour qu'il a pour moy est si forte, qu'il ne laisse pas d'aimer encor la personne, qui luy a arraché la victoire d'entre les mains. Pour moy, mon cher Antoine, vous serez tousiours ma plus forte & ma derniere passion : i'aduoüe bien, que dans vn temps où ie ne vous connoissois point, la gloire de Iules Cesar auoit touché mon cœur : & que ie ne pus m'empescher d'aimer vn homme, qui par toute la terre, passoit pour le premier des Mortels. Vn homme (dis-ie) que vous auez autresfois iugé digne de l'Empire de tout le Monde : puis que ce fut vous qui luy en rendistes les premiers honneurs, en luy mettant vn Diademe sur la teste au milieu de Rome : & que ce fut vous qui apres sa mort, fustes cause qu'il fut mis au rang des Dieux, par la belle & forte Harangue que vous fistes au peuple Romain : qui chassa Brutus & Cassie;

A MARC-ANTOINE.

porta la flame dans leurs Palais, & signala voſtre courage & voſtre amitié. Mais depuis que ie vous ay veu, ie puis vous aſſeurer, que vous auez regné ſouuerainement en mon ame; & que vous y regnerez touſiours. C'eſt vn Empire que la fortune ne vous a pas dõné, & qui n'eſtant point de ſa domination, ſera touſiours à vous malgré ſon iniuſtice. Elle peut renuerſer tous les Royaumes & tous les Empires, mais elle ne changera iamais mon cœur: & tout ce qui a accouſtumé de deſtruire les affections les plus fortes, ne fera qu'affermir la mienne. Et pour vous teſmoigner que ie ſçay aimer plus parfaitement que vous, en ne ſoupçonnant pas voſtre amitié d'aucune foibleſſe: Ouy Antoine, ie croy qu'encore que Cleopatre ſoit la cauſe de tous vos malheurs, elle fera touſiours toute voſtre felicité : & que ſans vous repentir iamais de l'auoir aimée, elle regnera touſiours en voſtre ame, comme vous regnez en la ſienne. Allons donc, mon cher Antoine, allons dans Alexandrie faire nos derniers efforts, pour vaincre ceux qui nous ont vaincus : c'eſt là que nous trouuerons peut-eſtre encor, dequoy repousser l'insolence de nos ennemis. Mais s'il arriue enfin, que le Ciel ait resolu nostre perte: que la fortune deuienne constante à nous persecuter; que l'esperance nous soit absolument deffenduë; que tous vos amis vous abandonnent; que tous mes suiets me trahissent, & se rangent du party le plus fort; s'il arriue (dis-ie) que toutes ces choses nous aduiennent; nous trouuerons tousiours mon Tombeau dans Alexandrie; & pour meriter de nos ennemis, la grace d'y laisser nos cendres ensemble, il faudra signaler nostre mort, en éuitant la seruitude: & de cette sorte, nous leur arracherons le plus noble fruit de leur victoire, & vaincrons Cesar mesme en mourant.

EFFECT

EFFECT DE CETTE
HARANGVE.

Ceux qui aiment, se laissent aisément persuader les choses qui leur peuuent plaire : & la voix de ce beau Monstre du Nil, ne manqua pas d'attirer l'ame d'Antoine, au poinct qu'il la desiroit. Il n'auoit pas suiuy Cleopatre, pour l'abandonner apres : & sa colere estant vn effect de son amour, aussi bien que l'auoit esté sa fuite, il ne luy fut pas plus difficile de s'apaiser que de fuir. Il creut donc tout ce qu'elle voulut luy dire: il se repentit d'auoir soubçonné sa fidelité : & ne se repentit plus, d'auoir perdu l'Empire du Monde, pour conseruer Cleopatre. Il la suiuit dans Alexandrie; où quoy qu'elle fust plus genereuse cette seconde fois que

CLEOPATRE A M. ANTOINE.

la premiere, ils ne furent pas plus heureux : & de toutes les choses qu'elle luy auoit promises, Cleopatre ne put donner à Antoine, que la moitié de son Tombeau.

SISIGAMBIS
A
ALEXANDRE
QVATRIESME HARANGVE.

I ij

ARGVMENT.

Pres la conqueste des Indes, Alexandre le Grand espousa Statira, l'vne des filles de Darius. Ce fut lors que Sisigambis Mere de cette Princesse, abandonna son ame à la ioye & à l'inclination qu'elle auoit pour cét inuincible Conquerant. Il luy souuint en cette occasion de tout ce qu'il auoit fait pour elle: & comme son ame estoit genereuse, elle luy tesmoigna sa reconnoissance à peu prés de cette sorte.

Auoir des fers, sans souffrir leur rigueur;
Baiser la main qui contraint de les prendre;
Perdre vn Empire, & cherir son vainqueur;
C'est ce qu'on fait, pour le Grand Alexandre.

SISIGAMBIS
A
ALEXANDRE.

C'Est veritablement en cette iournée, ô inuincible Alexandre, que ie vous crois fils de Iupiter : vn homme ordinaire ne sçauroit estre capable de tant de vertu. Il s'eſt trouué autrefois des vainqueurs & des Conquerants ; mais il ne s'eſt iamais trouué perſonne que vo⁹, qui ait rendu le ſort des vaincus, eſgal à celuy des victorieux : ny qui ait partagé l'Empire qu'il auoit conqueſté auec les enfans de ſon ennemy. Enfin Alexandre, quand vous ſeriez du ſang des hommes, & non pas de celuy des Dieux : il eſt toûjours certain, que vo⁹ meriteriez de l'encens & des Autels. Ie laiſſe à tous les illuſtres teſmoins de voſtre valeur, à publier les merueilleux exploits que vous auez faits, en vous rendant Maiſtre de tout le Monde : & ie ne me propoſe de vous entretenir, que de voſtre clemence & de voſtre bonté. Vous ſçauez, genereux Alexandre, que ſi ie voulois eſleuer vn Trophée à voſtre gloire, des deſpoüilles de vos ennemis ; i'y trouuerois des choſes, qui me feroient verſer des larmes de douleur, en vn iour où ie n'en dois reſpandre que de ioye. Ce n'eſt pas que ie ne ſçache bien, que ie n'y verrois point le corps de mon fils; car ie me ſouuiens que vous euſtes la bonté de le couurir de voſtre manteau Royal, & de l'arroſer de vos larmes ; lors qu'arriuant au lieu où il venoit d'expirer, par la cruauté du traitre Beſſus, vous viſtes ce grand Prince en vn ſi déplorable eſtat. Non, Alexandre, aux termes où ſont les choſes, ie ne vous dois point regarder, comme l'ancien ennemy de Darius, mais comme le vangeur de ſa mort; comme le protecteur de ſa Mere & de ſa Femme; comme le Mary de ſa Fille; & comme le legitime heritier du Trône du grand Cyrus. En effet, vous ſçauez quelles furent les dernieres paroles de mon Fils: il teſmoigna la reconnoiſſance qu'il auoit des obligations dont ie vous eſtois redeuable: il fit des vœux pour voſtre gloire; il aſſeura qu'il mouroit voſtre amy & voſtre ſeruiteur; & ſans employer le peu de momens qu'il auoit à viure, à deſplorer ſon infortune; il ſouhaita que vous fuſſiez vainqueur de l'vniuers; il eſpera que vous vangeriez ſa mort; que vous prendriez ſoin de perpetuer ſa memoire; & vous laiſſa meſme celuy de recompenſer Poliſtrate, de ce peu d'eau qu'il luy auoit donné, pour pouuoir prononcer plus diſtinctement les choſes qu'il diſoit pour voſtre gloire. O mon cher Darius, vous eſtiez veritablement mon

Fils, en parlant ainsi d'Alexandre! & ie rends graces aux Dieux, de ce qu'enfin vous auez pû reconnoistre, ce que nous deuions à sa clemence & à sa bonté. C'est par ces deux vertus que ie vous considere auiourd'huy, ô inuincible Heros! toute la terre n'est remplie, que du bruit de vos victoires : vous estes le Maistre & le vainqueur de tous les hommes: il n'en est point qui ne sçache, iusques aux moindres de vos exploits : les jeux mesme de vostre enfance, seruiront de leçon à tous les Roys qui vous suiuront : on sçait par tout quelles ont esté vos conquestes : personne n'ignore, combien la guerre que vous fistes en Grece vous fut glorieuse: les superbes ruines de Thebes que vous fistes razer, sont des marques eternelles, que vous auez esté son vainqueur. La bataille que vous donnastes au passage du Granique, tesmoigne esgallement vostre conduite & vostre courage : on ne peut ignorer ce que vous fistes en la iournée d'Issus, non plus que ce qui se passa au fameux siege de Tir. La bataille d'Arbelle a eu des circonstances trop remarquables, pour n'estre pas sceuës de toute la terre. La conqueste

A ALEXANDRE.

queste des Indes, & la defaite de Porus sur les bords de l'Hidaspe, sont des monumens eternels pour vostre gloire. Car non seulement on sçait, que vous surmontâtes ce grand Roy; mais on sçait aussi, qu'apres auoir conquesté son Royaume, vous le luy rendistes plus grand qu'il n'estoit auparauant : & de cette sorte, s'il est permis de parler ainsi; on vous peut non seulement nommer le vainqueur de ce Prince, mais le Conquerant de Porus : puis qu'il semble que vous n'ayez combatu que pour l'agrandir. La ville des Oxidraques, où vous vous exposâtes si determinemẽt, est en veuë à toute la terre : on la regarde comme le champ de bataille, où vostre grand cœur sembla esgallement deffier la mort & la fortune, & où vous les surmontâtes tous deux. Enfin Alexandre, on trouue par tout des tesmoignages de vostre valeur & de vos conquestes ; c'est pourquoy, sans vous en parler, ie me contenteray de loüer vostre clemence & vostre bonté. Mais, que dis-ie, ces deux vertus sont aussi generalemẽt connuës que vostre courage : car si comme ie l'ay desia dit, vous estes le Maistre & le vainqueur de tous les hommes ; on peut dire aussi, que vos estes le bien-faicteur de tous les hommes. On diroit que les Dieux ont remis entre vos mains toutes les graces qu'ils ont accoustumé de leur faire ; qu'ils vous ont estably le distributeur des bien-faits ; & qu'ils vous ont donné la commission de rendre tout le Monde heureux. Vous n'auez pas plustost conquesté vn Royaume, que vous le donnez ; vos ennemis ne sont pas plustost vos suiets, qu'ils sont vos amis ; & vous ne les auez pas plustost vaincus que vous deuenez leur protecteur. I'ay en ma personne vn si illustre exemple de ce que ie dis, que ie n'en sçaurois douter sans crime. Car ô inuincible Alexandre ! ie n'oubliray iamais les graces que i'ay receuës de vous : ouy, ie me souuiendray toûjours de cette effroyable iournée, où mes filles & moy, deuinsmes vos prisonieres : la crainte de la seruitude auoit remply nostre esprit de si funestes images, que la mort nous paroissoit le plus grand bon-heur qui nous pust arriuer. Nous auions perdu la bataille auec le Trône ; nous croyõs desia auoir perdu Darius ; & ce qui nous estoit le plus insuportable, nous penſions que nous allions eſtre en neceſſité, de mourir de noſtre propre main, pour éuiter l'inſolence des vainqueurs. Mais helas! ie ne connoiſſois pas encor Alexandre: car, diſois-ie en moy-meſme, ie ſuis Mere du plus grãd de ſes ennemis, puis que Darius eſt le plus puiſſant de toꝰ ceux qui luy ont reſiſté : & iugeant de vous par les autres, ie vous craignois autant en ce temps-là, que ie vous aime en celuy-cy. Cette iniuſte crainte ne dura pourtant guere en mon eſprit : voſtre veuë la diſſipa bien-toſt ; & ie me ſouuiens meſme, que la premiere fois que i'eus l'honneur de vous voir, vous me pardonnátes vne faute. Car comme ie ne vous connoiſſois point, & que le trouble où i'eſtois, ne me laiſſoit pas la liberté de bien raiſonner ſur les choſes; vous ſçauez que ie pris le genereux Epheſtion pour vous : & que ſans vous en faſcher, vous me dites, *que ie ne me trompois pas, puis que celuy là eſtoit encor Alexandre.* Cette marque de moderation enuers moy, & d'amitié enuers voſtre fauory, commença de me donner de plus iuſtes ſentimens de vous : & de remetre en mon ame, l'eſperance que la crainte en

K ij

auoit chaſſée. Et certes vous teſmoignez bien encor auiourd'huy, qu Epheſtion vous eſt auſſi cher que vous meſme : puis qu'ayant fait deſſein d'eſpouſer l'aiſnée de mes filles, vous donnez l'autre à ce ſecond Alexandre. Depuis cela, que n'auez vous point fait pour moy ? vous m'auez non ſeulement traitée en Reine, bien que ie fuſſe captiue ; mais vous m'auez traitée comme voſtre Mere ; & même m'auez fait la grace, de m'apeller touſiours ainſi. Toutes les fois qu'il m'eſt arriué vn nouueau ſuiet de douleur, vous auez eu la bonté de m'en conſoler ; ie vous ay vû pleurer vos propres victoires en ma conſideration ; ie vous ay vû regretter la perte de Darius ; ie vous ay vû prendre ſoin de ſes funerailles & de ſon Tombeau ; ie vous ay vû expoſer voſtre vie pour vanger ſa mort ; ie vous ay vû punir le traiſtre Beſſus qui l'auoit aſſaſſiné ; ie vous ay vû récompenſer ceux qui luy auoient eſté fidelles ; & ie vous voy meſme auiourd'huy remettre Darius ſur le Troſne, en y mettant ſa fille & la mienne. Mais ce que i'ay vû encor de plus merueilleux en toutes les choſes que vous auez faites pour Darius ;

A ALEXANDRE.

c'est que i'ay veu autrefois cét Alexandre, vainqueur de tout l'Vniuers, auoir assez de vertu, pour ne se fier pas en la sienne : & pour ne s'exposer point aux yeux de la femme de Darius, de peur d'estre vaincu par sa beauté. Ha certes apres cela il faut aduoüer, que tout ce que l'on peut dire de vous, est beaucoup au dessous de ce que vous meritez : vous auez tout ensemble la chasteté de mon sexe, & la vertu de tous les Heros, qui vous ont deuancé du temps seulement. Il n'est point de bonnes qualitez, qui ne se trouuent en vostre personne au suprême degré : & c'est en vostre ame qu'on peut dire, que les vertus se perfectionnent, & qu'elles prenent vn nouueau lustre. Ce qui seroit temerité en vn autre, n'est qu'vn simple effet de vostre courage ; & l'excez du bien ne peut estre vicieux en vous. Vous donnez auec profusion, & donnez pourtant sans prodigalité : parce que vous ne proportionnez pas seulement les presens que vous faites à ceux qui les reçoiuent ; mais à celuy qui les fait. Et cela estant ainsi, les Villes, les Prouinces entieres, les millions d'Or, les Sceptres & les Couronnes, sont des cho-

K iij

ses qu'Alexandre peut donner sans estre prodigue : car comme il a plus receu de faueurs du Ciel qu'aucun autre; c'est aussi à luy à donner plus que tous les autres. Cette verité vous est si connuë, & vous la pratiquez si parfaitement; qu'apres auoir conquesté tout le Monde, & l'auoir donné presques tout entier à diuerses personnes ; lors qu'on vous a quelques fois demandé ce que vous reseruiez pour vous ? vous auez respondu, *l'Esperance*. En verité, ie me suis estonnée souuent de voir que vous n'auez pas plustost vne chose en vostre puissance, que vous la mettez en celle d'autruy: & que cependant vous ne laissez pas de donner tousiours. Cette reflection m'a fait croire, qu'on pouuoit dire qu'Alexandre estoit comme la Mer, qui n'a pas plutost receu en son vaste sein le tribut que luy portent toutes les Fontaines, toutes les Riuieres, & tous les Fleuues ; qu'elle les rend auec vsure à quelque autre partie du Monde. Ce qu'elle oste aux Persans, elle le redonne aux Grecs ; les naufrages mesme qu'elle fait faire, ne l'enrichissent point ; elle n'apauurit personne, que pour augmenter le bien de quelqu'vn; & sans rien garder ny de ce qu'on luy donne, ny de ce qu'elle vsurpe; elle roule tousiours ses vagues d'vn mouuement esgal. Il en est de mesme des choses que vous receuez de la gratitude de vos suiets, des tributs qu'ils vous rendent, ou des conquestes que vous faites. Vous les receuez d'vne main, & les donnez de l'autre : le butin que vous prenez, mesme sur vos ennemis, ne fait qu'enrichir vos soldats : de sorte, que soit en la paix, soit en la guerre, durant la tempeste, ou durant le calme; vous faites esgalement du bien à tous, sans vous en faire à vousmesme. Il y a toutesfois cette difference entre l'Ocean & vous, que tout ce qui part de la Mer y retourne ; & que tout ce qui part de vos mains n'y rentre iamais. Au reste, ce vous sera vne chose bien glorieuse, de voir dans vostre Histoire des gens qui auront refusé ce que vous leur donniez, parce que vous leur donniez trop : & de n'en trouuer point qui se soient pleins que vous leur donniez trop peu. Vostre liberalité est dautant plus excellēte qu'elle n'est pas aueugle. Vous faites du bien à tout le monde, mais vous n'en faites pas toufiours fans choix. Tous les iours de voftre vie, ne font pas de ceux où vous faites largeffe au Peuple: où fans diftinction, vous iettez les Trefors au milieu de la multitude: & où les heureux feulement ont de l'aduantage. Le difciple d'Ariftote fçait mieux vfer des richeffes & fçait mieux comme il faut pratiquer la liberalité. Ouy Alexandre, vous auez reconcilié la Fortune auec la Vertu: nous voyons des Philofophes, des Poetes, des Muficiens, des Peintres, & des Sculpteurs dans l'abondance ; & ne trauailler feulement, que pour voftre gloire & pour la leur. Nous voyons (dif-ie) des Philofophes, pratiquer la Politique qu'ils enfeignent en gouuernant de grands Royaumes : nous voyons des Poetes porter tout enfemble vne Lyre d'Or, & vn Carquois d'Ebene; chanter vos Triomphes, & commander des Prouinces. Nous voyons des Muficiens, dont les Luths font d'Iuoire; qui n'employent leur voix, que pour vous remercier, & pour parler de leur felicité. Nous voyons des Peintres auffi riches que l'eftoient autresfois les Princes fouuerains, qui les faifoient trauailler.

A ALEXANDRE.

ler. Nous voyons des Sculpteurs, non seulement employer le Marbre, le Porphyre, & l'Albastre en leurs statuës ; mais auoir eux mesme des Palais, où toutes ces choses se font voir. Enfin toutes les belles Sciences, & tous les beaux Arts, fleurissent sous vostre Regne. Aussi diroit-on, que comme les Dieux ont fait vn Miracle en vous, la Nature aussi a voulu faire des chefs d'œuures pour l'amour de vous. Vous auez des Aristotes, des Philoxenes, des Xenophantes, des Apelles, & des Lysipes : qui vous deuans leur bonheur & leur gloire, trauailleront aussi à la vostre. Tous les siecles futurs voyant les portraits, que ces illustres laisseront de vous ; ou par leurs Escrits, ou par leurs Tableaux, ou par leurs Statuës ; porteront sans doute enuie à celuy du Grand Alexandre. Tous les vertueux de ce temps-là souhaiteront d'auoir esté de cestuy-cy. Vous serez le modelle des grands Princes, & la honte des mauuais : & tant qu'il y aura des hommes, on parlera de vous comme d'vn Dieu. Certes ie ne m'étonne plus, si nostre grand Xerxes auec tou-sa puissance, ne pût acheuer les desseins qu'il

L

auoit conceus : car puis que la Grece vous deuoit produire, les Dieux auoient raison de vous reseruer la conqueste du Monde. Si Xerxes eust acheué ce qu'il auoit entrepris, on l'auroit peut-estre apellé le tyran & le fleau de l'Vniuers : mais pour vous, vous estes le Prince legitime de tous les Peuples que vous auez conquis. Vous estes enuoyé du Ciel pour la felicité du Monde : & ce n'estoit pas sans suiet, que l'Oracle de Iupiter Hammon, vous dit *que vous estiez son Fils, & que vous estiez Inuincible.* Non Alexandre, on ne sçauroit vous surmonter ny en guerre, ny en vertu : & apres le dessein que vous auez fait auiourd'huy, de remettre Darius sur le Trosne, en le partageant auec Statira sa Fille ; il ne vous reste plus rien à faire, & il ne me reste plus rien à desirer, que la continuation de vostre gloire. Ce n'est pas que ie craigne, que l'on vous la puisse rauir : non, ce sentiment là n'est point dans mon ame : mais ie crains que l'iniustice des hommes, ne les rende indignes de vous auoir long-temps pour Maistre : ou que les Dieux jaloux de nostre bon-heur ne vous rapellent aupres d'eux. Quoy qu'il en arriue,

A ALEXANDRE.

ie vous asseure, ô inuincible Alexandre, de ne demeurer pas au Monde apres vous: i'ay pû suruiure à Darius qui estoit mon Fils; mais apres toutes les obligations que ie vous ay, ie ne suruiurois point à Alexandre. Ie ne vous aurois pas dit vn si triste sentiment en vn iour de reiouïssance; si ie n'auois creu, qu'il vous seroit aduantageux que l'on sceust qu'il s'est trouué vne Princesse, qu'il s'est (dis-ie) trouué vne Mere, & si ie l'ose dire, vne Mere vertueuse; qui sans lâcheté & sans iniustice, vous a plus aymé que son propre Fils, quoy que vous ayez esté son ennemy. Pardonnez-moy donc vne pensée si funeste, puis qu'elle vous est glorieuse: & croyez que si mes vœux sont exaucez, non seulement vostre gloire sera immortelle, mais vôtre personne la sera aussi.

EFFECT DE CETTE
HARANGVE.

IL faudroit peu connoistre Alexandre, pour douter de l'effet de ce discours.

SISIGAMBIS A ALEXANDRE.

Cette grande & genereuse Ame redoubla encor ses bons offices enuers cette illustre Princesse: & gagna tellement son cœur, que lors que peu de temps apres, la mort de cét inuincible Conquerant, arriua dans Babilone; elle ne manqua pas de luy tenir ce qu'elle luy auoit promis, car elle mourut de douleur. Et certes cette mort fut vne glorieuse marque de la bonté d'Alexandre : & quand vn excellent Orateur, aura employé tout son Art, à luy faire vn superbe Eloge: qu'il aura (dis-ie) exageré magnifiquement toutes les grandes actions qu'il a faites ; ie croiray dire quelque chose de plus grand & de plus extraordinaire; quand ie diray seulement, que Sisigambis souffrit la mort de Darius son Fils; & qu'elle ne pût souffrir celle du Grand Alexandre. Elle vescut apres l'vne, elle mourut apres l'autre ; & la Vertu fut plus forte que la Nature. O le beau Panegyrique ! mais quoy, c'estoit Alexandre.

SOPHONISBE
A
MASSINISSE.
CINQVIESME HARANGVE.

ARGVMENT.

Apres que par l'assistance des Romains, Massinisse eut recõquis le Royaume de ses Peres, & fait Siphax prisonnier, qui le luy auoit vsurpé : il fut assieger & prendre la ville de Sirthe, où Sophonisbe Femme de ce Roy captif s'étoit retirée. Les charmes de cette belle Africaine, firent vne puissante impression en son cœur : & comme les Numides sont naturellemẽt d'inclinatiõ amoureuse, il ne fut pas si tost victorieux qu'il sentit qu'il estoit vaincu. Mais venant à faire reflection sur l'humeur austere de Scipion, il ne douta point qu'il ne voulût mener en triõphe cette belle Reine captiue : de sorte que pour l'en empescher, il l'épousa le même iour : ne croyãt pas qu'apres cela, l'on voulust triõpher de la femme d'vn Roy, allié du peuple Romain. A peine ces Nopces precipitées furent faites, que Scipion en estant aduerty, enuoya ordonner par Lelius à Massinisse de luy venir rendre compte de sa victoire. Mais Sophonisbe qui auoit vne aduersion naturelle pour les Romains, & plus encor pour la seruitude ; ayãt vû quelque chose dãs les yeux de Lelius qui la menaçoit du triõphe ; parla de cette sorte à Massinisse sur le point qu'il l'alloit quiter.

O quel present à receuoir!
O bon Dieu, quel present à faire!
Pour moy, ie ne sçaurois sçauoir,
De qui la peine est plus amere:
Ou d'elle, qui prend le poison;
Ou de luy qui l'enuoye, à celle qu'il reuere:
Et plus mon cœur les considere,
Plus i'en doute auecques raison.

SOPHONISBE
A
MASSINISSE.

SEIGNEUR,
Ie voy bien par la procedure de Lelius, que la

Fortune n'est pas encore lasse de me persecuter, qu'apres auoir en vne même iournée, perdu ma Couronne, mon Mary, & ma liberté ; & que par le caprice de cette inconstante, i'ay en ce mesme iour retrouué ma liberté, vn illustre Mary, & vne Couronne : ie voy bien, dis-ie, qu'apres de si estranges euenemens, elle s'apreste encor à me faire perdre toutes ces choses. Lelius en me regardant, a sans doute iugé, que i'estois assez bien faite, pour honorer le Triomphe de Scipion, & pour suiure son Char. I'ay vû dans ses yeux l'image qu'il portoit en l'ame, & le dessein qu'il auoit dans le cœur : mais il n'a peut-estre pas descouuert celuy que i'ay dans le mien. Il ne sçait pas que le desir de la liberté, est de beaucoup plus puissant en moy que celuy de la vie : & que pour conseruer la premiere, ie suis capable de perdre l'autre auecques ioye. Ouy, ie m'aperçoy bien, mon cher Massinisse, que vous allez auoir de forts ennemis à combatre : l'austerité de l'humeur de Scipion, se joignant à l'austerité Romaine, le portera sans doute à vous faire vne aigre reprimande : il trouuera estrange, que le propre iour de la victoire, &

le

le propre iour que vous auez repris la Couronne qui vous apartenoit, vous ayez songé à des Nopces : & choisi pour femme, non seulement celle de vostre ennemy, mais vne captiue, vne Cartaginoise, fille d'Asdrubal, & ennemie de Rome. Souuenez-vous toutesfois Seigneur, que vous ne deuez pas me regarder en cette occasion, ny comme femme de Siphax, ny comme captiue, ny comme Cartaginoise, ny comme fille d'Asdrubal, ny comme ennemie de Rome, bien que ie face gloire de l'estre ; mais comme femme de l'illustre Massinisse. Souuenez-vous aussi, que ie n'ay consenty à receuoir cét honneur, qu'apres que vous m'auez eu promis, que ie ne tomberois point au pouuoir des Romains : vous m'auez engagé vostre parole, songez donc à n'y manquer pas. Ie ne demande point que vous vous exposiez a perdre l'amitié du Senat pour me conseruer, puis que vostre malheur à fait, que vous en auez besoin : mais ie veux seulement, que suiuant ce que vous m'auez iuré, vous m'empeschiez de tomber viue au pouuoir de Scipion. Ie ne doute point que Siphax en l'estat qu'il est, ne die à

M

son vainqueur, que c'est moy qui suis cause de son infortune; que c'est moy qui l'ay chargé de fers; que c'est moy qui l ay fait amy de Carthage, & ennemy de Rome : ouy, genereux Massinisse, i'aduoüe toutes ces choses:& si ie pouuois vous dérober aux Romains, ie m'estimerois heureuse : & croirois que ma mort seroit veritablement digne de la fille d'Asdrubal. Pardonnez-moy, mon cher Massinisse, si ie vous parle auec tant de hardiesse : mais comme c'est peut-estre la derniere fois que ie vous verray iamais, ie seray bien aise de vous dire quels ont tousiours esté mes sentimens : afin que par la connoissance que vous aurez de l'auersion que i'ay tousiours euë pour la seruitude, vous vous portiez plus aisement, à songer à ma liberté. Aussitost que i'eus ouuert les yeux à la lumiere, la premiere chose que i'apris, fut qu'il y auoit vn peuple, qui sans aucun droit que celuy que le fort impose au foible, vouloit se rendre Maistre de tous les autres : & tant que mon enfance dura, ie n'entendis parler que des triomphes des Romains ; des Roys qu'ils auoient enchaisnez ; des illustres captifs qu'ils auoient faits; de la misere de ces malheureux ; & de toutes les choses qui se font en ces funestes spectacles, où l'orgueil des Romains fait consister le plus noble fruit de leurs victoires. Ces images s'imprimerēt si auāt dans ma fantaisie, que rien ne les en a iamais pû chasser. Depuis cela, deuenant plus raisonnable auec l'âge, i'ay encor eu plus d'auersion pour cette Aigle Romaine, qui ne vit que des rapines qu'elle fait : & qui ne vole sur la teste des Roys, que pour leur enleuer leurs Couronnes. On me dira peut-estre, que les Romains donnent autant de Royaumes qu'ils en vsurpent; & qu'ils font autant de Roys qu'ils en attachent à leurs Chars : mais mon cher Massinisse, si vous voulez bien considerer les choses, vous trouuerez qu'ils ne donnent des Sceptres, que pour auoir de plus illustres esclaues : & que s'ils mettent des Couronnes sur la teste de leurs Vassaux, ce n'est que pour auoir le plaisir de les voir mettre à leurs pieds; lors que par leurs ordres ils vont leur en rendre hommage. La vanité est l'ame de cette nation : c'est la seule chose qui la fait agir : ce n'est que pour cela qu'elle fait des

M ij

conquestes ; qu'elle vsurpe des Royaumes ; qu'elle desole toute la terre ; & que non contente d'estre Maistresse absoluë de cette grande partie de l'Vniuers, qui est de son cōtinent ; elle passe les mers pour venir troubler nostre repos. Car si le seul desir d'agrādir ses limites, & d'accroistre ses richesses, la portoit à faire la guerre ; elle se contenteroit de renuerser des Trosnes, & de faire mourir ceux qui les possedoient legitimement : mais comme le seul orgueil la fait agir, il faut qu'vn simple Bourgeois de Rome, pour sa gloire, & pour le diuertissement du peuple, traisne des Roys enchaisnez apres son Char de Triomphe. O Dieux ! est-il possible qu'il se trouue des vainqueurs assez inhumains pour cela ! & est-il possible qu'il se trouue des Roys vaincus assez lâches pour endurer vne si cruelle chose ? ouy sans doute ; & trop d'exemples de cette sorte ont fait connoistre, que tous les Princes ne sont pas genereux. Cependant il est certain, que des fers & des Couronnes, des Sceptres & des chaisnes, sont des choses que l'on ne deuroit iamais voir ensemble : vn Char traisné par des Elephans ne deuroit point estre suiuy par des Roys : & des Roys attachez comme des criminels, à qui on ne laisse les marques de la Royauté, que pour marquer leur honte & la gloire de leur vainqueur. Mais quelle gloire peut auoir celuy qui triomphe de cette sorte? car si ceux qu'il a vaincus sont des lâches, (comme il y a grande aparence puis qu'ils viuent;) ce n'est pas vn iuste suiet de vanité, que de les auoir surmontez. Que si ces infortunez ont tesmoigné du cœur en leur deffaite, il y a beaucoup d'inhumanité à celuy qui traite de cette sorte, des Princes qui n'ont fait autre chose que leur defendre leur Courône; leurs Païs; leurs Femmes; leurs Enfans; leurs Sujets; & leurs Dieux domestiques. Que si pour la gloire de leurs vainqueurs, & pour le plaisir du peuple ils vouloiẽt des triõphes; il leur eust esté plus glorieux, de faire porter les armes des ennemis qu'ils auoient tuez de leur main, que de se faire suiure par des Roys qu'ils n'ont pas combatus. Des Chars tous remplis d'armes rompuës, de boucliers, de dards, de jauelines, & d'enseignes prises sur leurs aduersaires, feroient vn spectacle moins funeste, &

M iij

pl' agreable aux yeux du peuple. Mais Dieux est-il possible, que des Roys soient destinez à vne chose si infame? que ce mesme peuple à qui on donne pour diuertissement des combats de gladiateurs, & de bestes sauuages, soit encor la cause de cette funeste ceremonie? & qu'il tire ses plaisirs de la honte & de l'infortune des Roys? qu'il faille que ceux qui trouuent de la volupté, à voir entretuër par vne brutalité horrible, quatre mille hommes en vn mesme iour ; & qui trouuent leur felicité à voir entre-deuorer des tygres & des lions ; est il possible (dis-ie) que ce soit pour ce mesme peuple, que l'on traisne des Roys accablez de fers? pour moy, mon cher Massinisse, ie trouue quelque chose de si estrange à cette sorte de triomphe ; que ie doute s'il est plus honteux aux vaincus qu'aux victorieux : & en mon particulier, ie sçay bien que ie ne ferois ny l'vn ny l'autre. Iugez-donc, mon cher Massinisse, si vne personne qui ne voudroit pas entrer à Rome dans vn Char de Triomphe, suiuy de cent Roys enchaisnez ; pourroit se resoudre à suiure auec des fers, celuy de l'orgueilleux Scipion? non, Sophonis-

A MASSINISSE

be à l'ame trop grande pour cela : quand ie ne serois que Carthaginoise, ie n'en serois pas capable : quand ie ne serois que fille d'Asdrubal, ie ne m'y resoudrois iamais : quand ie ne serois que femme de l'infortuné Siphax, c'est vne foiblesse qui ne me viendroit point en l'ame : & quand ie ne serois que l'esclaue de l'illustre Massinisse, ie ne suiurois pas vn autre vainqueur. Mais estant tout à la fois, Carthaginoise, fille d'Asdrubal, femme de Siphax, & de Massinisse, & Reine de deux grands Royaumes ; que Scipion ne s'attende pas de triompher de Sophonisbe. Non, genereux Massinisse, quand les chaisnes que l'on me donneroit seroient de Diamans ; que tous mes fers brilleroient d'or & de Pierreries ; & que l'on m'assureroit de me faire remonter sur le Trosne, aussi-tost qu'on m'auroit détachée du Char de Triomphe ; ie choisirois la mort, au preiudice de la Royauté : & si ma main auoit porté des fers, ie ne la tiendrois plus digne de porter vn Sceptre. Enfin i'ay vne aduersion si forte pour la seruitude, & pour l'esclauage : & mon ame est si delicate en cette matiere, que si ie pensois que Scipion deuſt faire porter mon portrait en triomphe, ie vous prierois de faire perir tous les Peintres de Numidie. Mais non, ie me repens de ce ſentiment : car ſi l'inſenſible Scipion fait porter mon image en entrant à Rome, il publiera pluſtoſt ma gloire que la ſienne : on verra que i'auray ſçeu mourir, quand ie n'auray pû viure dauantage auec honneur : & que le courage d'vne femme, aura eſté encor plus grand, que la vanité Romaine. Ie ne doute point, genereux Maſſiniſſe, ſi vous ne vous opoſez fortement à la ſeuerité de Scipion, que vous ne ſoyez contraint de me donner la mort, pour vous acquiter de vôtre promeſſe; car outre l'intereſt public, il a encor le ſien particulier. Il ſe ſouuient que ſon Pere & ſon Oncle, ſont autrefois morts en Afrique : il me regarde comme vne victime propre à apaiſer leurs Manes : & ioignant enſemble dans ſon cœur, la gloire de Rome & ſa vangeance, il n'eſt pas croyable que la fille d'Aſdrubal obtienne ſa liberté. Il me ſemble pourtant, genereux Maſſiniſſe, qu'il ſera bien iniuſte, ſi dans le meſme iour que vous reprenez la Couronne de Numidie, l'on attache voſtre

voſtre femme à vn Char de Triomphe : c'eſt ce me ſemble vous faire tout à la fois, & Roy, & eſclaue : puis que s'il eſt vray, (comme vous me l'auez dit) que ma miſere & mes larmes, jointes au peu de beauté que i'ay, ayent touché voſtre ame, & vous ayent forcé de m'aimer autant que vous meſme ; ce ſeroit triompher de vous auſſi bien que de moy. Songez bien Maſſiniſſe, ſi vous pourriez eſtre mon ſpectateur en cette iournée : & ſi vous ne me croiriez pas indigne de l'honneur que vous m'auez fait de m'eſpouſer, ſi i'eſtois capable de vous faire cette honte ? mais ne craignez pas que ie vous expoſe à vne ſemblable douleur : ſi Scipion eſt inexorable, & que voº me teniez la parole que vous m'auez donnée, ma mort iuſtifiera le choix que vous auez fait. Neantmoins, auparauāt que d'auoir recours à cét extreme remede, faites tout ce que vous pourrez pour toucher le cœur de cét inſenſible : dites luy que ie ne me ſuis renduë qu'à vous : que de tant de butin, que voſtre valeur a acquiſe au peuple Romain, vous ne luy demādez qu'vne ſeule eſclaue. Que ſi ſon iniuſtice veut vous obliger à la luy remettre entre les mains, comme si vous estiez le moindre soldat de ses legions ; dites luy lors que cette esclaue est vostre femme : qu'on ne peut triompher d'elle sans triompher de vous : & que le sang que vous auez respandu pour le seruice de la Republique, merite qu'õ vous accorde la permission de la laisser viure en liberté. Representez luy, que vous l'auez trouuée dans vostre Royaume, dans vostre Palais, & dans vostre Trosne : que c'est raisonnablement à vous qu'elle apartient : & qu'on ne vous la peut oster sans iniustice. Que si de si puissantes raisons ne le touchent pas, priez-le auec tendresse : mais enfin si vous ne le pouuez flechir, souuenez-vous de vostre parole, & ne manquez pas de me la tenir. Ie voy bien dans vos yeux, mon cher Massinisse, que vous aurez peine à me faire vn si funeste present : ie voy bien (dis-ie) que vous aurez peine à enuoyer du poison à la mesme personne à qui vous auez donné vn Diadéme, vostre cœur, & la liberté : ie connois bien que c'est vn rigoureux sentiment, & qu'il vous sera bien dur de voir que les mesmes torches qui ont esclairé mes nopces, esclaireront mes funerailles : & que cette mesme main que vous m'auez donnée pour gage de voſtre foy, ſera celle qui m'ouurira le tombeau : mais enfin toutes ces choſes vous ſeront encor plus ſuportables, (ſi vous eſtes genereux comme ie le crois.) que de me voir enchaiſnée. Ceux qui diſent que la veritable generoſité, conſiſte à ſouffrir les funeſtes euenemens auec conſtance; & que quiter la vie pour éuiter le malheur, c'eſt ſelon leur ſens, ceder la victoire à la fortune : ces gens (dis-ie) ne ſçauent pas ce que c'eſt que de la veritable gloire des Princes. Ce ſentiment eſt bon pour des Philoſophes & non pour des Roys, dont toutes les actions doiuent eſtre de grands exemples de courage. Que s'il eſt permis de quiter la vie, (comme ie n'en doute point) il faut ſans doute que ce ſoit pour éuiter la honte d'eſtre menée en triomphe. C'eſt vn grand malheur à vn Roy, quand ſes ſuiets ſe reuoltent : mais ſi lors il ſongeoit à quiter la vie, ie l'eſtimerois vn lâche : parce qu'il peut encore les combatre & les chaſtier. C'eſt vne grande inforrune à vn Prince, que d'auoir perdu vne bataille : mais comme on voit assez souuent, que ceux qui sont vaincus auiourd'huy, seront demain victorieux ; il faut se tenir ferme, & ne s'abandonner pas au desespoir. Enfin tous les malheurs qui peuuent auoir vn remede honnorable, ne doiuent point nous porter à auoir recours au Tombeau : mais lors qu'apres auoir perdu toutes choses, il ne reste plus rien à nostre choix, que des chaisnes ou la mort ; il faut rompre les liens qui nous attachent à la vie, pour éuiter ceux de la seruitude. Voila mon cher Massinisse, tout ce que i'auois à vous dire : souuenez vous en, ie vous en coniure ; & n'écoutez pas tant ce que vous dira Scipion, que vous ne vous souueniez de vostre promesse, & du discours que ie viens de faire. Il est (si ie ne me trompe) si iuste & si raisonnable, que vous ne sçauriez le desaprouuer. Allez donc, mon cher & bien aimé Massinisse, allez combatre pour ma liberté, & pour vostre gloire, contre l'insensible Scipion. Demandez luy de grace, si apres n'auoir pas voulu regarder les belles prisonnieres qu'il a faites dans ses nouuelles conquestes, il voudroit voir attachée à son Char, vne femme de qui les regards ont pû vaincre Maſſiniſſe. Qu'il craigne que ie ne fuſſe ſon vainqueur en voulant eſtre le mien : & que du moins cette vertu auſtere dont il fait profeſſion, ſerue à l'empeſcher de vouloir triompher de moy. Vous voyez bien, mon cher Maſſiniſſe, que mon ame n'eſt pas troublée, & que ie vous parle auec beaucoup de tranquilité : auſſi vous puis-ie aſſeurer qu'en l'eſtat où ie me trouue, ie ne regrette rien que d'eſtre contrainte de m'éloigner ſi toſt de vous. C'eſt ſans doute la ſeule choſe qui peut encor toucher mon eſprit : car apres auoir vû mon païs deſolé; Siphax priſonnier; la Couronne tomber de deſſus ma teſte; & ce qui eſt encor le pire, Sophonisbe preſte d'eſtre captiue de Scipion : apres (dis-ie) toutes ces choſes; le tombeau me ſeroit vn azyle & vn lieu de repos, ſi i'y pouuois entrer ſans vous abandonner. Mais i'ay cette conſolation dans mon infortune, qu'ayant touſiours eu vne haine irrecõciliable pour la tyrannie des Romains; i'ay du moins cét aduãtage, de n'auoir eſté captiue que d'vn Numide, & de ne l'auoir pas eſté d'vn Romain : mais d'vn Numide encor, qui est mon Mary & mon liberateur : & dont ie n'ay pas plustost esté esclaue, que i'ay esté Maistresse absoluë de son ame. Allez donc mon cher Massinisse, & ne manquez pas de tenir vôtre parole à l'infortunée Sophonisbe : qui attendra auec beaucoup d'impatience, la liberté, ou le poison.

EFFECT DE CETTE HARANGVE.

Ette belle & desporable Reine obtint ce qu'elle demandoit, parce que Massinisse n'obtint rien de Scipion. Il luy enuoya la mort, ne pouuant luy conseruer la liberté sans danger : Et ce lâche prefera son interest, & l'amitié des Romains, à la vie de cette genereuse personne. I'aurois souffert qu'il l'eust perduë pour conseruer sa gloire, s'il ne le pouuoit autrement : mais que le galant homme ait vescu quatre vingts ans apres sa perte, & tousiours amy des Romains ; c'est ce qui m'a mis en colere contre luy, toutes les fois que i'ay vû cét euenement dans l'Histoire : & c'est encor ce qui me fait taire icy, parce que si i'escriuois dauantage, ie luy dirois des iniures. Plains Sophonisbe auecques moy, mon cher Lecteur: & puis que ie tâche de te diuertir, ayes au moins la complaisance, de n'aprouuer pas l'action, de l'insensible, & trop sage Massinisse.

ZENOBIE

ZENOBIE
A
SES FILLES.
SIXIESME HARANGVE.

O

ARGVMENT.

Ette harangue & celle qui la precede font bien voir que toutes les choses ont deux faces: & que par des chemins differens, l'on arriue à mesme fin, ie veux dire à la vertu. Sophonisbe veut mourir, la vaillante Zenobie veut viure: & toutes deux veulent viure & mourir par des sentimens genereux. L'vne regarde la liberté comme le souuerain bien: l'autre croit que le souuerain bien n'est qu'en la souueraine sagesse. L'vne ne peut seulement souffrir l'idée d'vn Char, parce qu'elle le croit honteux à ceux qui le suiuent: l'autre suit ce Char presque sans douleur, parce qu'elle ne croit rien honteux que le crime. L'vne regarde le Triomphe d'vn vainqueur auec desespoir, comme sa supréme disgrace: l'autre le considere auec mépris, comme vn caprice de la fortune. L'vne meurt & l'autre vit: l'vne cherche la gloire, où l'autre croit l'infamie: & neatmoins comme ie l'ay dit, l'vne & l'autre ont la vertu pour objet: tant il est vray que toutes choses ont des visages diuers, selon le biais dont on les regarde. Vous auez entendu les raisons de l'vne, oyez encor celles de l'autre, & iugez de toutes deux.

Suiure un Char sans foiblesse, auec une Couronne;
Voir un Sceptre & des fers, sans en mourir d'ennuy;
Enseigner la constance, à celuy qui les donne;
C'est vaincre la fortune, & triompher de luy.

ZENOBIE
A
SES FILLES.

IL y a desia long-temps, cheres & infortunées Princesses, que ie voy couler vos larmes inutilement: c'est en vain que ma constance vous a fait connoi-

O ij

ſtre que les grandes ames, peuuent ſuporter les grandes douleurs ſans deſeſpoir : l'image du Troſne que vous auez perdu, & du Char que vous auez ſuiuy, reuenant toûſiours en voſtre memoire, fait que mon exemple ne voꝰ ſert de rien: & que tous les iours de vôtre vie, vous redonnent vne nouuelle affliction. Vous portez encor dans le cœur, les fers que vous auiez aux mains, le funeſte iour que vous entraſtes à Rome : & ſans rien perdre de ce noble orgueil, que l'illuſtre naiſſance inſpire à ceux qui naiſſent auec cét aduantage; Aurellian triomphe encor de vous, toutes les fois que vous vous ſouuenez de ſon Triomphe. Ie ſuis bien marrie, ô mes Filles, qu'apres vous auoir renduës les compagnes de mes diſgraces, ie ne puiſſe vous donner la conſtance neceſſaire pour les ſuporter. C'eſt pourtant le ſeul heritage que ie vous puis laiſſer en mourant : & ie ſouhaite de toute mon affection, que cette vertu puiſſe paſſer de mon cœur dans le voſtre : afin que ne pouuant viure en Reines, vous puiſſiez du moins regner ſur vous mêmes. Si quelqu'vn pouuoit auecques raiſon ſe deſeſperer, pour vn excez de malheur, il est certain que Zenobie l'auroit dû faire: car comme elle a eu plus de gloire, que personne de son sexe n'en a iamais pû obtenir; son infortune aussi a esté la plus déplorable, dõt on ait iamais entendu parler. Vous sçauez que de mon costé, vous pouuez conter entre vos Ayeuls les Ptolomées Roys d'Egypte: & qu'enfin ie suis descenduë de l'illustre sang de Cleopatre. Mais helas! on diroit que ce Char de Triõphe qu'Auguste luy destinoit, a passé iusques à moy par droit de succession: & que ie n'ay fait que suiure celuy qui luy estoit preparé. La fortune m'a poûrtant traitée auec plus d'inhumanité: car comme vous ne le pouuez ignorer, i'ay suiuy vn Char que ie croyois mener: & que i'auois fait faire auec dessein de triompher de celuy qui a triomphé de moy. Vous sçauez encor, que le cõmencement de ma vie, n'a esté remply que de felicitez: le vaillant Odenat vostre Pere, & mon cher Seigneur; apres m'auoir donné la Couronne de Palmirenie, voulut encor que ie partageasse auecques luy, la gloire de ses conquestes: & ie puis dire sans orgueil, & sans faire tort à ce grand homme; que s'il

O iij

auoit donné à Zenobie la Couronne qu'elle portoit; Elle aussi auoit de sa main, adiousté quelques fueilles de Laurier, à celle que la victoire luy auoit mise sur la teste. Ouy mes Filles, ie puis dire sans offencer la memoire d'Odenat, que nous conquestasmes ensemble tout l'Orient: & que poussez d'vn iuste sentiment, nous entreprismes de vanger sur les Perses, les indignitez que l'on faisoit souffrir, à l'Empereur Valerian, que Sapor tenoit prisonnier: pendant que l'infame Gallienus son Fils, s'abandonnoit à toutes sortes de delices. Odenat pourtant, ne laissa pas de luy enuoyer tous les prisonniers que nous fismes en cette guerre: nous prismes les meilleures places de la Mesopotamie; Carres, & Nisibé, se rendirent à moncher Seigneur: & poursuiuant la victoire, nous défismes aupres de Ctesiphonte, vne multitude innombrable de Perses. Nous fismes plusieurs Satrapes prisonniers; leur Roy mesme prit la fuite: & demeurans presque tousiours victorieux, en toutes les rencontres où nous nous trouuasmes; la renommée fit tant de bruit, de la valeur d'Odenat, qu'enfin Gallienus s'en éueil-

A SES FILLES.

la. Alors pouſſé par la crainte, pluſtoſt que par la reconnoiſſance, il le fit ſon Collegue à l'Empire: & pour l'honorer encor dauantage, il fit faire auſſi comme vous l'auez ſceu, des medailles, où mon cher Odenat traiſnoit les Perſes captifs. Iuſques-là ie n'ay eu que de la felicité: la victoire & la fortune m'ont eſgalement fauoriſée: mais helas! le pourray-ie dire? mon cher Odenat ayant eſté aſſaſſiné auec l'aiſné de mes Enfans; ie paſſé d'vne extremité à l'autre: & ie fus auſſi infortunée que i'auois eſté heureuſe. Ce fut là mes Filles, que i'eus beſoin de toute ma vertu, pour ſuporter ce malheur: & la perte d'Odenat, eſt ſans doute ce qui m'a rendu moins rude la perte de ma liberté. I'eus plus de peine à ſuiure mon cher Seigneur iuſques au Tombeau, que ie n'en ay eu à ſuiure le Char d'Aurellian: & ſa Pompe funebre, me fit bien plus verſer de larmes, que n'a fait la magnificence du Triõphe que l'on a fait de moy. Mais quoy que ma douleur fuſt exceſſiue, ie ne m'arreſtay pourtant pas long-temps à pleurer: ie ſongé à conſeruer l'Empire à mes enfans; & à lauer le ſang qu'il auoit reſpandu, auec le ſang de ſes ennemis. Et comme on pouuoit dire, que la valeur auoit esté l'Ame de ce grand homme ; ie fis vœu de passer toute ma vie à cueillir des Palmes, pour mettre sur son Tombeau : afin de pouuoir dire vn iour, que de ma seule main, i'aurois vangé sa mort ; conserué l'Empire à ses enfans ; & esleué vn Trophée à sa gloire. Ie creus (dis-ie) qu'il valoit mieux appendre sur son cercueil les despoüilles des ennemis que ie surmonterois, que de moüiller ses cendres auec mes pleurs : & en cette resolution, ie pris les armes d'vne main, & de l'autre les resnes de l'Empire. I'ay tousiours crû, mes Filles, que toutes les vertus ne pouuoient estre incompatibles : qu'il estoit possible, qu'vne mesme personne les possedast toutes : que celles des hômes pouuoient estre pratiquées par des femmes : que la veritable vertu, n'auoit point de sexe affecté : qu'on pouuoit estre chaste & vaillante tout ensemble : tesmoigner de la grandeur de courage en vne occasion, & de l'humilité en l'autre : estre seuere & clemente en diuerses rencontres : pouuoir commander & obeïr : & sçauoir porter des fers & vne Couronne, auec

vn

vn mesme visage. C'est par ce sentiment, (ô mes Filles) que i'ay fait des choses si differentes en aparence; quoy que i'aye tousiours esté la mesme que ie suis auiourd'huy. Mais pour vous repasser toute ma vie, vous sçauez que la mort qui me rauit mon cher Odenat, ne me rauit pas le bon-heur de ses armes. Au contraire, il sembla que sa valeur se joignist à la mienne: ie deffis l'armée que Gallienº auoit enuoyée contre moy, sous la conduite d'Heraclian : & non contente de cette premiere victoire, ie passé en Egypte, & me rendis Maistresse absoluë du Royaume de mes predecesseurs. De là, ie fus iusques à Ancire, ville principale de la Galatie: ie porté mesme mes armes par toute la Bithinie, iusques à Calcedoine, & au dessous du Bosphore : & apres auoir vaincu les Perses en diuerses rencontres, & porté le bruit de mes victoires par tout l'vniuers; Aurellian, conduit par la fortune, & plus capable de se seruir d'vne espée, que ne l'auoit esté Gallienus; vint enfin en personne en arrester le cours. Ie vous repasserois mes infortunes exactement, comme i'ay fait ma felicité, si ie ne sçauois bien, qu'il ne

P

vous en souuient que trop : & ie n'aurois pas entrepris de vo⁹ redire mes victoires, si vostre extréme melancholie ne m'auoit fait penser, que vostre imagination, ne receuant plus que de funestes images, vous les auriez oubliées. Vous n'ignorez donc pas, par quel chemin Aurellian m'a conduite à Rome : vous vous souuenez sans doute, comme la perfidie d'Heraclammon, luy fit prendre la ville de Tiané : comme malgré ma conduite & ma valeur, l'artifice d'Aurellian, luy fit gagner la bataille deuant Antioche : comme l'industrie de Zabas, mit ma personne en seureté : comme ie me retiré dans Emeze : comme ie rallié mes Troupes : comme vne seconde fois, ie presenté la Bataille à Aurellian ; qui apres l'auoir pensé perdre, la gagna enfin malgré tous mes efforts. Vous sçauez encor, que i'abandonné Emeze, & m'allé renfermer dans Palmirenie, en attendant le secours que les Perses, les Sarasins, & les Armeniens m'auoient promis. Vous sçauez (dis-ie) qu'Aurellian m'y vint assieger, auec cette puissante armée qu'il auoit lors, composée de Pannoniens, de Dalmates, de Mœsiens, de Celtes, de quantité de Mores,

& de grand nombre d'autres Troupes, tirées de l'Afie, de Tiane, de la Mefopotamie, de la Syrie, de la Phénicie, & de la Palestine. Vous fçauez (dif-ie) que ie vy en ce temps là vn auſſi grand apareil de guerre contre moy, qu'il en auroit fallu, pour conqueſter toute la terre. Neantmoins, ie ne perdis pas le cœur en cette occaſion: vous fçauez que ie defendis les murailles de Palmirenie, auec autant de courage que de conduite: qu'Aurellian meſme y fut dangereuſement bleſſé par vn coup de fleche, qui peut-eſtre luy fut tiré de ma main: car les Dieux fçauent ſi i'ay eſpargné ma vie, pour conſeruer voſtre liberté. Au reſte, i'ay fceu depuis que ie ſuis à Rome, que la Poſterité fçaura, que ie n'ay pas abandonné le Troſne qui vous apartenoit, ſans le defendre: Aurellian ayant eſcrit de ſa main à Mucapor ſon Amy, *qu'il eſtoit vray, qu'il faiſoit la guerre à vne femme; mais à vne femme, qui auoit plus d'Archers à ſa ſolde, que ſi c'euſt eſté vn homme. A vne femme, qui auoit de la prudence dans le peril, & qui par ſa preuoyance, auoit fait vn ſi grand apareil de guerre, pour s'opoſer à ſes conqueſtes, qu'il eſtoit impoſſible de s'ima-*

P ij

giner le nombre prodigieux de dards, & de pierres, dont elle auoit fait prouision. Enfin, (disoit-il parlant tousiours de moy,) il n'y à endroit des murailles de Palmirenie, qui ne soit deffendu de plusieurs machines. Les siens lancent à toute heure des feux d'artifice sur les nostres : & en peu de paroles, elle craint comme vne femme, & combat aussi comme vne personne qui craint. Voila mes Filles, ce que mon ennemy à dit de moy : & certes il n'auoit pourtant pas raison, de dire que ie craignois : puis que lors qu'il m'enuoya offrir la vie & le pardon, (car sa lettre estoit conceuë en ces termes) pour-ueu que ie rendisse la Place, & que ie remisse entre ses mains, toutes mes Pierreries & tous mes Tresors; ie luy respondis auec tant de fermeté, qu'Aurellian s'en offença. Il me souuient qu'entre les autres choses que ie luy disois, ie luy mandois que iamais personne auparauant luy, ne m'auoit demandé ce qu'il desiroit de moy : souuiens-toy (luy disois-ie,) que la vertu doit aussi bien conduire les choses de la guerre, que celles de la Paix. Au reste, ie t'aprens que le secours des Perses que nous attendons, ne nous manquera point : nous auons dans nostre party les Armeniens & les Sarasins : & puis que les voleurs de Syrie, Aurellian, ont vaincu ton armée, que sera-ce, quand nous aurons les forces que nous attendons de toutes parts ? alors certes, tu rabatras quelque chose de ce grand orgueil, auec lequel comme si tu estois pleinement victorieux, tu me commandes de me rendre. Vous voyez mes Filles, que durant que vous estiez aux Temples à prier les Dieux, ie faisois toutes choses possibles pour vous conseruer, & pour ne rien faire contre ma gloire. Vous sçauez en suite, comme Aurellian défit les Perses, qui venoient à nostre secours: & que voyant qu'il estoit absolument impossible de sauuer cette place, ie voulus du moins mettre ma personne en seureté: mais le destin qui auoit resolu ma perte, fit enfin qu'Aurellian fut mon vainqueur, & que ie fus sa prisonniere. Aussi-tost qu'il me vit, il me demanda d'où venoit que i'auois eu l'audace de m'attaquer aux Empereurs Romains, & de mespriser leurs forces ? Aurellian (luy dis-ie) ie te reconnois pour legitime Empereur, parce que tu sçais comme il faut vaincre; mais pour Gallienus & ses semblables, ie ne les ay iamais tenus pour tels. Iusques icy, mes Filles, vo' ne pouuez pas m'accuser d'auoir manqué de cœur : i'ay autrefois porté vne Courône sans orgueil; i'ay eu la main assez ferme, pour tenir tout à la fois, & vn Sceptre, & vne espée: i'ay sceu égallemēt & l'art de regner, & l'art de cōbatre: i'ay sceu vaincre; & qui plus est i'ay sceu biē vser de la victoire. I'ay receu la bōne fortune auec moderatiō: & dans le tēps mesme, où ma ieunesse & la foiblesse de mon sexe, me pouuoient faire prendre quelque vanité, du peu de beauté qui paroissoit en moy: i'ay entendu sans plaisir, tous les flateurs de la Cour, me peindre dans leurs vers, auec des Lis & des Roses ; dire que mes dents estoient des Perles Orientales; que mes yeux tous noirs qu'ils estoient, paroissoient plus clairs que le Soleil; & que Venus enfin, n'estoit pas plus belle que moy. Ie vous ay dit toutes ces choses, mes Filles, & ie m'y suis estenduë plus que ie ne deuois; pour vous faire comprendre, qu'en toutes les actions de ma vie, ie n'ay iamais eu aucune foiblesse. Ne pensez donc pas, qu'en la plus importante de toutes celles que i'ay faites, & en celle où il

A SES FILLES.

falloit le plus de cœur, i'aye manqué d'en auoir, comme i'en ay eu en toute les autres. Non mes Filles, ie n'ay rien fait en toute ma vie, qui me dône vne plus grande satisfaction de moy-mesme, que d'auoir pû suiure vn Char de Triõphe auec constance. C'est veritablement en ces occasions, qu'il faut auoir l'ame grande; & qu'on ne me die point qu'en ces rencontres, le desespoir est vne vertu, & la constance vne foiblesse. Non, le vice ne sçauroit iamais estre vertu, & la vertu aussi, ne sçauroit iamais estre vicieuse. Qu'on ne me die point encor, que cette sorte de constance, est plus propre à des Philosophes qu'à des Roys : & sçachez mes Filles, qu'il n'y a nulle difference entre des Philosophes & des Roys; sinon que les vns enseignent la veritable sagesse, & que les autres la doiuent pratiquer. Enfin, comme les Souuerains doiuent l'exemple à leurs Sujets, & qu'ils sont en veuë à toute la terre; il n'est point de vertu qu'ils ne doiuent suiure. Entre toutes celles qui sont neantmoins les plus necessaires aux Princes, la Constance est la plus illustre, comme estant la plus difficile : car pour ce desespoir, qui met le poignard à la main, de ceux qui veulent éuiter la seruitude, c'est plustost vne foiblesse qu'vne vertu. Ils ne peuuent regarder la fortune quand elle est irritée : elle ne veut pas pluftoft les attaquer, qu'ils éuitent de la combatre : elle ne les veut pas pluftoft destruire, qu'ils aident eux-mefmes à son dessein : par vne foiblesse indigne d'eux, ils quitent la victoire à cette volage: & par vne action precipitée, sans sçauoir bien souuent ce qu'ils font, ils quitent leurs fers en quitant la vie, dont ils n'ont aimé que les douceurs, sans en pouuoir souffrir les amertumes. Pour moy, mes Filles, qui suis dans d'autres sentimens, ie tiens que quiconque a vescu auecques gloire, doit mourir le plus tard qu'il luy est possible : & qu'à raisonnablement parler, la mort precipitée est pluftoft vne marque de remords, de repentir, & de foiblesse, que de grandeur de courage. Quelqu'vn me dira peut-estre, que ie suis d'vn sang à ne deuoir iamais porter de fers : que Cleopatre n'ayant pas voulu suiure le Char d'Auguste, ie ne deuois iamais suiure celuy d'Aurellian : mais il y a cette difference

entre

entre cette grande Reine & moy, que toute sa gloire consiste en sa mort : & que ie fais consister la mienne en ma vie. Sa reputation ne luy eust pas esté auantageuse, si elle ne fust morte de sa main : & la mienne ne seroit pas au point où elle est, si ie m'estois priuée de la gloire, de sçauoir porter des fers, auec autant de grandeur de courage, que si i'eusse triõphé d'Aurellian, comme il a triomphé de moy. Si Cleopatre eust suiuy le Char d'Auguste, elle eust vû cent obiets facheux en trauersant Rome, qui luy eussent reproché ses imprudēces passées : le peuple luy auroit sans doute fait entēdre par ses murmures, vne partie des manquemens de sa cõduite : mais pour moy, i'estois bien certaine, de ne voir a l'entour du Char que ie suiuois, que des hommes que i'auois vaincus autrefois, & des tesmoins de ma valeur & de ma vertu. I'estois (dis-ie) asseurée de n'ouïr rien de facheux : & de n'entēdre parler, que de mõ malheur present, & de mes victoires passées. Voila disoit ce peuple, la vaillante Zenobie : voila cette femme, qui a remporté tant de victoires : admirez sa constance en cette rencontre : ne diroit-on pas, que ces

Q

Pagination incorrecte — date incorrecte
NF Z 43-120-12

chaisnes de Diamans qu'elle porte, la parent plustost qu'ils ne l'attachent? & qu'elle mene le Char qu'elle suit. Enfin, mes Filles, pendant que i'estois toute chargée de fers, où pour les mieux nommer, de chaisnes d'Or, & de Pierreries, comme vne illustre esclaue; pendant toute la magnificence de ce Triomphe, qui est sans doute le plus facheux iour de la seruitude; i'estois libre dans mon cœur : & i'eus l'Ame assez tranquile, pour voir auec plaisir, que ma constance arracha des larmes, de quelques vns de mes ennemis. Ouy mes Filles, la vertu a de si puissans charmes, que l'austerité Romaine n'y put resister : & ie vy quelques vns d'entr'eux, pleurer la victoire d'Aurellian & mon infortune. Au reste, il ne faut pas auoir la foiblesse, de laisser ébranler son ame, par des choses qui ne la touchent point du tout, quand on est parfaitement sage. Tout ce grand apareil que l'on fait pour les Triomphes, ne doit point donner d'effroy à vn esprit raisonnable : tous ces Chariots d'Or, ces chaisnes de Diamans, ces Trophées d'armes, & cette multitude de Peuple, qui s'amasse à voir cette funeste ceremonie; ne doiuent point faire de peur à vne personne genereuse. Il est vray que mes chaisnes estoient pesantes; mais quād elles ne blessent point l'esprit, elles n'incommodent gueres les bras qui les portent : & pour moy, en ce déplorable estat, ie pensé plus d'vne fois, que cōme la fortune auoit fait que ie suiuois vn Char, que i'auois moy-mesme fait faire pour triompher; par la mesme reuolution qui arriue à toutes les choses du Monde; il pourroit estre qu'vn iour, on vous feroit des Sceptres, des mesmes chaisnes que ie portois. Mais enfin, quand cela n'arriuera pas, ne vous en affligez que moderément: ayez plus de soin de vous rendre dignes du Trosne, que d'y remonter : car de l'humeur dont ie suis, ie fais plus de cas d'vn simple esclaue quand il est fidelle, que du plus puissant Roy du Monde, quand il n'est pas genereux. Songez donc, mes Filles, à suporter vostre seruitude auec plus de constance: & croyez certainement, que si i'ay esté vaincuë d'Aurellian, la mienne a surmonté la fortune. Il a assez paru dans toute la suite de ma vie, que la mort ne m'épouuentoit point, quand elle

Q ij

pouuoit m'estre glorieuse : ie l'ay veuë cent fois, sous vn visage plus terrible, que tous les desesperez ne l'ont iamais veuë. Le poignard de Caton, l'espée de Brutus, les charbons ardens de Porcie, le poison de Mithridate, ny l'aspic de Cleopatre, n'ont rien de si effroyable. I'ay veu vne gresle de dards & de fleches tomber sur ma teste; i'ay veu cent iauelines les pointes tournées contre mõ cœur; & tout cela sans m'épouuenter. Ne pensez donc pas, si i'eusse crû que la mort m'eust pû estre glorieuse, que ie ne l'eusse trouuée en ma propre main : Elle estoit accoustumée à vaincre les autres; Elle auroit rompu mes fers si ie l'eusse voulu : mais i'ay crû que i'aurois plus de gloire à les porter sans respandre des larmes, qu'à verser mõ sang par foiblesse ou par desespoir. Ceux qui font consister leur satisfaction en eux-mesmes, quitent le Trosne auec moins de regret que les autres : qui ne rencontrans rien en leur ame qui les contente, sont contrains de trouuer leur felicité, dans les choses qui leur sont estrangeres. Vous me demanderez peut-estre, ce qui reste à faire à des Princesses, qui ont perdu l'Empire & la Liberté? & ie vous respondray auecques raison, que puisque les Dieux ont voulu donner vne si noble matiere à vostre courage, vous estes obligées d'en bien vser: & de faire connoistre à toute la terre, par vostre patience & vostre vertu ; que vous estiez dignes du Sceptre qu'on vous a osté: & que les fers qu'on vous a donnez, sont indignes de vous. Voila, mes Filles, ce qui vous reste à faire: & si vous pouuez vous laisser toucher à mon exemple & à mes raisons, vous trouuerez que la vie vous pourra estre encor douce & glorieuse. Vous auez du moins cét aduantage, qu'en l'estat qu'est vostre fortune, elle ne sçauroit deuenir plus mauuaise qu'elle est : de sorte que si vous pouuez vne fois vous y accoustumer, rien ne pourra plus apres cela troubler vostre repos. Souuenez-vous, que de tāt de millions d'hommes qui sont au monde, il n'y en a pas cent qui portent des Couronnes: Et croyez-vous, mes Filles, que tous ces hommes soient malheureux, & que hors du Trosne, il n'y puisse auoir nulle douceur? si la chose est ainsi, ô que vous estes abusées ! il n'est point de condition en la vie, qui n'ait ses peines & ses

Q iij

plaisirs : & la veritable sagesse, est de sçauoir esgallement bien vser de toutes, si la fortune vous les fait esprouuer. Ceux qui se font mourir eux-mesmes, ne sçauent pas que tant que l'on est viuant, l'on est en estat d'acquerir de la gloire: il n'est point de tyran, qui puisse m'empescher d'immortaliser tous les iours mon nom, pourueu qu'il me laisse viure, & que ie sois vertueuse: & mon silence mesme, s'il me faisoit souffrir quelque suplice, que i'endurasse constamment ; ne laisseroit pas de parler pour moy. Viuons donc, mes Filles, puis que nous le pouuons faire auec honneur; & qu'il nous reste encor des moyens de tesmoigner nostre vertu. Le Sceptre, le Trosne, & l'Empire, que nous auons perdus, ne nous ont esté donnez que par la fortune: mais pour la constance, elle vient directement des Dieux. C'est de leur main que ie l'ay receuë: & c'est pour cela, que vo⁹ la deuez imiter: elle est la veritable marque des Heros, comme le desespoir l'est des foibles, ou des incõsiderez. Ne vous mettez donc point en peine, de ce que la Posterité dira de moy : & ne craignez pas que le iour du Triomphe d'Aurellian, ait terny toutes mes victoires : puis que comme ie vo9 l'ay dit, c'est le plus glorieux de ma vie. Et puis, i'ay sceu qu'Aurellian a fait vn portrait de moy en parlant au Senat, qui me fera connoistre à nos Neueux : Conseruez-le, mes Filles, afin que quād ie ne seray plus, le souuenir de ce que i'ay esté, vous oblige à estre tousiours ce que vous deuez estre. Voicy les couleurs, dōt Aurellian s'est seruy en ce Tableau. I'ay apris, a-t'il dit, qu'on me reproche, que i'ay fait vne chose peu digne d'vn grand courage, triomphant de Zenobie : mais ceux qui me blasment, ne sçauroient quelle loüange me donner, s'ils sçauoient quelle estoit cette femme. Combien elle estoit aduisée en ses conseils : combien elle se monstroit courageuse & constante, en l'ordre qu'elle tenoit : combien elle estoit imperieuse & graue, à l'endroit des gens de guerre, combien elle estoit liberale, quand ses affaires l'y obligeoient : & combien elle estoit seuere & exacte, quand la necessité l'y contraignoit. Ie puis dire, que ça esté par son moyen, qu'Odenat a vaincu les Perses, & poursuiuy le Roy Sapor iusques à Ctesiphonte. Ie puis asseurer que cette femme, auoit tellement remply l'Orient & l'Egypte, de la terreur de ses armes, que ny les Arabes, ny les Sarasins, ny les Armeniens, n'osoient remuer. Que ceux donc, à qui ces choses ne plaisent pas, se taisent : car s'il n'y a point d'honneur d'auoir vaincu, & d'auoir triomphé d'vne femme; que diront-ils de Gallienus, au mépris duquel elle a sceu maintenir son Empire? que diront-ils de Claudius, Prince Saint & Venerable; qui estant occupé aux guerres des Gots, par vne loüable prudence, a enduré qu'elle regnast; afin que cette Prinsesse, occupant ailleurs ses armes, il pust plus aisément acheuer ses autres entreprises? Voila, mes Filles, ce que mon vainqueur a dit de moy, quoy que i'aye suiuy son Char. Ayez la mesme Equité, ie vous en coniure : & croyez, que quiconque a vescu de cette sorte, n'a que faire de se donner la mort, pour immortaliser son nom.

EFFECT

EFFECT DE CETTE
HARANGVE.

Ette Harangue fit voir, que l'Orateur perſuadé, perſuade aiſément les autres : ces Princeſſes veſcurent, comme leur Mere n'auoit pas voulu mourir : & les jardins qu'Aurellian leur auoit donnez pour leur demeure, & que l'on apelle auiourd'huy Tiuoli ; leur ſemblerent plus beaux que le cercueil. L'Hiſtoire marque, que cette genereuſe Reine, fut touſiours fort eſtimée de toutes les Dames de Rome : & que ſes Filles furent mariées, dans les plus illuſtres Familles. C'eſtoit peu pour leur naiſſance, mais c'eſtoit beaucoup pour leur infortune : puis que ce meſme Peuple auoit crû, qu'Antoine & Titus s'estoient mariez indignement ; quoy qu'ils eussent espousé des Reines. Ce sentiment estoit superbe; mais c'estoit celuy des Maistres du Monde: & qui dit cela, dit tout.

PORCIE
A
VOLVMNIVS.

SEPTIESME HARANGVE.

ARGVMENT.

Apres que Brutus & Cassie eurent esté deffaits, & qu'ils se furent tuez; Porcie Femme du Premier, & Fille de Caton d'Vtique, tesmoigna par ses discours & par ses actions, qu'elle vouloit suiure la fortune de son Mary, & qu'elle ne vouloit plus viure. Ses Parens qui vouloient l'empescher de mourir, apres luy auoir osté tout ce qui pouuoit seruir à ce funeste dessein, luy enuoyerent le Philosophe Volumnius, qui auoit esté intime amy de Brutus, pour tâcher de luy persuader par raison, qu'elle ne deuoit pas s'abandonner au desespoir. Mais cette genereuse Femme, apres l'auoir escouté auec beaucoup d'impatience, luy respondit de cette sorte.

O quel rang tiennent tes vertus,
Genereuſe Porcie, entre les grandes Ames!
O Fille de Caton, & Femme de Brutus,
   Quelles doiuent eſtre tes flâmes!
Puis qu'enfin pour finir tes triſtes accidens,
   Tu meurs par des charbons ardens.

PORCIE
A
VOLVMNIVS.

C'Eſt en vain, ô ſage Volumnius, que mes Parens vous ont choiſi, pour me perſuader de viure, apres la perte que i'ay faite: n'eſtant pas croyable, que cette

R iij

mesme Philosophie, qui mit l'espée à la main de l'illustre Caton mon Pere, & qui l'a mise en suite en celle de mon cher Brutus, puisse me faire croire, que la conseruation de ma vie, soit ny vne chose iuste, ny vne chose possible. Non Volumnius, en l'estat où ie suis reduite, ie ne puis, & ne dois plus viure : vous sçauez que malgré mon sexe, cette Philosophie que voꝰ employez contre moy, ne m'est pas tout à fait inconnuë : & que le vertueux Caton, mon Pere, me l'a fait aprendre auec assez de soin. Ne croyez donc pas, que la resolution que ie prends, soit vn effect d'vn esprit aueuglé de sa propre douleur, & d'vn desespoir sans raison. Il y a long-temps que ie medite la dessus : & que dans l'incertitude des choses, i'ay formé le dessein, que i'executeray auiourd'huy. Tout autre que moy, pourroit peut-estre satisfaire aux cendres de son Mary, en respandant des larmes le reste de ses iours : mais la Fille de Caton, & la Femme de Brutus, doit agir d'vne autre sorte. Aussi suis-ie biē asseurée, que Porcie a l'Ame trop grande, pour mener vne vie indigne de sa naissance ; & de l'hōneur qu'elle a d'auoir eu pour Pere & pour Mary, les deux plus illuſtres d'entre les anciens Romains : car pour ceux qui viuent auiourd'huy, ce ne ſont plus de véritables Romains : ce ſont les reſtes des eſclaues de Iules Ceſar : ou pour mieux dire encor, ce ſont des tygres enragez, qui déchirent le ſein de leur Mere, en deſolāt leur Patrie. Helas ! qui euſt iamais pû croire, que le peuple Romain, fuſt deuenu l'ennemy de ſa propre liberté ? qu'il euſt luy meſme, non ſeulement forgé les chaiſnes qui le captiuent ; non ſeulement eſleué ſur le Troſne, celuy qui auoit fait mourir tant de millions d'hommes pour y arriuer ; mais qu'il euſt encor eſté capable, de pleurer la mort du tyran ; de le placer au rang des Dieux ; & de pourſuiure comme vn criminel, vn homme qui pour luy redonner la liberté, hazardoit ſa vie ; & mépriſoit meſme l'amitié de Ceſar ! car que n'euſt-il point obtenu de luy, s'il euſt pû ſe ſoumettre à la ſeruitude ? ſes fers auroient ſans doute eſté plus legers que ceux des autres : & pour peu de ſoin qu'il y euſt aporté, il euſt eſté Maiſtre de celuy, qui l'étoit de tout le Monde. Mais Brutus eſtoit trop genereux, pour establir sa felicité particuliere, sur la ruine du Public: il sçauoit que le premier deuoir emporte, ou doit emporter tous les autres : que deuant toutes choses à son Païs, il ne deuoit rien à Cesar : qu'estant nay citoyen Romain, il deuoit haïr le tyran : que pour n'estre pas ingrat à sa Patrie, il falloit en quelque sorte l'estre enuers Cesar : & qu'estant de la Race du premier Brutus, il deuoit le secours de son bras, & de sa valeur, à la Republique opressée. Cependāt, apres auoir fait toutes ces choses, ce Peuple lâche & insensé, exile celuy à qui il deuoit dresser des Statuës, dans toutes les Places Publicques. Cette extreme ingratitude, ne lassa toutesfois pas la vertu de Brutus : vous sçauez, ô sage Volumnius, tout ce qu'il a fait pour la Patrie : aussi ne vous le dis-je pas pour vous l'aprendre ; mais pour employer le peu de vie qui me reste, à parler des grandes choses qu'il a faites : & à vous coniurer, de les faire sçauoir à la Posterité. Souuenez-vous donc, Volumnius, qu'encore que tous les Romains fussent des ingrats pour luy, il n'a pas laissé de faire toutes choses pour eux : & lors que ces lâches

au

au lieu d'vn tyran, en ont souffert trois; il a eu plus de compassion d'eux, que de ressentiment de leur ingratitude : & sans songer à sa conseruation, que n'a-t'il point fait pour les rendre heureux malgré qu'ils en eussent? mais ces ennemis de la vertu, sont si fort accoustumez à l'esclauage, qu'ils gardent leurs chaisnes comme leurs plus chers tresors : & iusques au point, qu'apres que Brutus les eut rompuës, ils les renoüerent eux-mesmes auec soin : & Rome qui depuis tant de siecles a commandé à toute la terre, se soûmit volontairement à la tyrannie. O Caton, ô! Brutus, qui l'eust iamais pensé? & qui eust pû croire, que les Dieux eussent protegé le crime, & oppressé l'innocence? ie voy bien pourtant, ce qui porte le Ciel à nous nuire: la mort de Brutus est le chastimēt de Rome, & le plus grand malheur qui luy pût iamais arriuer : & c'est sans doute pour la punition des Romains, que les Dieux ont permis qu'il ait acheué ses iours. Pour Brutus, sa peine fait sa recompense : l'ingratitude des Romains sert à sa gloire : & sa mort mesme illustre si fort sa vie, que i'ay presque honte d'en respandre des lar-

S

mes. Aussi puis-ie asseurer, que i'ay pleuré dauantage pour son absence, que ie n'ay fait pour sa perte. Ie regardois lors ma douleur, comme n'ayant point de termes; & mon ame estant balancée, entre l'esperance & la crainte; ie trouuois quelque soulagement à pleurer. Mais auiourd'huy que ie n'ay plus rien à perdre, & que ie voy vn moyen infaillible de finir ma misere; i'ay l'ame plus tranquile: & quoy que ma douleur soit la plus grande, que personne ait iamais sentie, ie la souffre pourtant, auec moins d'impatience; parce que ie sçay qu'elle finira bien-tost. Et ne me dites point que ie dois viure, pour conseruer la memoire de Brutus: l'actiō qu'il a faite est si grande & si noble, qu'elle viura tousiours, en celle de tous hommes. Il sera tousiours regardé, comme le premier & le dernier des Romains: & les tyrans mesme qui regneront apres ceux-cy, seruiront encor, à en conseruer le glorieux souuenir. Tant qu'on verra des Roys à Rome, on se souuiendra que l'Ancien Brutus les auoit chassez; & que le dernier est mort, pour sauuer la liberté, que le premier luy auoit acqui-

A VOLVMNIVS.

se. Car ie ne doute point, que Rome ne soit tousiours asseruie : estant indubitable, que si elle eust pû recouurer sa liberté, Brutus la luy auroit redonnée : mais ne l'ayant pû faire, il a du moins eu la gloire, de mourir sans estre esclaue. Ne trouuez pas donc estrange, si estant fille & femme de deux hommes libres iusques à la mort, ie veux partager cette gloire auec eux. Et puis à dire vray, Brutus ne seroit pas tout à fait en liberté, si i'estois assez lâche pour viure captiue. Il manqueroit quelque chose à sa gloire, si i'oubliois la mienne : l'affection qu'il eut tousiours pour moy, fait que nos interests ne peuuent estre separez. Ie fus de la conspiration, puis que ie la sceu auparauant qu'elle fust executée : il est dõc bien iuste, que ie suiue le destin de Brutus : & sçachez Volumnius, que celle qui eut l'ame assez ferme, pour se donner vn coup de poignard, pour en souffrir la douleur, & pour la cacher ; afin de tesmoigner à son Mary, qu'elle sçauroit bien celer vn secret, ne changera pas aisément, la resolutiõ qu'elle a prise de mourir. L'image de Caton, & celle de mon cher Brutus, me remplissent tellement l'esprit, que ie ne voy plus autre chose : & leur mort me semble si digne d'enuie, que ie la regarde, comme le plus grand bien qui me puisse iamais arriuer. Souuenez-vous Volumnius, que le vray zele de la vertu, consiste au desir de l'imiter : car ceux qui louënt les hommes vertueux, sans les suiure autant qu'ils le peuuent, meritent plus de blâme que de loüange : puis qu'ils connoissent le bien, & ne le suiuent pas. Caton est mort auec cét aduantage, d'auoir fait dire à Cesar, qu'il portoit enuie à sa mort, parce qu'elle le priuoit de la gloire de luy pardonner : & ie veux qu'Octaue porte enuie à Brutus, de ce qu'il auoit sceu choisir vne femme, assez courageuse pour le suiure iusques au Tombeau. C'est là que nous joüirons d'vne liberté, que nous ne pourrons plus perdre : pendant que les Romains gemiront, sous la pesanteur de leurs fers. Mais vn iour viendra, que le nom de Brutus, leur sera en veneration : qu'ils souhaitteront vn bien qu'ils ont refusé : & que le sang de Caton & de Brutus, les fera rougir de confusion. Ouy, ces citoyens Romains, qui se voyoient les Maistres de la terre, qui auoient

A VOLVMNIVS.

des Roys pour Sujets ; dont la gloire estoit sans tache ; & dont la puissance n'auoit rien au dessus d'elle que celle des Dieux ; seront doresnauant d'infames esclaues : & leur seruitude sera si rigoureuse, qu'ils ne seront pas Maistres de leur propre volonté. Ils prendront tous les vices de leurs tyrans : & Rome qui estoit vne escole de vertu, deuiendra vne retraite de lâches adulateurs. O Ciel ! est-il possible, que les inclinations d'vn si grand Peuple, se soient changées en vn instant? tous ces millions d'hommes, qui combatoient dans les pleines de Pharsale, sous les Enseignes de Pompée, ont ils tous esté tuez en cette bataille, où ont ils perdu le cœur en la perdant? tous ces Roys qui tiennent leurs Couronnes de l'authorité du Senat, sont ils tous ingrats? & n'y en a-t'il aucun, qui ait pû souffrir que Brutus l'ait déchargé de ses fers? ce desir de la liberté, qui est si puissant parmy tous les animaux qui viuent en la terre, est-il esteint parmy les hommes? & le sang d'vn tyran mort, est-il si cher aux Romains, que pour en honnorer la memoire, & en porter le dueil ; ils veuillent se charger de chaisnes

S iij

pour toute leur vie ? ouy, toutes les legions Romaines ont perdu le cœur; tous les Roys nos Vassaux, sont prests de mettre leurs Couronnes aux pieds de leurs tyrans: tous les Romains preferent l'esclauage à la liberté; les cendres de Cesar leur sont en veneration; & pour dernier malheur, Brutus les a abandonnez. Ne pensez pas toutesfois Volumnius, qu'il ait voulu m'abandonner: il est vray, que lors que nous nous separâmes en la ville d'Elea, il ne voulut pas que ie demeurasse aupres de luy, quoy que ie fisse pour cela toutes choses possibles; parce, disoit-il, que le voyage m'auroit donné trop de peine: & que mesme ie luy pourrois estre plus vtile à Rome, que dans son armée. Mais en cette occasion, il n'en a pas esté ainsi: ie sçay bien que Brutus a songé à moy en mourant; qu'il m'attend au lieu où il est; & qu'il ne doute point, que Porcie ne se souuienne, que l'illustre Caton aima mieux déchirer ses entrailles, que suruiure à la liberté de son païs: & qu'elle, ayant encor de plus puissantes raisons qui l'y doiuent porter; ne marquera pas de suiure le chemin qu'il luy a tracé. Quand la vie ne sçauroit plus estre ny honnorable ny heureuse, c'est vne extreme prudence de la quiter: estant certain, qu'elle ne nous doit estre chere, qu'autant qu'elle sert à nostre gloire, ou à celle de la Patrie. Cela estant ainsi, ie ne dois plus conseruer la mienne : ouy Volumnius, ie dois ma mort à ma propre gloire; à celle de Caton; à celle de Brutus; & à celle de Rome. Mais ne pensez pas que cette mort me soit rude : ie vay en vn lieu, où sans doute l'on connoist, & l'on recompence la vertu. Cét effroyable phantosme, que Brutus vit sans s'épouuenter aupres de la ville de Sardis, & depuis aupres de celle de Philipes, ne m'aparoist point : ie ne voy que l'ombre de mon Mary qui m'apelle : & qui semble auoir quelque impatience, que la mienne soit aupres d'elle. Ie voy celle de Caton, qui retenant l'authorité de Pere, semble me commander de me hâter de quiter vn lieu, indigne de la vertu de Porcie. Iugez Volumnius, si cette vision m'épouuente : & si dans les deux chemins que i'ay à suiure, ie puis auoir quelque difficulté à choisir. D'vn costé, ie voy ma patrie desolée; toute la terre couuerte du sang de nos Amis;

nos Persecuteurs deuenir nos Maistres ; tous mes Parens en seruitude ; & pour tout dire, rien au monde ne me peut plus estre cher, que les cendres de Brutus. Voila Volumnius, ce que ie voy de ce costé la : mais de l'autre, ie n'y voy que des felicitez : mon Pere & mon Mary m'attendent ; le premier me demande le fruit des instructions qu'il ma données ; & l'autre, la recompence de l'affection qu'il m'a tesmoignée. Ouy, genereux Caton, ouy illustre Brutus, Porcie fera ce qu'elle doit en cette occasion, & rien ne l'en pourra empescher. Car ne pensez pas, ô sage Volumnius, que la volonté soit vne chose que l'on puisse contraindre : c'est par elle, que nous ressemblons en quelque façon aux Dieux : c'est vn priuilege que le Ciel nous a donné. Les tyrans ne la sçauroient forcer : elle n'est point sous leur domination : & quand on a l'ame ferme & resoluë, on ne change iamais les desseins qu'on a faits. Ne croyez donc pas, que les soins de mes Parens, puissent m'epescher de mourir : ny moins encor, que vos raisons ébranslent en quelque façon mon esprit. Caton ne se laissa point flechir aux larmes de
son

son Fils, & Porcie ne se laissera non plus toucher à celles de ses proches, ny à vos discours. Brutus pour éuiter la seruitude, a pû se resoudre de me quiter ; & par quelle raison, ne me seroit-il pas plus aisé, & plus iuste encor qu'à luy, de finir ma vie? ma liberté m'est aussi chere, que la sienne luy estoit precieuse: mais i'ay cét aduantage, & cette douceur en mourãt; qu'au lieu qu'il ne pouuoit estre libre qu'en m'abandonnant: ie n'ay qu'à le suiure, pour conseruer ma franchise. Vous voyez donc bien, ô sage Volumnius, apres tout ce que ie viens de dire; que la mort m'est glorieuse, necessaire, & douce. Ne songez donc point à m'en empescher, puis qu'aussi bien vos soins feroient inutiles. Ceux à qui l'on a fait changer de semblables resolutions, vouloient sans doute estre persuadez : ils auoient dans le fonds de leur cœur vn sentiment secret, qui s'opposoit à leur volonté: & leur propre foiblesse, estoit vne garde assez forte, pour conseruer leur vie. C'estoient de ces gens qui vouloient s'amuser à choisir le genre de mort dont ils vouloient finir : afin que l'on eust loisir de les en empescher. Mais pour moy, il

T

n'en ira pas ainsi : ie ne cache point mon desſein ; ie ne veux point tromper mes gardes ; ie leur dis franchement, que i'eschaperay de leurs mains : & que la mort me deliurera de la peine où ie suis. Ouy Volumnius, ie m'en vay mourir : ô illustre & grand Caton ! ô genereux Brutus ! venez receuoir mon ame. Voyez cheres Ombres, si ie suis digne du nom que ie porte : ne me des-aduoüez-pas pour ce que ie vous suis : car si ie ne me trompe, ma fin ne sera pas indigne d'vne veritable Romaine. Voyez, mon cher Brutus, si i'ay quelque foiblesse en cette derniere heure : ou plustost, si ie n'ay pas vne extreme impatience d'estre aupres de vous. Vous voyez, ô genereux Caton, que l'on m'oste les poignards, les poisons, & tout ce qui pourroit ce semble seruir à mon dessein : ma chambre est deuenuë ma prison ; il n'y a pour moy ni precipices, ni cordeaux ; & i'ay des gardes qui m'obseruent. Mais en m'ostant toutes ces choses, on ne m'oste pas la volonté de mourir ; ny la memoire de vostre vertu. Ie me souuiens, ô illustre Caton, de ce iour glorieux ; où vous surmontâtes Cesar, en vous

A VOLVMNIVS. 147
surmontant vous-mesme. Vous disiez lors
à ceux qui vous gardoient, que vostre vie n'e-
stoit point en leur puissance; puis que pour
la finir, vous n'auiez qu'à vous empescher de
respirer, ou à vous écraser la teste contre la
muraille. C'est donc en suiuant vne si genereuse leçon, que ie m'en vay trouuer mon
cher Brutus. Voyez ô illustre Mary, la derniere action de Porcie: iugez de sa vie par sa
mort: & de l'affection que i'ay euë pour vous,
par ces charbons ardents que ie tiens, & qui
s'en vont m'étouffer.

EFFECT DE CETTE
HARANGVE.

E N disant ces dernieres paroles, Elle fit ce qu'elle disoit: *et par vne fermeté de courage, qui donne de l'admiration et de l'horreur;* Elle fit voir que les choses ne sont aisées ou impossibles, que selon la maniere dont on les enuisage: & que lors que l'on aime quelqu'vn plus que sa vie, l'on n'a point de peine à suiure sa mort.

BERENICE
A
TITVS.
HVICTIESME HARANGVE.

ARGUMENT.

Endant la guerre de Iudée, Titus deuint passionnément amoureux de Berenice Reine de Chalsis, petite Fille de Mariamne : & mesme selon l'opinion de quelques-vns, il l'épousa secretement. Comme il fut retourné à Rome où il la mena, le peuple Romain qui traictoit toutes les Estrangeres de Barbares, & les Reines aussi bien que les autres, n'aprouua point cette Alliance : de sorte que l'Empereur Vespasian, ordonna à son Fils de la renuoyer. Ce fut donc en cette fascheuse conjoncture, que cette Princesse affligée, parla ainsi au grand Titus.

Tu perds Amant & Sceptre, ô Beauté sans seconde!
Mais en dépit du peuple, & malgré sa rigueur;
Tu te consolerois de l'Empire du Monde,
Si tu pouuois garder l'Empire de son cœur.

BERENICE
A
TITVS.

NE pensez pas, ô illustre & genereux Titus, que ie me pleigne de vous en m'en separant: puis qu'au contraire, vous connoissant comme ie fais, ie vous pleinds au lieu de vous accuser: & sans rien dire contre vous, ie vous demande seulement la liberté de me pleindre de la fortune: qui apres vous auoir tant fauorisé en toutes les choses de la guerre, vous traite auiourd'huy si cruellement en ma personne: car ie ne doute point que vous ne ressentiez plus de douleur à m'abandonner, que vous n'auez de ioye de toutes vos victoires. Ie sçay que quoy que l'ambition soit vne passion aussi forte que l'Amour, elle ne la surmonte point en vostre Ame: & ie veux mesme croire pour me consoler dans ma disgrace, que si vous estiez en estat de disposer absolumēt de vous, vous prefereriez la possession de Berenice, à l'Empire de tout le Monde. Mais cette raison d'Estat, qui authorise tant de crimes & tant de violences, ne peut souffrir que l'inuincible Titus, apres auoir tant de fois hazardé sa vie, pour asseurer la felicité des Romains, puisse songer à la sienne particuliere. Ie n'auois pourtant iamais ouy dire, que l'Amour fust vne passion honteuse, quand l'objet en estoit honneste: au contraire, ie pensois que c'estoit vne marque des grandes ames, puisque

que tous les Heros de l'antiquité, s'en estoient trouuez capables. Ie pensois (dis-ie) que cette passion, quand elle regnoit dans vn cœur genereux, luy inspiroit encor vne nouuelle ardeur d'acquerir de la gloire : cependant, ie voy bien que ce n'est pas l'opinió, ny de l'Empereur, ny du Senat ; & que ie me suis trompée en mes conjectures. Si vous auiez choisi pour objet de vostre amour, vne personne absolument indigne de vous, leurs plaintes seroient plus suportables; & ie meriterois le traitement que ie reçois, si i'auois mis en l'Ame de Titus, vn sentiment bas & honteux : mais si ie ne me trompe, on ne vous peut pas reprocher, d'auoir pris vne alliance fort inégale. Alexandre ne crût neantmoins rien faire contre sa gloire, lors qu'il espousa Roxane, quoy qu'elle fût captiue & estrangere : & cette erreur que l'amour luy fit commettre, n'a pas empesché que le bruit de ses victoires, ne soit venu iusques à nous: & qu'il ne soit mis au rang des plus illustres Heros. La faute qu'on vous reproche, n'a pourtant rien de comparable à celle-là : car enfin comme vous le sçauez, ie suis petite fille de Ma-
V

riamne; ie conte entre mes Ayeulx, tous les anciens Roys de Iudée; & ie porte moy mesme vne Couronne, qui ce me semble, deuoit obliger le Senat, à ne me traiter pas si cruellement. Ouy Titus, la Palestine a eu des Heros aussi bien que Rome: les Ionathas, les Dauids, & les Salomons, dont ie suis sortie, ont fait peut-estre d'aussi belles choses, que les Romules, les Numa Pompilius, & les Cesars: & les superbes & riches despouïlles, que vous pristes dans le Temple de Ierusalem, & dont vous ornâtes vostre Triomphe; n'ont que trop fait voir à Rome, la grandeur, & la magnificence de mes Peres. Si i'estois d'vn sang ennemy de la Republique, comme l'estoit autrefois Sophonisbe Fille d'Asdrubal; ie dirois qu'on auroit raison de craindre, qu'apres auoir vaincu le genereux Titus, ie ne voulusse rendre ma victoire funeste au Senat: & le porter en suite, à faire des choses contraires à son authorité. Mais ie suis d'vne Race accoustumée à receuoir des Couronnes des Empereurs Romains: le grand Agrippa mon Pere, tenoit le Royaume de Lisanie, de la liberalité de Cajus, aussi bien que celuy de Chalsis, dont ie porte le Sceptre auiourd'huy. Le second Agrippa mon Frere, a receu la mesme faueur de l'Empereur vostre Peré: & sa mort a fait assez connoistre, qu'il n'en estoit pas ingrat. Ce fut en vostre presence qu'il perdit la vie, en voulant obliger les habitans de Gamala à se rendre, & à reconnoistre l'authorité de Vespasian: cependant, pour me consoler de sa perte, on me bannit comme vne criminelle. On diroit que i'ay voulu renuerser l'Empire: & à peine se trouue-t'il vn coin de terre, assez reculé de Rome, pour m'y enuoyer en exil. Vous sçauez pourtant, ô mon cher Seigneur, que ie n'ay commis autre crime, que de receuoir l'honneur que vous m'auez fait, en me donnant le glorieux tiltre de vostre Femme: l'innocente conqueste que mes yeux ont faite de vostre cœur, est ce qui me rend coupable: les Romains veulent, que vous soyez leur captif & non pas le mien: ils veulent (dis-ie) disposer de vostre amour, & de vostre haine comme il leur plaist; & vous choisir vne Femme selon leur fantaisie; & non pas selon vos inclinations. Au reste, mon cher Seigneur, ie

V ij

sçay que mes larmes peuuent estre suspectes, à quiconque ne me connoistra pas : ceux de mes ennemis qui verront ma douleur vous dirõt sans doute, que ie regrette autant l'Empire que Titus : & que l'ambition a plus de part en mon ame que l'amour. Mais s'il est vray que vous m'aimiez, autant que vous me l'auez dit, vous iugerez de mes sentimens par les vostres : & vous connoistrez sans doute, que vostre seule personne fait toute ma douleur, comme elle a fait toute ma felicité. Non Titus, la magnificēce de Rome ne m'éblouït point : le Trosne qui vous attend, n'a rien contribué, à l'affection que i'ay pour vous : & les vertus de vostre ame, & l'amour que vous auez euë pour moy, ont esté les seules choses que i'ay considerées, quand i'ay formé la resolution de vous aimer. Prenez donc quand il vous plaira, vne personne auec qui vous partagiez, la souueraine puissance que vous aurez vn iour, sans craindre que ie vous en veuille mal : mais de grace, ne partagez iamais le cœur, où vous m'auez fait regner. C'est vn Empire qui m'apartient, & que vous ne pouuez m'oster sans iniustice. Vous ne pouuez pas, mon cher Titus, m'accuser de demander trop de vous ; puis que ie ne demande, que ce que vous mesme m'auez donné. Vous ne pouuez pas non plus me dire, que ce cœur n'est point en voſtre puiſſance ; que Veſpaſian le tient en ſes mains ; que le Senat en diſpoſe ; & qu'enfin vous n'en eſtes pas le Maiſtre. Tous les eſclaues, quelques accablez de chaiſnes qu'ils puiſſent eſtre, iouïſſent de ce priuilege : ils aiment & haïſſent qui bon leur ſemble : & leur volonté eſt auſſi libre dans les fers, que s'ils eſtoient ſur le Troſne. Cela eſtant ainſi, vous jouïrez ſans doute de la meſme liberté, & ne me refuſerez pas, la grace que ie vous demande. Vous donnerez vne Femme à l'illuſtre Titus, pour contenter le caprice du Peuple : mais vous ne donnerez point de Riuale à Berenice. Elle ſera ſeule en voſtre ame, comme vous eſtes ſeul en la ſienne : & quoy qu'éloignée de vous, elle ſera pourtant touſiours preſente à vôtre eſprit : ſi cela eſt ainſi, ie ſouffriray mon exil auec patience. Mais Dieux ! puis-ie ſeulement ſonger à ne vous voir iamais ? non. Titus, il m'eſt abſolument impoſſible : mon

V iij

destin est inseparable du vostre: & quoy que puissent faire Vespasian, & toute l'authorité du Senat, il faut que ie ne vous quite point. Il y auroit de la foiblesse à vous abandonner: vous pourriez me reprocher, que la crainte d'estre mal traitée, m'auroit fait obeïr trop promptement, à l'ordre que i'ay receu de sortir de Rome: & vous pourriez enfin m'accuser de peu d'affection. Mais non, ie me dédis de ce sentiment: il y auroit de l'ingratitude à en vser ainsi. Il ne faut pas que Berenice vous coûte l'Empire: conseruez-le donc, & la laissez partir. C'est assez pour elle, si vous la plaignez: & si lors que vous arriuerez à la Couronne, vous vous souuenez seulement, que la possession que vous en aurez, vous aura coûté Berenice. En verité Titus, il y a quelque chose de bien estrange à nostre aduanture: car le moyen de penser que ce mesme peuple, qui se prepare desia à vous reconnoistre pour Maistre de toute la terre, veuille vous donner des Loix en vne chose, qui vous est si importante, & qui le luy est si peu? & que ces mesmes personnes, sur lesquelles vous aurez vn pouuoir si absolu, que vous disposerez de leurs biens, & de leurs vies; ne puissent pourtant souffrir que vous m'aimiez? suis-ie Femme ou ennemie de tous les Romains? ont-ils de la ialousie, ou de la haine pour moy? craignent-ils que ie ne veuille vous porter à reédifier les murs de Ierusalē? ay-ie entrepris quelque chose contre le bien public, où les ay-ie offencez chacun en particulier? non Titus, ie n'ay rien fait, ie n'ay rien dit, ie n'ay rien pensé contr'eux: & mon plus grand crime, est que ie suis malheureuse, & que vous m'aimez. Mais veuille le Ciel, que ie sois toute ma vie, criminelle de cette sorte: continüez, mon cher Seigneur, à leur donner, de nouueaux suiets de me haïr en m'aimant tousiours: tesmoignez leur, que la victime que vous immolez pour eux vous est chere: & pour vostre gloire autant que pour la mienne, faites leur connoistre que l'affection que vous auez pour moy, a eu de legitimes fondemēs. Cachez mes deffauts, & exaggerez auecques soin, le peu de bonnes qualitez qui sont en moy: dites leur que l'affection que i'ay eüe pour vous, m'a tenu lieu de merite: & qu'enfin, vous trouuiez en ma personne, vn digne obiet de voftre amour, Pour moy, ie ne fuis pas en peine de iuftifier celle que i'ay pour vous : voftre valeur & voftre vertu, font fi generalement connuës par toute la terre, que ie n'ay que faire de dire, par quelles raifons ie vous aiment. Ce fentiment eft fi vniuerfel, que fi vous n'eftiez infiniment bon, vous ne m'en feriez pas obligé. Mais, mon cher Titus, puis-ie vous dire vne chofe que i'ay en l'efprit? ouy, puis que mon affection la caufe, elle ne fçauroit vous déplaire : & vous eftes trop equitable, pour condamner Berenice, quand vous connoiftrez qu'elle n'eft coupable que d'vn excez d'amour. Ie ne voudrois pas en l'eftat que font les chofes auiourd'huy, vous arracher la Couronne que vous deuez porter, en vous obligeant à me fuiure : car, mon cher Seigneur, il n'y a point de coin en la terre, où l'illuftre Titus puft viure inconnu. Mais s'il m'eft permis de vous dire tout ce que ie penfe, ie voudrois qu'eftans nais fans Couronne, fans Royaume, & fans Empire, nous puffions viure enfemble en quelque lieu, où la vertu feule regnaft auec nous. Ie voudrois

(dif-ie)

(dis-ie) que vous ne fussiez pas ce que vous estes: & ie ne voudrois pourtāt pas, que vous fussiez changé. Enfin l'excez de ma douleur & de mon affectiō, font que ne trouuant rien en toutes les choses possibles qui me satisface; ie suis contrainte pour me consoler, de faire des souhaits, dont l'execution est impossible. Pardonnez-moy, mon cher Titus, si i'ay voulu vous rauir la Couronne: ie m'en repens, quoy que ie connoisse bien dans vos yeux, que ce sentiment la ne voˢ offence pas. Iusques icy i'auois tousiours crû, ne pouuoir iamais voˢ voir aucune douleur, sans la partager auec vous: cependant il est certain, que celle que ie voy peinte sur vôtre visage, adoucit mon affliction: que vos larmes diminüent l'amertume des miennes : & qu'en l'estat qu'est mon ame, ie ne puis auoir de sentiment plus doux, que de vous voir infiniment affligé. Ouy, Titus, mon desespoir est si grand, que ne pouuant viure heureuse aupres de vous, il y a des momens où ie souhaiterois que nous fussions tousiours malheureux, pourueu que nous le fussions ensemble. Cét iniuste sentiment, ne dure pourtant gue-

X

ree en mon esprit: & passant d'vne extremité à l'autre, ie souhaiterois estre encor plus infortunée, & que vous ne le fussiez pas. Il me semble lors, que les Romains ont raison de m'exiler : puis que ie suis capable de troubler le repos de leur Prince. Ie voudrois pouuoir partir sans vous affliger ; emporter dans mon cœur, vostre douleur auec la mienne : & dans vn sentiment si tendre, ie vous pleinds dauantage, que ie ne me pleinds moy-mesme. Au reste s'il est possible, que ie puisse viure sans vous ; ie suis bien certaine, d'aprendre souuent de vos nouuelles, quand mesme vous ne m'en donnerez pas. La renommée me dira, les belles choses que vous ferez : & ie souhaite de tout mon cœur, qu'elle veuille aussi bien se charger de mes larmes, que de vos exploits: & faire en sorte, que vous puissiez sçauoir, que le temps ny l'absence, n'auront rien diminué de ma douleur ny de mon affection. Souuenez-vous, mon cher Titus, toutes les fois que vostre grand cœur vous portera, à faire vne belle action ; que Berenice y trouuera tout ensemble, vn suiet de consolation & de douleur. Elle se réjouira de vostre gloire, & s'affligera de la perte qu'elle aura faite : mais quoy qu'il aduienne, elle vous aimera toufiours efgallement. Ie penfe toutesfois, que ie ne feray pas long-temps en peine, de prendre part aux chofes qui vous arriueront : car la douleur que ie fents eft fi forte, que ie ne croy pas qu'elle puiffe eftre bien longue. Si mon exil eftoit vn effet de voftre inconftance ; que vous euffiez changé de fentimens pour moy ; que voftre mépris fuft la caufe de ma difgrace ; i'aurois du moins la confolation de me pleindre de vous. Ie foulagerois mon tourmét, en vous apellant ingrat & perfide : la colere & le dépit partageroient mon cœur : ie pourrois efperer vn iour de ne vous aimer plus : & foit par reffentiment ou par gloire, ie me feparerois de vous prefque fans pleurer. Mais de la façon qu'eft la chofe, ie voy par tout des fuiets dem'affliger ; & rien qui puiffe adoucir ma douleur. Ie ne perds pas feulement vn Amant, ie perds vn Amant fidelle : & le perds d'vne façon, qui ne me permet pas de me pleindre de luy. I'accufe le Senat & le Peuple, pour ne me pleindre pas de l'Empereur, parce qu'il eft fon Pere : & fans

X ij

pouuoir l'accuser, sinon de m'auoir trop aimée ; ie parts la plus malheureuse personne qui fut iamais. Mais que dis-ie, insensée que ie suis! c'est par là, que ie trouue quelque suiet de me consoler : puis que ie quite Titus, & que ce n'est pas luy qui me quite. La fortune m'arrache d'aupres de luy contre sa volonté : elle le menace de luy oster la Couronne, s'il ne consent à mon exil : & dans cét instant, i'ay la satisfaction de voir mon cher Titus m'estimer plus que l'Empire de tout le Monde. Il est vray pourtant qu'il faut l'abandonner : mais i'ay du moins cét aduantage en partant, de sçauoir que ie demeure en son ame, & que rien ne m'en pourra chasser. Ie voy, si ie ne me trompe, que vostre silence m'accorde ce que ie dis : vos soupirs m'en asseurēt, & vos larmes ne me permettēt pas d'en douter. Voº auez certainemēt l'ame trop bien faite, pour estre capable d'infidelité ou d'oubly : l'inconstance est vn deffaut, que l'on ne peut trouuer en vous, puis qu'il est asseuré, que c'est vne marque de foiblesse, & de peu de iugement. Il ne faut pas donner son cœur, sans y auoir pensé long-temps : mais quand on l'a donné, il ne faut iamais le retirer. Pour moy, ie trouue que nous auons plus de droit sur le bien d'autruy, qui n'a point esté à nous ; que nous n'en auons, sur les presens que nostre liberalité a faits. Les autres choses, peuuent quelques fois venir en nostre puissance sans iniustice : mais ce que nous auons vne fois donné, ne doit plus iamais estre nosttre. C'est auoir renoncé à tous les droits que nous y pouuions pretendre : & il n'est point de Loy, qui no⁹ en puisse mettre en possession auec iustice. Cela estant ainsi, ie suis asseurée de posseder toûjours vôtre cœur : c'est par cette pensée, que ie puis esperer de viure dans mon exil : c'est par là seulement, que la vie me peut estre suportable : & par là seulement, que ie puis ne me dire pas absolument malheureuse. I'espere qu'auec le temps, les Romains pourront connoistre, que comme l'amour que vous auez pour moy n'a rien d'iniuste, ie ne vous ay aussi inspiré, que des sentimens raisonnables. Ie ne demande point, ô Titus, que vous vous perdiez pour me conseruer ; ie ne veux point que vous vous opposiez à l'Empereur ; ie ne veux point que vous vous ac-

X iij

queriez la haine du Senat ; ie ne veux point que vous irritiez le Peuple contre vous; ie ne veux point que vous tâchiez de faire souleuer les Legions; ie ne veux point que vous refusiez la belle Arricidia, que ie sçay que l'on vous destine ; ie ne veux point (dis-ie) que voꝰ perdiez l'Empire pour l'amour de moy. Au contraire, ie vous conseille & vous coniure, d'obeïr à l'Empereur ; de suiure l'aduis du Senat ; de contenter la bisarrerie du Peuple ; de garder vos Legions, pour faire de nouuelles conquestes ; de receuoir au Trosne, la trop heureuse Arricidia ; & de conserseruer l'Empire, que le destin vous promet, & que la naissance vous donne. Mais apres auoir contenté tout le monde à mon preiudice, ayez l'equité de vous souuenir, que Berenice doit estre vostre seule passion. Si i'obtiens cette grace de vous, ie partiray auec quelque douceur, malgré toutes mes amertumes : & bien loing de faire des imprecations contre mes ennemis, ie feray des vœux pour leur felicité, puis que i'en feray pour vostre conseruation. Puissiez vous donc, ô Titus, remporter autant de victoires, que vous donnerez

A TITVS. 167

de combats: puissiez vous regner sur vos Peuples, auec autant d'authorité que de clemence: puissiez vous estre redoutable à toute la terre: puissiez vous auoir autant de gloire que vous en meritez: puissiez vous rendre vostre regne aussi heureux, que ie suis infortunée: enfin puissiez vous faire tant de belles choses, & par vostre insigne valeur, & par vostre rare bonté; que du consentement de toutes les Nations, vous puissiez vn iour estre appellé l'*Amour, & les delices du genre humain*.

EFFECT DE CETTE
HARANGVE.

Es vœux estoient trop ardens, pour n'estre pas exaucez: Titus fut aussi grand & autant aimé, que Berenice le souhaitoit: & si le silence de l'Histoire ne me trompe, elle fut sa derniere pas-

sion, comme elle l'auoit desiré. Ainsi l'on peut dire qu'elle obtint tout ce qu'elle demanda, quoy qu'elle partist de Rome, & qu'elle abandonnast Titus.

PANTHEE

PANTHÉE
A
CYRVS.
NEVFIESME HARANGVE.

ARGVMENT.

PAnthée Reine de la Susienne, ayant esté faite prisonniere de guerre par le grand Cyrus, en fut si fauorablement traitée, que pour reconoistre sa courtoisie, elle obligea Abradate son Mary, d'abandonner le party des Lydiens, & de joindre ses armes à celles de cét inuincible Conquerant. Or ce grand homme de guerre, pour signaler sa reconoissance & son courage, demanda à Cyrus la permission de combatre à l'auant-garde le iour de la bataille : cette glorieuse faueur luy ayant esté accordée, il y fit des choses prodigieuses ; & seruit si bien, & s'épargna si peu, qu'il gagna la bataille, & perdit la vie. Son corps fut raporté tout couuert de blessures, à l'inconsolable Panthée : & Cyrus l'estant allée voir pour la consoler, ou plustost pour s'affliger auec elle, d'vne perte qui leur estoit commune ; cette Princesse affligée luy parla à peu prés en ces termes.

O rare exemple d'amitié!
Obiet digne d'enuie, & digne de pitié,
Belle & genereuse Panthée:
Abradate en son mauuais sort,
Peut-il se pleindre d'vne mort,
Que l'on voit si bien pleinte, & si bien imitée?

PANTHEE
A
CYRVS.

Vous voyez, ô grand & genereux Cyrus, ce que vous a coûté la victoire : Abradate a esté la victime, qui vous a rendu les Dieux propices : son sang a arrosé les Lauriers qui vo⁹ ceignent le front: Il est mort en vous couronnant: & pour parler veritablement des choses, Cyrus & Panthée, sont plustost la cause de sa perte, que la valeur des Lydiens. Ouy Cyrus, vostre generosité, ma reconnoissance, & la sienne, l'ont mis au déplorable estat où il est. Vous le voyez tout couuert de son sang, & de celuy de vos ennemis. Ce grand nombre de blessures qu'il a receuës par tout son corps, sont des preuues certaines, de celles qu'il a faites à ceux qu'il a combattus. Son extrême courage, a changé celuy des Egyptiens en desespoir : & cette illustre main, qu'ils ont presques separée de son bras, (helas! quel objet pour Panthée!) fait assez voir, qu'il n'a quité ses armes qu'en quittant la vie. On l'a vû, genereux Cyrus, combatre auec tant d'ardeur, qu'on eust dit que le gain de cette bataille, luy deuoit mettre la Couronne de tout le Monde sur la teste. Il a payé de sa personne, de son sang, & de sa vie, l'obligation que ie vous auois : & de cette sorte, ô inuincible Cyrus, (comme ie vous l'ay desia dit) vostre generosité, ma reconnoissance, & la sienne, causent sa mort & mon affliction. Ie ne vous accuse pourtant pas: ie suis trop equitable pour cela: au contraire, ie vous remercie auec tendresse, de l'assistance que vous m'offrez pour me consoler. Ie loüe en vous, ô Cyrus, le genereux sentiment, qui vous fait répandre des larmes, le propre iour de la victoire: & qui fait que vous vous affligez plus, de la perte de vostre amy, que vous ne vous réjoüissez du gain de la bataille, & de la deffaite de tous vos ennemis. Mais apres auoir rendu cette iustice à vostre vertu, souffrez que sans vous accuser, & sans me repentir, ie me pleigne de la rigueur de mon destin, qui a voulu que vous deuant la conseruation de mon honneur, ie fusse obligée d'exposer moy-mesme mon cher Abradate au combat, où le nombre l'a fait succomber. Ce fut seulement pour l'amour de moy, qu'il abandonna le party de Crœsus: car encore qu'il eust d'assez iustes suiets de ne le seruir point, la memoire du feu Roy son pere, dont il auoit esté cherement aimé, eust fait qu'il n'eût pas abandonné le Fils, quoy que moins vertueux. Mais ie ne luy eus pas plustost fait

Y iij

sçauoir ce que ie vous deuois, qu'il s'offrit à m'acquiter enuers vous, d'vne obligation si sensible. Vostre renommée auoit desia disposé son cœur, à m'accorder ce que ie luy demandois : & vous estimant desia infiniment, il luy fut aisé de vous aimer. Enfin Cyrus, comme vous le sçauez, il témoigna en cette occasiõ, beaucoup de gratitude enuers vous, & beaucoup d'amour enuers moy. Non, me dit-il, genereuse Panthée, Abradate ne sçauroit estre ennemy de vostre Protecteur : il a essuyé vos larmes, il faut que ie verse mon sang pour son seruice : il a pris soin de vostre gloire, il faut que ma valeur accroisse la sienne : il a perdu vn homme qu'il aimoit beaucoup pour vous proteger, ie dois reparer cette perte ; & faire s'il est possible, qu'on ne s'aperçoiue pas le iour de la bataille, qu'Araspe n'y sera point. Ouy, me dit-il, en haussant la voix, ie perdray la vie, ou ie témoigneray à Cyrus, que ceux qui reçoiuent vn bien-fait comme il faut, sont quelques fois aussi genereux que ceux qui le font. Helas ! faut-il que ie le die, ie ne m'opposé point à ce discours : & sans aprehender rien de funeste, d'vne si noble intentiō, ie loüé son sentimēt & son dessein: ie luy rendis graces, de ce qui deuoit causer ma suprême infortune: & trauaillant moy-mesme à mon malheur, i'excitay son courage a faire les choses qui l'ōt fait mourir auiourd'huy ; & qui pourtant, le feront viure eternellement. O cruel souuenir! ô iniustice de la fortune! pourquoy falloit-il que de tous les vainqueurs, Abradate fust le seul vaincu ? & pourquoy falloit-il qu'ayant si vtilement versé son sang pour le gain de la bataille, il fust presques le seul, qui ne jouïst point du fruit de la victoire? mais ce n'est pas en cette seule rencontre, que i'ay contribué à mon malheur : mon aueuglement estoit si grand, que i'attendois cette funeste iournée comme vn iour de Triomphe : mon esprit n'estoit remply que desperance ; mon imaginatiō ne me presentoit que des choses agreables ; ie regardois la fin de ce combat, comme le commencement de ma felicité ; ie voyois ce me sembloit, Abradate en reuenir tout couuert de Palmes, & son Char tout chargé des dépoüilles des ennemis : & dans cette pensée, i'eus plus de soin de luy donner des armes éclatantes que fortes. Ie connoissois la valeur d'Abradate, mais ie ne connoissois pas encor la malice de la fortune. I'auois tant de peur que les belles actions qu'il feroit, ne fussent pas assez connuës, que i'employé toutes mes Pierreries à sa Cotte d'Armes, pour le rendre plus remarquable. Mais que dis-ie, insensée que ie suis! i'estois sans doute d'accord auec les ennemis : ie voulois leur monstrer où ils deuoient fraper : ie suis cause de toutes les blessures qu'Abradate a receuës : c'est moy qui luy ay trauersé le cœur : & qui ay couuert tout son corps de sang & de playes. I'ay conduit la main de tous ceux qui l'ont attaqué : & comme si ce n'eust pas esté assez, que les genereux l'eussent combatu, par l'émulation que son extraordinaire valeur leur donnoit : i'ay voulu encor, que tous les auares & tous les Mercenaires, en eussent aussi le dessein. Enfin i'ay armé contre luy, toute l'armée de Crœsus : les vns par le seul desir de vaincre, cét homme qui sembloit le Dieu de la guerre ; & les autres, par la richesse du butin. C'a esté de ma main qu'Abradate a esté armé en cette

funeste

funeste iournée : ouy genereux Cyrus, ie luy
porté moy-mesme, ce qui deuoit causer ma
perte : & quoy qu'en cét instant, vne secrette
frayeur me saisist, qui m'aduertissoit sans
doute de mon malheur, ie méprisay vn sentiment que les Dieux m'enuoyoient : & ne
pouuant retenir mes larmes, i'eus l'iniustice
de les cacher à mon cher Abradate. Il me
sembloit que c'eust esté luy dérober le cœur,
que de luy témoigner que i'en manquois en
cette occasion : mais imprudente que ie fus !
ie deuois luy monstrer mes larmes, auec
toute l'amertume qu'elles auoient : car ie ne
doute point, que si par mon affliction ie
luy eusse fait connoistre, que de la conseruation de sa vie dépendoit la mienne ; il n'eust
pris vn peu plus de soin de luy qu'il n'a fait. Il
eust égallement songé à vostre gloire & à ma
vie : mais, ô illustre Cyrus, il sembla en cette occasion, que ie ne me soucié ny de celle
d'Abradate ny de la mienne : car lors que
i'eus acheué de l'armer, & que ie l'eus conduit au superbe Char qui l'attendoit ; ie ne
luy parlé ny de luy, ny de moy ; mais seulement de l'obligation que ie vous auois. Ie le

Z

fis souuenir, que m'ayant pû traiter en esclaue, vos m'auiez traitée en Reine: qu'ayant eu le malheur de plaire à vn homme que vous aimiez plus que vous mesme, vous auiez eu la generosité, de me proteger contre luy ; & qu'apres vne action si illustre, ie vous auois promis, qu'il vous seroit aussi fidelle & aussi vtile, qu'Araspe vous l'auoit esté. Voila, genereux Cyrus, ce que ie dis à mon cher Abradate, estant preste de me separer de luy pour la derniere fois. Et comme ses sentimens, ne s'estoient iamais éloignez des miens ; *veillent les Dieux* (me dit-il, en me mettant la main sur la teste, & leuant les yeux au Ciel) *Que ie me monstre aujourd'huy digne amy de Cyrus, & digne mary de Panthée*. En disant cela il me quitta ; & entrant dans son Char en me regardant le plus long-temps qu'il luy fut possible ; il commanda à celuy qui le conduisoit, de commencer à marcher. De sorte que ne pouuant plus embrasser mon cher Abradate, tout ce que ie pûs faire, fut de baiser par dehors, la chaire où il estoit assis. *Adieu*, ie voulois dire mon cher Abradate ; lors qu'vne douleur excessiue, qui me surprit tout d'vn coup, m'en empescha. Et quoy que le Char commençast desia de s'éloigner, ie ne laissois pas de le suiure : mais Abradate s'en estant aperceu; *allez,* (me dit-il) *genereuse Panthée, attendre mon retour, auec l'esperance de me reuoir bien-tost*. Helas ! ie ne sçauois pas lors, que ce Char dont la magnificence attiroit les yeux de tous les spectateurs, & qui sembloit n'estre fait, que pour vn iour de Triomphe ; seroit le Cercueil d'Abradate ! ie ne l'eus pourtant pas plustost perdu de veuë, que mes Femmes m'ayant remise dans ma Litiere, & remenée à ma Tente ; ie cessé d'esperer, & ie commēcé de craindre. Mon imagination, qui iusques alors ne m'auoit entretenuë que de Couronnes, & de victoires, ne me fit presques plus voir que des obiets funebres : & de la façon dont on m'a raconté la chose ; ie vy dans mes réveries mélancholiques, tout ce qui est arriué à mon cher Abradate. Ouy, Cyrus, ie le vy au front de la bataille, impatient de respandre son sang pour vostre gloire. Ie le vy choquer les Lydiens auec fureur ; ie luy vy rom-

Z ij

pre le bataillõ qu'il attaqua; ie luy vy porter la mort, par tout les lieux où il porta son bras; poursuiure les ennemis qui fuyoiẽt; joncher la cãpagne de morts; & dans ma vision, ie vy ce me sembloit la victoire qui cõduisoit son Char. Mais helas! que cette image fut biẽ-tost effacée par vne autre: ie vy tout d'vn coup, que ce qui deuoit obliger les gens d'Abradate à le suiure de plus prés, fut ce qui le fit abãdonner. L'extrême peril où il se ietta, derroba le cœur à ceux qui le deuoient suiure, & augmenta celuy des Egyptiens. Ie le vy abandonné de la plus grãde partie des siens, & enuelopé des ennemis. Ie le vy pourtant se faire iour à trauers les lances, les dards, & les jauelines de ceux qu'il attaqua. Ie le vy éclaircir tous les rangs ; renuerser tout ce qu'il rencontra; briser les Chars qui s'opposoient à luy; tuër les hommes qui les conduisoient, attaquer & se defendre tout à la fois; & vaincre enfin, tout ce qui s'opposoit à sa valeur. Mais apres qu'il eust de sa propre main éleué vn Trophée à vostre gloire & à la sienne; & mõstré à vos gens, par quel chemin ils trouueroient la victoire. Apres (dis-ie) auoir couuert toute la campagne de sang, de morts d'armes rompuës, & de Chars brisez: ces mesmes hommes qu'il auoit tuez, ces mesmes armes qu'il auoit brisées, & ces mesmes Chars qu'il auoit rompus; firent (le diray-ie ô Cyrus!) renuerser celuy de mon cher Abradate. S'il eust vaincu moins d'ennemis, il n'eust pas esté vaincu : ceux qu'il auoit surmontez, luy furent plus funestes, que ceux qu'il combatoit encor: mais enfin, ie vis Abradate accablé par le nombre; ie le vis tout couuert de playes, disputer sa vie, iusques à la derniere goute de son sang. O épouuantable vision! ie le vy tomber mort; & vaincre en mourant ceux qui le faisoient mourir. Et en effet, vous sçauez, ô Cyrus, que vos gens ont mieux combatu, pour auoir le corps d'Abradate mort, qu'ils n'auoient fait, pour sauuer Abradate en vie. Iugez en quel estat estoit mon Ame durant vne si funeste apparition: ce n'estoit pourtāt rien, en comparaison de ce que i'ay senty, lors que i'ay vû reuenir le Char d'Abradate, tout chargé des despoüilles des ennemis; & sur ce funeste Trophée, le corps de cêt illustre He-

Z iij

ros, tout couuert de blessures, pasle, mort, & sanglant: ô Cyrus! ô Panthée! ô funeste victoire! quel objet pour mes yeux! & quelle douleur à mon ame! Elle est si grande, que ie m'étonne qu'elle ne m'a desia priuée de toute douleur: tout ce que ie voy m'afflige; tout ce que ie pense me desespere. Car Cyrus, lors que l'iniuste passion d'Araspe, me donna vn iuste sujet de pleinte; si i'eusse eu recours à la mort, i'eusse cõserué la vie d'Abradate; i'eusse mis mon honneur en seureté; & vous n'auriez point eu de sujet, d'accuser vn homme qui vous estoit cher. I'eusse tout à la fois satisfait à mon mary, à ma propre gloire, & au grand Cyrus: ie luy deuois ce respect, de ne me pleindre pas de son fauory: & si i'eusse esté raisonnable, la mort m'eust empeschée de me pleindre en ce tẽps-la, & de pleurer auiourd'huy. Mais le destin en auoit resolu autremẽt: veuillent les Dieux, qu'en vne si funeste auanture, côme Abradate s'est monstré digne Mary de Panthée, & digne Amy de Cyrus; ie puisse aussi faire voir à la Posterité, que Panthée fut digne femme d'Abradate; & qu'elle n'estoit pas indigne, de la protection de Cyrus. Ie voy bien, ô excellent Prince, par le grād nombre de victimes que l'on prepare, & par la magnificence des ornemens, que l'on m'a aportez de voſtre part: que vous auez deſſein de faire les obſeques de mon cher Abradate, telles qu'elles conuiennent à cét illuſtre vainqueur: mais comme ſa gloire eſt la ſeule choſe, dont ie puis maintenant auoir ſoin; faites ô grand Cyrus, que par vn Monument ſuperbe, & par des inſcriptions veritables, la Poſterité puiſſe ſçauoir, quel eſtoit Abradate. Eterniſez tout enſemble, voſtre gloire, la ſienne, & mon malheur. L'Or & le Marbre que vous y employerez, ne vous ſeront pas inutiles : & le Tombeau que vous éleuerez, pour immortaliſer Abradate, vous immortaliſera vous meſme. Il ſe trouue plus de gens, qui ſçauent faire vne belle action, qu'il ne s'en rencontre, qui la ſçauent reconnoiſtre comme il faut & la publier. N'ayez pas cette ialouſie, que la gloire donne aux plus illuſtres: & croyez que les Dieux auront ſoin de la voſtre, ſi vous en auez de celle d'Abradate. Le ſang qu'il à répandu pour vous, merite ce me semble cette reconnoissance: aussi ne doutay-ie pas, que ie n'obtienne ce que ie vous demande. Ie voy que vous me l'accordez; & que ie n'ay pas plustost conceu ma requeste, que vostre bonté fait que ie suis obligée de vous rendre grace. I'en ay pourtant encor vne à vous demander : c'est, ô illustre Cyrus, que sans hâter les Pompes funebres de mon cher Abradate, on me laisse encor quelque temps lauer ses blessures auec mes larmes. Toutes les victimes necessaires pour apaiser ses Manes, ne sont pas encor en l'estat qu'il faut pour cela : faites donc, ô Cyrus, qu'on ne se presse point : ie ne feray pas attendre lõg-temps, mes derniers adieux seront bien-tost faits. Et puis, il est bien iuste qu'estant mort pour moy, ie verse autant de larmes qu'il a versé de sang : & que ne le deuant plus voir en ce monde, ie iouïsse de sa veuë, le plus long-temps qu'il me sera possible. Ouy, Cyrus, cét obiet tout pitoyable & tout funeste qu'il est, est le seul bien qui me reste. Il est tout ensemble mon desespoir & ma consolation : ie ne puis le voir sans mourir, & ie mourray pourtant aussi-tost que ie

ne

ne le verray plus. C'est pourquoy, ie vous coniure qu'on ne me presse point : & pour la priere que vous me faites, de vous dire en quel endroit ie veux aller ; *ie vous promets que vous sçaurez bien-tost, le lieu que ie choisiray pour ma retraite.*

EFFECT DE CETTE
HARANGVE.

Elas ! cette belle & déplorable Reine, ne fut que trop veritable : car à peine eut elle abusé Cyrus, en luy faisant croire, qu'elle seroit capable de viure, apres la perte d'Abradate ; (& cette genereuse tromperie, fut l'effet de sa Harangue ;) qu'elle choisit cette retraite ; ie veux dire le Tombeau de son Mary. A peine (dis-ie) Cyrus l'eut quitée, qu'elle se donna d'vn poignard dans le sein, & qu'elle expira sur le corps d'Abradate. Ce genereux Monarque en eut vne douleur incroyable: & pour eterniser la memoire de ces deux rares personnes, & sa gratitude auec Elles; il leur fit éleuer vn superbe Monument: où plusieurs siecles apres le sien, le Marbre, & le Bronze, parloient encor de la vertu de Panthée, & de la valeur d'Abradate: & le fleuue Pactole, que l'on y voyoit representé, au bord duquel estoit ce Tombeau, sembloit dire, qu'il tenoit leurs Reliques plus precieuses, que tout l'or qui roule parmy ses sablons.

AMALASONTHE
A
THEODAT.
DIXIESME HARANGVE.

ARGVMENT.

Malasonthe Fille du grand Theodoric, apres la mort d'Eutharic son Mary, regna huit ans en Italie, pendant la minorité d'Athalaric son Fils, auec vne splendeur merueilleuse. Mais ce ieune Prince estant mort, soit qu'elle voulust se décharger d'vne partie des affaires de l'Estat ; soit qu'elle crust que les Goths voulussent vn Roy ; Elle éleua sur le Trosne Theodat, Fils d'Amalafrede, Sœur de Theodoric son Pere : auec intention toutesfois, de partager toûjours auec luy, l'authorité souueraine. Mais cét ingrat n'eut pas si tost le Sceptre à la main, qu'il exila cette grande Princesse : qui sur le point de son départ, luy dit à peu prés ces parolles.

O grande Amalasonthe, en vain à cette fois,
Tu voudrois d'vn Tyran toucher l'ame trop dure :
Car comment ce Barbare, entendroit-il ta voix,
Luy, qui n'écoute plus, celle de la Nature ?
Et dont l'ingratitude, horrible au souuenir,
  Regne par toy, qu'il va bannir ?

AMALASONTHE
A
THEODAT.

Vez vous oublié Theodat, par quel chemin vous auez esté conduit au Trosne ? auez vous oublié de quelle façon vous auez receu la Couronne que vous portez? auez vous oublié de qui vous tenez le Sceptre, que ie voy entre vos mains? & cette puissance absoluë, que i'éprouue auiourd'huy si cruellement, vous a-t'elle esté donnée, ou par vostre valeur, ou par les Loix de ce Royaume, ou par le suffrage de tous les Goths? auez vous conquesté cette grande étenduë de terre, qui reconnoist vostre authorité? estes vous Conquerant, Vsurpateur, ou Roy legitime? répondez Theodat à toutes ces choses; ou du moins, laissez-y moy répondre pour vous: car si ie ne me trompe, vous ne le pourriez pas faire à vostre aduantage: & ie suis encor assez indulgente, pour ne vous obliger pas à dire vne chose qui vous seroit facheuse. Ceux qui ne veulent point reconoistre vn bien-fait, ne sçauroient auoir de plus grand suplice, que d'estre forcez de le publier: c'est pourquoy ie ne veux pas vous contraindre, d'aduouër de vostre propre bouche, que ny par le droit de vostre naissance; ny par celuy des Conquerants; ny par celuy de nos Loix; vous ne pouuiez auoir nulles pretentions au Royaume des Goths, tant que ie serois viuante: puis que i'en estois en possession, comme Fille, Femme, & Mere, des Roys qui l'ont possedé; & qui me l'ont laissé apres eux, comme en estant la legitime heritiere. Vous n'ignorez dõc pas, que vous estes nay mon suiet: & que vous l'auriez toûjours esté, si par vne bonté toute extraordinaire, ie n'estois descenduë du Trosne pour vous y cõduire. Cependãt, apres m'estre osté la Courõne de dessus la teste pour voꝰ la donner; apres voꝰ auoir remis mon Sceptre entre les mains, & m'être resoluë de faire vn Roy en vostre personne: il se trouue, que la premiere chose que vous auez entreprise, apres qu'auec beaucoup de peine, i'ay eu fait resoudre les Goths à vous obeïr; il se trouue (dis-ie) que la premiere chose que vous auez faite, a esté de rapeller à la Cour, tous ceux que i'auois exilez pour leurs crimes: & apres auoir choisi pour vos principaux Ministres, les plus grands de mes ennemis; Theodat, ce mesme Theodat, qu'Amalasonthe Fille du grand Theodoric a fait Roy; qu'elle a Couronné de sa propre main; & à qui elle a remis l'authorité souueraine; pour donner vne preuue manifeste de sa puissance, bannit iniustement celle qui luy a donné le pouuoir de la bannir. O Ciel! est-il possible qu'il se trouue vne pareille ingratitude parmy les hommes? & est-il possible encor, qu'Amalasonthe ait si mal choisi? non Theodat, ie ne suis pas comme vous: ie ne veux point vous condamner sans vous entendre: il faut sans doute que vous ayez quelque raison de me haïr & de m'exiler. Qu'ay-ie fait contre vous, lors que vous estiez mon suiet? ou qu'ay-ie fait contre vous, depuis que ie vous ay fait Roy? ie me souuiens bien, que du temps que vous estiez sous mon obeïssance, & que i'estois en droit de vous punir, ou de vous recompenser; ie me souuiens bien, qu'vn grand nombre de Toscans, s'estant venus pleindre à moy, des violences que vostre auarice vous auoit porté à leur faire; ie me souuiens bien (dis-ie) qu'estant fachée de voir en vous, vne passion indigne du Nepueu de Theodoric; ie fis tous mes efforts pour vous faire comprendre, que ce sentiment la, estoit & bas, & iniuste. Il est vray que ie vous obligé de rendre, ce qui ne vous apartenoit point: mais il est vray aussi que ie ne fis rien, que ce que la

raison

raison & l'equité vouloient que ie fisse, ie sçay que ie vous dis en ce temps-la, que l'auarice estoit la marque infaillible d'vne ame basse : que les auares estoient presques tous des lasches : que tous ceux qui aimoient si passionnément à amasser des Thresors, ne se soucioient que mediocrement d'acquerir de la gloire: & qu'enfin, l'auarice estoit presques tousiours, compagne de l'ingratitude. Voila Theodat, ce que i'ay fait contre vous: i'ay tasché de corriger, vne mauuaise inclination, auec laquelle vous estes nay : mais sçauez-vous Theodat, quelle estoit lors mon intention? ie songeois desia, à vous mettre la Couronne sur la teste : ie songeois a faire que mes suiets n'eussent rien à vous reprocher quand vous seriez leur Roy: ie songeois à les empescher de craindre, que vous ne fussiez leur Tyran, plustost que leur souuerain: & à faire en sorte, qu'ils ne deussent pas apprehender, que celuy qui auoit desia vsurpé leurs biens, quand il n'estoit que suiet comme eux; ne les ruinast entierement, quand il seroit leur Maistre. Voila Theodat, la veritable cause de l'aigreur de cette reprimanBb de, qui a mis en voſtre ame, la haine que vous auez pour moy. Ie m'eſtonne neantmoins, qu'ayant paſſé la plus grande partie de voſtre vie, à l'eſtude de la Philoſophie de Platon, vous trouuiez mauuais, qu'on ait voulu vous corriger. Ceux qui apprennent la ſageſſe auec tant de ſoin, doiuent ce me ſemble la pratiquer: & ie ne puis trouuer aſſez eſtrange, que vous vous ſouueniez ſi bien, de la remonſtrance que ie vous fis, & que vous ne vous ſouueniez plus, de ce que i'ay fait pour vous. Lorsque ie pris la reſolution de vous Couronner, ie ne la pris pas tumultuairement: ie conſideré ce que vous eſtiez; & ie taſché de preuoir, ce que vous ſeriez vn iour. Ie trouué en vous, deux inclinations qui ne me plaiſoient pas : la premiere eſtoit cette nonchalance, que vous auez touſiours euë, pour les choſes de la guerre: & la ſeconde eſtoit, cette enuie inſatiable, d'aquerir tous les iours de nouuelles richeſſes. Ie creus neantmoins, que l'vne vous obligeroit a eſtre prudent: & pour l'autre, ie penſé qu'vn homme qui croyoit ſatisfaire ſon auarice, par trois ou quatre pieds de Terre, qu'il vouloit vsurper sur ses voisins ; se guariroit de cette infame passion, quand ie luy aurois donné vn Royaume. Ie creus dis-ie, que cette auarice manquant d'obiet, elle deuiendroit du moins, vne noble ambition; que vous auriez doresnauant, autant de soin de meriter les biens que ie vous aurois donnez, que vous en auiez tousiours eu, d'aquerir de nouueaux Thresors; & ie creus enfin, que d'vn suiet auare & paresseux, ie ferois vn Roy prudent & reconnoissant. Mais ie deuois pourtant penser, que celuy qui ne pouuoit souffrir de voisins, à sa maison de la campagne ; & qui faisoit cent iniustices, pour reculer ses bornes de quelques pas ; ie deuois dis-ie bien penser, qu'vn homme de cette humeur, ne pourroit se resoudre à partager vn Throsne auecques moy. En verité Theodat, ie ne pense pas toutesfois, que vous songiez bien à ce que vous faites: car est-il possible, qu'apres vous auoir donné vn grand Royaume ; qu'apres vous auoir rendu maistre des Goths, & de toute l'Italie; vous puissiez m'assigner pour le lieu de mon exil, cette petite isle de la Bolsine;

B b ij

scituée au milieu d'vn lac, où à peine vn petit Chateau peut trouuer sa place? non Theodat, ne desguisons point la verité : le lieu de mon exil, se peut pluftoft nommer ma prison ; ou peut-eftre encor mon Tombeau. Peut-eftre que i'y trouueray mes Bourreaux, pensant ny trouuer que mes gardes : & peuteftre encor, que dans le mefme temps que ie vous parle, vous ne trouuez la longueur de mon difcours importune, que par ce qu'elle recule le moment fatal où ie dois mourir. Vous eftes pourtant encor en eftat, de n'acheuer point le crime, que vous eftes preft de commettre : Songez Theodat, à ce que vous allez entreprendre : ma mort vous couftera peut-eftre la vie : éternifez donc voftre nom, par vne autre voye que par l'ingratitude : ne commencez point voftre Regne par vne iniuftice : & faites s'il eft poffible, que le repentir d'vn mauuais deffein, vous en faffe prendre vn meilleur. Confiderez que fi ie n'auois voulu que vous regnaffiez, ie ne vous aurois pas fait Roy : & qu'il n'eft pas croyable, que ie ne vous aye efleué fur le Throfne, que pour vous precipiter. Cela estant ainsi, qu'aprehendez vous de moy? ou pour mieux dire, que ne deuez vous pas craindre si vous m'exilez? pensez-vous que les Goths & les Italiens, endurent sans murmurer, que la fille de Theodoric, soit indignement traitée, par vn homme qu'ils haïssoient desia beaucoup, quand il n'estoit que son suiet? cette haine secrette qu'ils ont pour vous, éclatera aussi-tost, qu'ils en auront trouué vn pretexte : ils songeront égallement, à vanger mon outrage & à se vanger eux mesmes : & de cette sorte, sans qu'Amalasonthe contribuë rien à vostre perte, elle ne laissera pas de renuerser le Throsne où elle vous a mis. L'iniure que vous me faites, ne s'attaque pas seulement à moy, tous les Princes de la Terre, y doiuent prendre interest : & si ie ne me trompe, vous auez des voisins, qui sous le tiltre de protecteurs de l'innocence, ou de vangeurs de ma mort, enuahiront vne partie de vos Estats. Si la Fortune m'auoit traitée d'vne autre sorte; que i'eusse perdu le Throsne d'vne autre façon; que mes suiets se fussent reuoltez; que l'Empereur Iustinian m'eust fait la guerre; que

Bellisaire m'eust vaincuë; que quelque autre Conquerant, eust vsurpé mon Royaume; ie me consolerois plus aisement: mais de voir que de ma propre main, ie me sois arraché la Couronne, pour la donner à mon persecuteur; c'est ce qui vient à bout, & de toute ma constance, & de toute ma vertu. Quoy Theodat! vous pouuez voir Amalasonthe, au pied du mesme Throsne où ie vous ay veu autrefois, & comme mon suiet, & comme criminel, & comme supliant? vous pouuez dis-ie m'y voir, pour me condamner iniustement, à vn exil perpetuel; sans auoir fait autre crime en ma vie, que de vous auoir donné la souueraine puissance? peut estre aussi, est-ce pour cela que le Ciel me punit: il veut vanger sur moy, toutes les iniustices que vous ferez: & me faire éprouuer à moy-mesme, ce que sans doute, vous ferez esprouuer aux autres. Neantmoins, comme mes intentions estoient tres sinceres; ie ne sçaurois me repentir, de ce que i'ay fait pour vous: mais comme ie suis assez genereuse, pour ne me repentir pas d'vn bienfait; soyez aussi assez équitable,

A THEODAT.

pour vous repentir d'vn mauuais deſſein:& quand ce ne ſeroit pas pour l'amour de moy, faites que ce ſoit pour l'amour de vous. L'ingratitude eſt vn vice populaire, qu'on n'a iamais veu ſur le Throſne qu'auec des Monſtres: & comme la liberalité & la reconnoiſſance, ſont les veritables vertus des Roys; l'auarice & l'ingratitude, ſont des vices dont ils ne doiuent iamais eſtre capables. C'eſt eux qui ſont les diſtributeurs, des bienfaits & des recompenſes : & à raiſonnablement parler, ce qui eſt auarice dans l'ame d'vn ſuiet, doit eſtre ambition dans celle d'vn ſouuerain. Ouy Theodat, vn Roy peut eſtre ambitieux & prodigue, ſans eſtre deshonoré: mais il ne peut iamais eſtre, ny auare, ny ingrat, ſans eſtre l'obiet du mépris de ſes ſuiets ; & ſans eſtre en execration à la poſterité. Vos liures vous ont ſans doute apris ce que ie dis, & ce que l'experience ſeule m'a enſeigné: mais vous trouuez ſi ie ne me trompe, qu'il eſt bien plus aiſé de faire vn beau diſcours qu'vne belle action. Ce n'eſt pas que le chemin de la vertu ſoit difficile, quand on a les inclinations nobles: au con-

traire, elle porte sa recompence auec elle : & le plaisir de faire le bien, en est le plus agreable prix. Mais ce qui fait la peine que vous auez à vous y porter, c'est que vous auez contre vous, toutes vos inclinations. Vous ne pouuez estre iuste, qu'en combatant contre vous mesme : vous ne pouuez estre reconnoissant, qu'en trahissant vos sentimēs : vous ne pouuez estre liberal, qu'en vous arrachant le cœur : & pour tout dire en vn mot, vous ne pouuez suiure la vertu, qu'en vous abandonnant vous mesme. Songez pourtant Theodat, que vous n'auez qu'vn ennemy à dompter : entreprenez cette guerre si vous m'en croyez : & soyez asseuré, qu'elle vous sera glorieuse. Il ne faut point assieger de ville ; il ne faut point donner de Bataille ; il ne faut point souffrir, les incommoditez du voyage ; il ne faut point dépenser vos Thresors que vous aimez tant, pour leuer des Armées ; il ne faut point hazarder vostre vie en cette occasion ; il ne faut point aller chercher vostre ennemy, en vn pays fort éloigné ; il ne faut point troubler ce profond repos, dont vous faites vos delices ; car enfin
vous

vous trouuerez en vous-mesme, sans sortir de vostre Cabinet, vostre aduersaire & vostre defence. Vos inclinations s'opposeront à vostre raison; mais si vostre volonté se range du party le plus iuste, & que vous veüiliez fortement disputer la victoire; vous n'aurez pas plustost formé le dessein de vaincre, que vous serez victorieux : ou pour m'expliquer plus clairement, vous n'aurez pas plustost pris la resolution de quiter le vice, & d'embrasser la vertu, que vous serez vertueux. Vous me direz peut-estre, que cette guerre ciuile, qui se passera sans autres tesmoins que vous-mesme, ne vous sera point glorieuse, parce qu'elle ne sera point sceuë : mais ne pensez pas Theodat, que la vertu soit vne chose que l'on puisse cacher. Vous ne serez pas plustost de son party, que toute la terre le sçaura. Vous n'amasserez plus de Thresors, que pour en enrichir vos sujets : vous ne vous laisserez obliger, que pour recompenser ceux qui vous obligeront : vous regnerez sur vos peuples auec autant d'equité que de clemence : vous serez en veneration à tous les Princes vos voisins:

vous n'exilerez plus Amalasonthe: & voſtre nom paſſera auecques gloire, dans les ſiecles les plus eſloignez du noſtre. Voila Theodat, le fruict que vous pouuez r'emporter d'vne victoire, qui ne dépendant point du tout du caprice de la Fortune, ny du ſort des armes; eſt abſolument en voſtre pouuoir. Mais pour vous laiſſer la liberté, & d'attaquer, & de vaincre, cét Ennemy que i'ay Couronné; ie me retire, & vous cede, toute la gloire de ce combat.

EFFECT DE CETTE HARANGVE.

CE discours fit vn effect en la personne de Theodat: mais ce ne fut pas celuy qu'Amalasonthe en attendoit. Ce Monstre d'ingratitude & de cruauté, ne se laissa non plus toucher, aux larmes de cette Reyne, qu'au souuenir des obligations qu'il luy auoit: & comme il auoit honte de la voir, il precipita son départ; son inhumanité n'en demeura pas mesme encores là : car peu de iours apres, il souffrit que les ennemis de la vertu de cette grande Princesse, allassent la poignarder dans sa prison. Mais ce Tigre n'ē demeura pas impuny: il ne ioüit pas long-temps du fruict de ses crimes: il perdit le Sceptre & la vie: &

204 AMALASONTHE A THEODAT.
sa mort à raisonnablement parler, fut l'effect de cette Harangue: qui enfin arma ces iustes vangeurs contre luy.

LVCRECE A COLATIN.

VNZIESME HARANGVE.

ARGVMENT.

Ette Harangue n'auroit point besoin d'Argument: & personne n'ignore, que le ieune Tarquin ayant violé Lucrece, elle ne cacha ny son crime ny son mal-heur ; Qu'elle dit l'un & l'autre à son Mari ; & que pour le porter à la vangeance, elle luy fit voir l'outrage qu'on luy auoit fait, auec toutes les circonstances qui le pouuoient rendre plus grand. Quoyque cette Auanture soit arriuée il y a tant de siecles, & qu'elle soit presques aussi vieille que l'ancienne Rome ; l'on n'a pû decider encore, si elle fit bien de se tuer apres son mal-heur ; & si elle n'eust pas mieux faict, de souffrir que Tarquin l'eust tuée, & de mourir innocente, bien qu'elle n'eust pas esté cruëtelle. Oyez ses raisons Lecteur ; & puis que sa cause est exposée aux yeux de tout l'vniuers, & que tous les hommes sont ses Iuges ; donnez vostre voix apres tant d'autres ; & vous seruez d'vn priuilege qui est aquis à chacun : mais puis qu'elle va parler, ne la condamnez pas sans l'entendre.

Arreste, arreste-toy Lucrece,
Ta main commet vn crime, en le pensant punir:
Quel dessein t'oblige à finir?
Est-ce le remors qui te presse?
Le crime est en la volonté,
Et la tienne respond de ta pudicité.

LVCRECE
A
COLATIN.

Elas, est-il possible que Lucrece puisse voir Colatin, sans oser l'appeller son Mary? ouy, la raison le veut, & ie ne m'y oppofe pas. Non Colatin, ie ne fuis plus voſtre Femme : ie fuis vne mal-heureufe, que l'indignation des Dieux a choifie, pour eſtre l'objet de la plus effroyable Tyrannie, dont on ait iamais entendu parler. Ie ne fuis plus cette Lucrece, dont la vertu vous charmoit plus que la beauté : ie fuis vne infortunée, que le crime d'autruy a renduë coupable. Mais pour m'obliger à vous parler auec quelque tranquilité dans vn trouble fi grand ; iurez-moy, que vous vangerez l'outrage que i'ay receu. Faites que ie voye dans vos yeux, le defir de la vangeance : monftrez-moy le poignard, qui doit effacer l'iniure qu'on m'a faite : demandez-moy auec empreſſement, le nom du Tyran : mais helas pourray-ie le dire? ouy Lucrece, il faut auiourd'huy pour ta iuſtification & pour ton châtiment, que tu fois tout enfemble, ton accufateur, ton tefmoin, ta partie, ton defenfeur, & ton iuge. Vous fçaurez donc Colatin, que cette Lucreec qui a toufiours plus aimé fon honneur, que fa vie ny que la voſtre : dont la chafteté a toufiours efté fans tache : dont la pureté de l'Ame eſt incorruptible : a fouffert

en

en voſtre place, vn laſche, vn infame, le fils d'vn Tyran, & vn Tyran luy-meſme. Ouy Colatin, le perfide Tarquin que vous me nommiez voſtre amy, lors que vous me l'amenaſtes la premiere fois que ie le vy ; (hé pluſt aux Dieux, que ç'euſt eſté le dernier iour de ma vie!) ce traiſtre diſ-ie, a Triomphé de la pudicité de Lucrece. En mépriſant ſa propre gloire, il a terny la voſtre, en terniſſant abſolument la mienne ; & par vne cruauté qui n'eut iamais d'exemple, m'a reduite au plus déplorable eſtat, ou vne femme dont les inclinations ſont toutes nobles, ſe puiſſe iamais trouuer. Ie voy bien genereux Colatin, que mon diſcours vous eſtonne : & que vous auez peine à croire ce que ie dis : mais c'eſt pourtant vne verité conſtante. Ie ſuis teſmoin, & complice, du crime de Lucrece. Ouy Colatin, puis que ie vy encore, ie ne ſuis pas innocente : ouy mon pere, voſtre fille eſt coupable, d'auoir pû ſuruiure à ſa gloire : ouy Brutus, ie merite la haine de tous mes proches : & quand ie n'aurois commis autre crime, que d'auoir donné de l'amour au cruel Tyran, qui par

Dd

l'outrage qu'il m'a fait, a tout enfemble violé le droit des gents, celuy de l'amitié, offencé tout le peuple Romain, & mefprifé les Dieux ; ce feroit affez, pour meriter la haine de tout le monde. Helas, eft-il poffible que Lucrece ait pû infpirer de fi lafches fentimens? que fa fatale beauté, ait pû allumer vne flame, qui la deuoit deftruire elle-mefme ? & que fes regards eftants fi innocens, ayent pû donner des defirs fi criminels? mais quel eftonnement eft le tien, infenfée que tu es? eftonne-toy pluftoft, de ce que tu ne t'es pas arraché le cœur, auant ta fupreme infortune. C'eftoit en cette occafion Lucrece, qu'il falloit tefmoigner ton courage, & l'amour que tu auois pour la gloire. Tu ferois morte innocente ; ta vie auroit efté fans tache ; & les Dieux auroient fans doute pris foin de ta reputation. Mais enfin, la chofe n'eft pas en ces termes. Ie fuis vne mal-heureufe, indigne de voir la lumiere; indigne d'eftre fille de Spurius Lucretius: indigne d'eftre femme de Colatin ; & indigne d'eftre Romaine. Apres cela Colatin, ie vous demande le chatiment que Lucrece merite. Priuez-la de voſtre affection: effacez-là de voſtre memoire. Vangez l'outrage qu'on luy a fait, ſeulement pour l'amour de vous, & non pas pour l'amour d'elle. Ne la regardez plus que comme vne infame: & quoy que ſon infortune ſoit extréme, reffuſez luy la compaſſion, que l'on a de tous les miſerables. Que ſi toutesfois il m'eſtoit permis, apres auoir parlé contre moy, de dire quelque choſe en ma defence: ie dirois Colatin, ſans dire rien contre la verité; que ie n'ay terni ma Gloire, que pour auoir trop aimé la gloire. Les cajoleries de Tarquin, n'ont point touché mon cœur: ſa paſſion ne m'en a point donné: ſes preſens n'ont point ſuborné ma fidelité: l'amour ny l'ambition, n'ont point esbranlé mon ame: & ſi ie voulois parler pour moy, ie pourrois dire ſeulement, que i'ay trop aimé ma reputation. Ouy Colatin, le crime de Lucrece, eſt d'auoir preferé ſa renommée, à la veritable gloire. Lors que l'inſolent Tarquin vint dans ma chambre; que m'eſtant eſueillée, ie le vy vn poignard à la main; & que me l'ayant porté à la gorge, pour m'empeſcher de crier, il commença de me parler de la passion qu'il auoit pour moy; les Dieux sçauent, quels furent lors mes sentimens; & si la mort me parut effroyable. En cét estat, ie mesprisé égallement, les prieres & les menaces du Tyran: ses offres & ses demandes furent égallement reiettées : l'amour ny la crainte, n'eurent point de place en mon ame: la mort ne me fit point d'effroy : & bien loin de l'apprehender, ie la desiré plus d'vne fois. Ma vertu n'eut rien à combatre en cette occasion : ie n'hesité point à preferer la mort à l'amour de ce Tyran : & ie ne sçache point de suplice effroyable, que ie n'eusse souffert auec ioye, pour pouuoir sauuer mon honneur. Mais lors que ma constance eut lassé la patience du Tyran ; qu'il eut veu que ses prieres, ses larmes, ses presents, ses promesses, ses menaces, & la mort mesme, ne pouuoient toucher mon cœur : ce Barbare, inspiré par les furies ; me dit que si ie resistois plus à sa volonté, non seulement il m'alloit poignarder; mais que pour me rendre infame à la posterité, il poignarderoit encore vn esclaue qui l'accompagnoit : afin que le lais-

A COLATIN.

fant mort dans mon lit, on puft croire que i'euffe oublié ma gloire pour cét efclaue:& que luy porté du zele qu'il auoit pour vous; nous euft punis, comme eftants coupables d'vn mefme crime. I'aduoüe auecques honte, que ce difcours fit en mon efprit, ce que n'auoit pû la certitude de la mort : ie perdis la raifon & la force; ie cedé au Tyran;& la crainte d'eftre tenuë infame, eft la feule chofe qui me l'a renduë. Non Colatin, ie ne pus fouffrir qu'on puft accufer Lucrece, d'auoir manqué à fon honneur: que fa memoire fuft eternellement ternie: & la penfée qu'elle vous feroit execrable, fut ce qui m'empefcha de mourir en cét inftant, & ce qui m'a fait viure iufques-icy. Ie fis toutes chofes, pour m'oppofer aux violences du Tyran, excepté que ie ne me tué pas. Ie voulus viure, pour conferuer ma reputation, & pour ne mourir pas fans vangeance: & vne fauffe image de la veritable gloire, s'emparant de mon efprit, me fit commettre vn crime, dont i'auois peur d'eftre accufée. Les Dieux me font pourtant tefmoins, que mon ame & ma volonté font toutes pures: mon cōsentement n'a rien contribué à cette funeste aduanture, ny en son commencement, ny en son progrez, ny en sa fin. Vous sçauez genereux Colatin, que lors que vous amenastes le Tyran comme vostre Amy, ie ne causé pas volontairement son iniuste passion: à peine leuay-ie les yeux pour le regarder : & cette illustre victoire, que ma modestie vous fit r'eporter en cette iournée, vous doit assez faire souuenir, que ie ne me suis pas attiré le mal-heur qui m'est aduenu. Depuis cela, ie n'ay point veu le Traistre Tarquin, iusques au funeste iour, qu'il a Triomphé de la vertu de Lucrece. Mais que dis-ie! les Tyrans n'ayans point de pouuoir sur la volonté, ie suis encor cette mesme Lucrece qui aimoit tant la Gloire, puis qu'il est certain que la mienne est toute innocente. Les larmes que ie respands, ne sont pas vn effect de mon remords : ie ne me repents pas de la faute que i'ay faite, mais seulement de n'estre pas morte auant celle d'autruy. Nous estions deux à ce crime, mais vn seul est criminel: & ma conscience ne me reproche rien, que d'auoir preferé ma reputation & la vangeance, à vne mort glorieuſe. Ce qui a fait mon mal-heur, eſt que i'ay creu que la gloire de ma mort ne ſeroit pas connuë: i'ay douté de l'equité des Dieux en cette occaſion: & ſans me ſouuenir qu'ils font des Miracles quand il leur plaiſt, & qu'ils ſont les Protecteurs de l'innocence ; i'ay veſcu plus que ie ne deuois, puis que i'ay ſurueſcu à ma chaſteté. Ne penſez pas Colatin, que i'amoindriſſe mon crime, pour appaiſer voſtre fureur: ie voy dans vos yeux plus de colere côtre Tarquin, que de haine pour Lucrece: vous me plaignez ſans doute, pluſtoſt que de m'accuſer: & toutes les actions de ma vie paſſée, aident à me iuſtifier dans voſtre ame. Et puis, comme ie l'ay deſia dit, quoy que ie ſois vne coupable inuolontaire, ie conſents neantmoins que Colatin ne m'aime plus. Ce n'eſt donc point pour vous flechir que ie parle ainſi, mais ſeulement pour vous porter plus ardemment à la vangeance. Il me ſemble qu'en me iuſtifiant, ie noircis dauantage le Tyran: que plus ie parois innocente, plus il paroiſt coupable: que plus ie ſuis mal-heureuſe, plus il merite de l'eſtre: & que plus ie verse de larmes, plus vous luy ferez verser de sang. Voila Colatin, la cause de mon discours, de mes larmes, & de ma vie. Faites que ie n'aye pas vescu infame inutilement: songez à la vangeance, genereux Colatin; pensez à ce que vous estes, & à ce qu'est vostre ennemy, ou pour mieux dire l'ennemy public. Vous estes Romain, vous estes vertueux, vous estes noble ; & si ie l'ose encore dire, Mary de Lucrece. Mais pour luy, il est de race estrangere; il est fils, & petit fils, de Tyrās. Le superbe Tarquin comme vous sçauez, n'a monté sur le Throsne, qu'apres en auoir arraché vn Prince vertueux, dont il auoit espousé la fille. Le Sceptre qu'il tient, a cousté la vie à celuy qui le portoit auant luy: & pour s'assurer la Domination, il a commis plus de crimes qu'il n'a de suiets. Voila Colatin, quel est le pere de mon rauisseur. Sa mere si ie ne me trompe, ne le rend pas plus cõsiderable: car enfin, ie ne sçaurois croire que le fils de l'infame Tullia, qui osa pousser son Char sur le corps de son pere, pour arriuer au Throsne où elle aspiroit ; n'aye autant d'ennemis à Rome, qu'il y a d'hommes vertueux. Et puis, la

vertu

vertu de Sextus Tarquinius, n'a pas effacé les crimes de ses peres : la plus belle action qu'il ait faite, est d'auoir trahy tout vn grand peuple, qui se confioit en luy. Voila Colatin quel est vostre ennemy: allez donc, allez donc l'attaquer courageusement. Vous n'aurez pas plustost dit l'outrage qu'il m'a fait, que vous aurez tous les Romains de vostre party. Ce leur sera tout ensemble, vne cause commune & particuliere: ils craindront pour leurs femmes, pour leurs filles, & pour leurs sœurs : ils regarderont tous le Traistre Tarquin, comme leur ennemy: & s'il reste encor quelques-vns qui le suiuent, se seront sans doute, des lasches & & des effeminez, qui ne seront pas difficiles à vaincre. Le Senat n'attend qu'vn pretexte pour se déclarer: Le peuple est ennuyé des chaisnes qu'il porte : il cherira la main qui le destachera : & l'equité des Dieux fauorisant vostre party, vous verrez que les parens mesmes du Tyran, luy arracheront la Couronne de dessus la teste. Ouy ie voy que Brutus m'escoute, auec intention de vanger mon outrage: il vous suiura sans doute, dans vn si genereux dessein: & si la confiance que i'ay au Ciel ne me trompe, ie voy desia le superbe Tarquin chassé de Rome; son infame fils mourir de quelque main inconnuë; & tomber tout sanglant sur la poussiere. (Car ie doute si les Dieux permettrōt, qu'il meure d'vne main si illustre que la vostre.) Ouy Colatin, la victoire est à vous: ie voy desia tous les soldats qui se reuoltent, & tous les citoyens qui se mutinent. La haine du Tyran, & le desir de la liberté, les pousseront égallement: & veüillent les Dieux, que ie sois la victime, qui obtienne de leur bonté, la liberté de la patrie. Ouy Colatin, tous les soldats qui sont dans son camp, & qui combatent auiourd'huy sous ses enseignes, luy deuiendront plus ennemis, que ne le sont ceux d'Ardée qu'il assiege presentement. Allez-donc faire sçauoir par tout mon infortune: & croyez Colatin, que vous ne publierez pas mon crime, mais celuy de Tarquin seulement. Et puis, ie suis bien certaine de n'entendre pas, ce que le peuple en dira: car apres auoir esté moy-mesme, mon accusateur, mon tesmoin, ma partie, & mon defenseur; il faut que ie sois encor, & mon Iuge & mon Bourreau. Ouy Colatin, il faut que ie meure: & ne me dittes point, que puis que ma volonté est innocente, ie dois viure, pour auoir le plaisir de voir de quelle façon vous me vangerez: il suffit que vous me le promettiez: & c'est par là, que ie puis mourir auec douceur; mais ie ne puis iamais viure auec plaisir. Il y a vne Lucrece en moy, que ie ne puis souffrir: il faut que ie m'en separe; elle m'est insuportable; ie ne la puis voir, ie ne la puis endurer; ie dois son sang à la iustification de l'autre, & à la vangeance que vous voulez prendre. Lors que le peuple de Rome, verra Lucrece poignardée de sa propre main, pour ne suruiure pas à son infortune: il croira plus facilement, qu'vne femme qui a plus aimé la gloire que sa vie, n'a pas esté capable d'y manquer volontairement. Cette derniere action iustifiera toutes les miennes: il naistra des soldats du sang que ie respandray, pour vous ayder à punir mon Tyran: & de cette sorte, i'ayderay moy-mesme à me vanger. Mes larmes auroient sans doute moins d'effect : & puis, quoy que ie sois mal-heureuse, i'ose croire encor que ma mort vous touchera. Ouy Colatin, ouy mon pere, ma perte vous sera sensible : & vous trouuans obligez de vanger tout à la fois, & l'honneur, & la vie de vostre femme, & de vostre fille ; vous serez encor plus irritez contre le Tyran. Ne me dittes donc point que ma mort est inutile, ny qu'elle peut estre mal expliquée : nõ, ceux qui iugeront sainement des choses, ne la prendront point pour vn effect de mon crime : le remords fait d'ordinaire plus verser de larmes que de sang : & la mort si ie ne me trompe, n'est le remede que des genereux ou des desesperez. Le repentir est tousiours vne marque de quelque foiblesse : & quiconque est capable d'en auoir, le peut estre de viure apres auoir failly. I'ay pour moy l'authorité de tous les siecles, qui fait voir que presques tousiours, ceux qui ont employé leur main contre leur vie, ne l'ont fait que pour se derober à la cruauté de la Fortune ; pour éuiter vne mort honteuse ; ou pour s'empeschet d'estre esclaues, & non pas pour se punir. Quand nous auons failly, nous nous sommes tousiours Iuges fauorables: & peu de gents se sont eux mesmes condamnez à la mort. Qu'on ne me die donc point, que le sang que ie verseray, fera plustost vne tasche à ma vie, que d'effacer celle que le Tyran y a faite. Non Colatin, mon intention est trop pure, & les Dieux sont trop équitables, pour permettre que tous les hommes soient iniustes pour moy. Ie ne finis ny par remords, ny par desespoir, ie finis par raison. Ie vous ay dit les sujets que i'en ay, ne vous opposez donc plus à mon dessein, car aussi bien ne le pourriez vous empescher. Pensez à la vangeance, & non pas à ma conseruation: puis que l'vne vous peut estre glorieuse, & que l'autre vous seroit inutile. Au reste, l'exemple de Lucrece, ne persuadera iamais aux Dames Romaines, de suruiure à leur honneur: il faut que ie iustifie l'estime qu'elles ont tousiours faite de ma vertu. Ie dois la perte de ma vie à ma propre gloire; à celle de ma patrie; à celle de Spurius Lucretius; & à celle de Colatin. Mais comme ie feray ce que ie dois en cette occasion, faites la mesme chose apres ma mort. N'oubliez rien pour me vanger: employez le fer, le feu, & le poison: toutes les violences sont iustes, contre les vsurpateurs: il faut ioindre l'artifice à la force, quand la valeur ne suffit pas pour les perdre. Songez à la Iustice, de vostre cause, souuenez-vous de la chasteté de Lucrece; de l'amour que vous auez tousiours euë pour elle; & de celle qu'elle a euë pour vous. N'oubliez iamais la passion qu'elle a tousiours euë pour la gloire, & la haine qu'elle a tousiours euë pour le vice. Croyez la plus mal-heureuse que coupable: & de toutes ces choses, genereux Colatin; formez-en en vostre ame, vne haine irreconciliable contre le Tyran. Mais pour ne retarder pas dauantage, vne si noble vangeance; allez, Colatin, allez; ie finis ce funeste discours, en finissant ma vie : & voicy au poignard que ie tiens, de quoy me punir, dequoy vous vanger, & de quoy vous monstrer, comme il faut trauerser le cœur du Tyran.

EFFECT DE CETTE HARANGVE.

L'Effect de cette Harangue fut la fuite de Tarquin, le banniſſement de ſon pere, la perte de ſon Royaume, & le commencement de la Republique Romaine. Il en couſta la vie & la Couronne au rauiſſeur de Lucrece: & iamais crime ne fut mieux puny; iamais outrage ne fut mieux vangé. La mort de cette chaſte infortunée, mit les armes à la main de tout vn grand peuple: ſon ſang produiſit l'effect qu'elle en auoit attendu: & le nom de Tarquin fut ſi odieux à tout le monde, que ne pouuant meſme le ſouffrir, en la

224 LVCRECE A COLATIN.
personne de l'vn de ceux qui auoient aidé à
chasser les Tyrans, il fut obligé de le changer.

VOLVMNIA

VOLVMNIA
A
VIRGILIE.
DOVZIESME HARANGVE.

Ff

ARGVMENT.

Pres que *Coriolanus* eut donné la paix à Rome, par les prieres de sa mere, il fut remener l'Armée des Volsques en leur païs ; & voulut faire aprouuer à ce peuple, la generosité de son action. Mais *Tullus* qui ne l'aimoit pas, parce qu'il en auoit autrefois esté vaincu, pendant qu'ils estoient de parti contraire suscita quelques seditieux, qui lors qu'il voulut se iustifier en pleine assemblée, l'empescherent de parler ; & le tuerent enfin, au milieu de ce tumulte. Cette nouuelle ayant esté portée à Rome, toutes les Dames de la ville, se rendirent aussi-tost, auprés de la mere & de la femme de ce genereux ennemy : & cette premiere prenant la parolle, leur parla a peu prés de cette sorte, si les coniectures de l'histoire ne me trompent.

tte mere affligée, & d'ennuis pourſuiuie,
nt touſiours de ſon fils, le bon & mauuais ſort:
Elle fut cauſe de ſa vie;
Elle fut cauſe de ſa mort.

VOLVMNIA
A
VIRGILIE.

NE me regardez plus Virgilie, comme la mere de Coriolanus voſtre Mary: ie ſuis indigne de ce nom; vous deuez raiſonnablement auoir autant de haine pour moy, que cét Illuſtre infortuné, auoit autrefois d'affection. Souuenez-vous de cette fameuſe iournée, ou i'employé mes larmes pour le deſarmer: ie pleuré, ie crié, ie commandé; & ie n'oublié rien, de tout ce qui pouuoit flechir, vn fils Magnanime & genereux. Ie demandé grace pour des ingrats; ie me rangé du party des ennemis de Coriolanus: & quoy que la victoire luy fuſt aſſurée; qu'il fuſt preſt de ſe vanger de ceux qui l'auoient exilé; & qu'il tint preſques à la chaiſne ceux qui l'auoient outragé; ce grand cœur que rien n'auoit pû toucher, le fut enfin par ſa mere: ie vainquis en luy le vainqueur de Rome: & obtins pour mon mal-heur, tout ce que i'auois demandé. Vous le ſçauez Virgilie auſſi bien que moy; auſſi ne me ſouuiens-ie de toutes ces choſes, que pour redoubler ma douleur. Helas, il me ſemble que i'entends encor, la voix de Coriolanus lors qu'en iettant ſes armes, pour me venir embraſſer, il s'écria en ſoupirant, *ô Mere, que m'as-tu fait! tu as remporté vne victoire bien glorieuſe pour toy, & bien heu-*

reuse pour ta patrie ; mais bien mal-heureuse pour ton fils. Helas Virgilie, ce discours n'a esté que trop veritable! car ces mesmes armes qu'il ietta pour venir à moy, ont esté employées contre luy. Les Volsques prirent deslors les poignards, qui luy ont trauersé le cœur: ce fut moy qui leur en fis prendre le dessein: ie fus de la conspiration, qu'on a faite contre luy : car apres auoir surmonté mon fils, ie le liuré tout desarmé qu'il estoit, entre les mains de ses ennemis. Hé pouuois-ie penser, insensée que i'estois, que la chose deust arriuer autrement ? estois-ie Mere de tous les Volsques, pour croire qu'ils voulussent ceder pour l'amour de moy, la victoire qu'ils estoient prests de remporter ? quel droit auois-ie, de leur demander la liberté de Rome, leur ennemie ? deuois-ie pas penser qu'ils vangeroient sur mon fils, la perte que ie leur causois ? ha ouy Virgilie, ie deuois penser toutes ces choses: & si Coriolanus ne pouuoit reuenir à Rome, il falloit du moins estre compagne de sa disgrace: & comme il auoit surmonté son ressentiment à ma conside-

F f iij

ration, il falloit quitter mon pays pour l'amour de luy. Cependant nous n'en vsasmes pas ainsi : ie laissé partir Coriolanus, enuironné de ceux qui luy ont fait perdre la vie : & ie reuins dans Rome comme en Triomphe, ioüir du fruict de cette funeste victoire. Lors que le Senat nous demanda à nostre retour, ce que nous voulions pour recompense de nostre action? il falloit Virgilie, luy demander le retour de Coriolanus, & non pas comme nous fismes, la permission de faire bastir vn Temple à la Fortune Feminine : il paroist bien que cette Diuinité, n'a pas aprouué nostre zele ; puis qu'elle nous est si contraire. Les Dieux eussent eu sans doute plus agreable, que nous eussions esté reconnoissantes enuers Coriolanus : ce Temple que l'on nous a basty, est vn effect de nostre vanité, & non pas de nostre gratitude : nous cherchions nostre gloire, & non pas celle de nostre liberateur : quoy qu'à dire vray, il la meritast mieux que nous. C'estoit à la vertu de mon fils, qu'il falloit esleuer des autels, & non pas à la nostre : & celuy qui auoit sçeu vaincre son ressentiment ; deliurer son pays, & ceder la victoire aux larmes de sa mere; meritoit sans doute mieux que nous, l'honneur qu'on nous a rendu. Sa pieté deuoit ce me semble auoir vn plus fauorable traitement du ciel : car encor qu'il y aye des Romains assez iniustes, pour dire que Coriolanus ne deuoit quitter ses armes, que pour la seule consideration de la patrie, & non pas pour la mienne: & que par consequēt, il y a ou plus de foiblesse en son action, que de generosité; ie ne suis pas de leur aduis; & i'espere que la posterité sera du mien. Ceste forte passion qu'inspire la naissance, en ceux qui ont l'ame bien faite ; n'est pas causée par la scituation des lieux où nous naissons: le mesme Soleil esclaire tout l'vniuers: nous iouissons par tout des mesmes elements:& s'il n'y auoit point de plus puissante raison que celle-la, elle seroit sās doute bien foible. Mais ce qui fait que nous aimons nostre pays, c'est que nos citoyens sont tous nos parens, ou nos alliez. Le droict du sang, ou celuy de la societé ciuile, nous attache à eux : la Religion, les loix, les coustumes, que nous auons en commun, font que nos interests sont communs : mais le premier sentiment que la nature donne, à ceux qui aiment leur pays, c'est de l'aimer principalement, parce que leurs peres, leurs meres, leurs freres, leurs sœurs, & leurs parents y sont. Ouy, ie suis bien certaine, que le plus zelé de tous les Romains, reuenant à Rome apres vn long voyage, ne regardera pas si tost le Capitole, que l'endroit de la ville, où son pere, ou sa femme demeurent : Cela estant ainsi, qu'on ne s'estonne plus, si Coriolanus ne s'est laissé flechir qu'à mes larmes : car à qui d'entre les Romains se seroit-il rēdu? tous ceux qu'ō luy enuoyoit, l'auoient outragé : il ne voyoit en aucun d'eux la marque d'vn veritable Romain : ils estoiēt tous ingrats enuers luy : il ne pouuoit en eux reconnoistre sa Patrie : il voyoit seulement les murailles de Rome, mais il ne voyoit pas les amis, qu'il y auoit eus autrefois. La crainte faisoit parler tous ceux qu'on luy enuoyoit : & ce ne fut que par moy seulement, qu'il connut qu'il y auoit encor à Rome, quelque chose qui luy deuoit

uoit estre en veneration. Helas est-il possible, qu'vne pieté si extraordinaire, ait esté si mal recompensée! qu'vn homme si courageux, ait finy si pitoyablement ses iours! qu'il ait esté assassiné, par ceux qui l'auoient choisi pour leur Chef! & que le lieu de son azile, ait esté celuy de son suplice! helas disie, est il possible, que mes intentions ayant esté si pures & si innocentes, il en ait resulté vn accident si funeste! cependant Virgilie, les Dieux ont permis toutes ces choses: & ie n'en voy pourtant point d'autre raison, sinon que Coriolanus & moy, auions trop obligé les Romains, qui s'en estoient rendus indignes. Mais enfin, Coriolanus est mort: & mort seulement, pour l'amour de Volumnia. Sa fin a toutesfois cét aduantage, qu'elle a fait verser des larmes à ceux qui l'ont causée: car les Volsques apres la cheute de leur chef, l'ont eux mesmes releué auec honneur; ils n'ont pas plustost veu son sang qu'ils ont veu leur crime: & des mesmes armes qu'ils auoiēt employées, à luy faire perdre la vie, ils en ont esleué vn Trophée à sa gloire. Ils luy ont fait les funerailles d'vn

Gg

vainqueur; Sa memoire eſt chere parmy eux: ils ont appendu ſur ſon Tombeau quantité d'Enſeignes, & toutes ces glorieuſes deſpoüilles, qui ont accouſtumé de marquer la valeur des illuſtres morts, ſur leſquels on les met: & Rome qui doit ſa liberté à Coriolanus, aprend ſa mort ſans en faire vn deüil public! elle ne ſe ſouuient plus qu'elle eſtoit perduë, & qu'elle eſtoit eſclaue ſans luy: tous les Romains luy ont eſté ingrats tant qu'il a veſcu, ils le ſeront encore apres ſa mort. Ils ne le regardent pas tãt comme leur liberateur, que comme leur ennemy : ils ſe ſouuiennent pluſtoſt des chaiſnes qu'il leur preparoit, que de celles qu'il leur a oſtées: & la crainte qu'ils ont cuë autrefois, de le voir entrer à Rome dans vn Char de Triomphe, fait qu'ils ſont bien aiſes de ſçauoir, qu'il eſt auiourd'huy dans le cercueil. Pour moy ie vous aduoüe, qu'ẽcore qu'on ne doiue iamais ſe repentir d'vn bienfait, ie ne laiſſe pas d'auoir grande peine, à m'empeſcher de ſouhaiter que Rome fuſt captiue, & que Coriolanus fuſt viuant. La vertu de Brutus, qui vit mourir

A VIRGILIE.

ſes enfans ſans douleur, n'eſt point de ma connoiſſance: cette dureté de cœur, tient plus de la ferocité, que de la grandeur de courage: Il eſt des larmes iuſtes; & la compaſſion n'eſt point cõtraire à la generoſité. Lors que ie diſois à Coriolanus, que i'aurois mieux aimé mourir, que le voir vainqueur de Rome, ie ne diſois rien contre la verité: mais lors que ie dis auſſi, que ie voudrois eſtre morte, & que mon fils fuſt viuant; ie ne dis rien contre l'equité naturelle ny contre Rome; ie donne à la nature & à la raiſon, ce que ie ne ſçaurois leur refuſer; & n'oſte rien à la Republique. I'ay ſacrifié mon fils pour elle, c'eſt à elle auſſi à ſouffrir du moins, que ie pleure ſur la victime, que i'ay immolée pour ſa conſeruation: & qu'apres auoir fait, tout ce qu'vne veritable Romaine pouuoit faire; ie faſſe en ſuite, tout ce que la douleur peut exiger, de la tẽdreſſe d'vne mere. Toutes celles qui perdent leurs enfans, ont touſiours vn iuſte ſujet de pleurer : elles ont neantmoins pour leur conſolation, la liberté de faire des imprecations, contre ceux qui leur ont fait perdre la vie: mais pour

Gg ij

moy, non seulement ie pleure la mort de mon fils, mais ie pleure encor, de ce que c'est moy qui l'ay fait mourir : & pour accroissement de ma douleur, il y a vne vertu austere, qui ne veut pas que ie me repente de ce que i'ay fait. O mon fils! ô mon cher Coriolanus, puis-ie suiure vn si barbare sentiment! non, il est trop contraire à la raison & à la nature : il faut que ie me plaigne ; & il faut que ie pleure iusques à la mort la perte que i'ay faite. Ce n'est pas l'ennemy de Rome que ie regrette ; c'est celuy qui a prodigué son sang pour sa gloire en tant d'occasions : qui l'a seruie dix-sept ans à la guerre, auec vne ardeur incomparable : & qui n'a eu pour recompense, que les blessures dont son corps estoit tout couuert. Au reste illustres Dames Romaines, la naissance de cét homme, ne le rend pas indigne de vos larmes : il estoit sorty d'vn de vos Rois; & Ancus Martius son predecesseur, ayant porté la Couronne, il sembloit qu'il auoit plus de droit qu'vn autre, aux honneurs de la Republique ; puis qu'il estoit incapable d'en mal vser. Mais ce fut-peut estre par cette raison

A VIRGILIE. 237

(me dira quelqu'vn) que les Romains luy refuserent le Consulat, de peur qu'il ne s'en seruist comme d'vn degré, pour remonter au Throsne de ses peres: non, cette raison ne sçauroit estre bonne; & pour connoistre les intentions de Coriolanus, il ne faut que se souuenir de toute sa vie. En la Bataille que l'on donna contre Tarquin le superbe, il fit bien voir que toute son ambition, n'alloit qu'à meriter la Couronne de Chesne, que le Dictateur luy mit sur la teste, sans songer à celle de ses predecesseurs: car voyant vn de nos citoyens porté par Terre, il se mit au deuant, pour luy seruir de Bouclier: & couurãt son corps auecques le sien, il le garantit du peril : & ramassa si bien toutes ses forces, & toute sa valeur ; qu'il donna la mort, à celuy qui vouloit causer la sienne. Si les Romains eussent agy auecques raison, contre Coriolanus, cette seule action suffisoit, pour les empescher de le vouloir faire passer pour vn Tyran: puis qu'il n'est pas croyable, qu'il se fust tant exposé, pour sauuer vne si petite partie d'vn si grand corps, s'il eust esté capable de former le dessein, de le destruire vn

Gg iij

iour tout entier. Mais ce n'est pas en cette seule rencontre, qu'il a fait paroistre son zele pour la Republique: ne s'est-il pas trouué en toutes les occasions qui se sont offertes? ne s'est-il pas signalé, en toutes les Batailles qui se sont données? est-il iamais reuenu dans Rome, sans luy raporter quelque despouille de ses ennemis, ou sans reuenir tout couuert de leur sang ou du sien? voila Virgilie, quel estoit vostre Mary; voila illustres Romaines, quel estoit mon cher Coriolanus; qui dans toutes les actions de Guerre qu'il a faites, n'a iamais esté vaincu, que par moy seulement. Les Volsques mesme, qu'il a commandez depuis, ne le iugerent digne de cét employ, que parce que ce fut de sa main, qu'il leur arracha la victoire, qu'ils estoient prests de remporter, malgré la resistance de Lartius: luy qui voulant donner vn assaut à la ville de Coriolles, fut repoussé si courageusement par les assiegez, qu'ils mirent toutes nos troupes en fuite, & toute l'armée en deroute. Ce fut en cette rencontre, que la passion qu'il auoit tousiours euë, pour la gloire de l'Empire Romain, luy fit surpasser ses propres forces : & que par son exemple, il força quelques vns des nostres, a tourner teste à l'ennemy. Ce genereux dessein luy reussit si heureusement, qu'il le repoussa iusques au pied des Murailles de la ville : & non content d'vne si belle action, il voulut persuader à ceux qui l'auoient suiuy, que les Portes de Coriolles, n'estoient pas tant ouuertes pour ceux qui fuyoient, que pour les y faire entrer. Mais voyant que leur crainte estoit plus puissante que son discours, & qu'ils songeoient plustost à la retraite qu'au combat; l'infortuné que ie regrette, ne laissa pas de suiure son dessein. Ce fut là qu'il se vit presques tout seul, combatre contre tous les habitans d'vne ville, qui combatoient en desesperez. Ce fut là, que sa hardiesse porta la terreur parmy les ennemis; que son exemple remit la valeur, dans l'ame de nos legions; & que par la force de son bras, il les fit entrer dans cette ville forcée; & les rendit enfin victorieuses, de ceux qui les venoient de vaincre. Ce fut donc seulement par son courage, que Lartius eut loisir de rallier ses Troupes, pour aller recueillir le fruit de la victoire, en acheuant ce qu'il auoit si heureusement commencé. Mais comme il n'ignoroit pas, que le Consul Comminius, qui commandoit la moitié de l'Armée Romaine, pouuoit estre aux mains auec ceux qui venoient pour secourir la ville qu'il venoit de prendre; Il reprit aigrement ces mesmes soldats, qui n'ayant pas voulu partager le peril auecques luy, s'amusoient à partager le Butin qu'il leur auoit acquis. Ce fut en vain toutesfois qu'il leur opposa, & la hōte & la gloire: de sorte que voyant leur lascheté, il les abandonna; & suiuy seulement de ceux qui de leur propre volonté, le voulurent accōpagner, (qui furēt en bien petit nōbre) il alla en diligēce, chercher vne nouuelle matiere à sa valeur. Il arriua iustement au Camp, sur le point que Comminius, alloit presenter la Bataille à l'Ennemy: & comme il estoit tout couuert de poussiere & de sang, son abord dōna quelque frayeur au Consul. Mais il n'eut pas plustost rendu conte de l'action qu'il venoit de faire, que la nouuelle de cette premiere victoire, fut vn presage de la seconde. Tous les soldats

soldats r'animerent l'ardeur qu'ils auoient de combatre; l'esperance & la ioye parurent sur leurs fronts; & par sa seule veuë, on luy vit chasser de leurs cœurs, la crainte qui s'en estoit emparée. Pour mon fils, comme il eust esté bien marry, que quelque autre eust mieux seruy la Republique en cette iournée; apres auoir demandé au Consul, quelles estoient les meilleures troupes de l'ennemy? & qu'il eut sçeu que celles des Antiates, estoient sans doute les plus courageuses, puis que les Volsques les auoient placées au front de la bataille: il luy demanda pour recompence, de la prise de Coriolles, la permission de les combatre. Vous sçauez illustres Romaines, qu'il obtint en cette occasion ce qu'il demanda: que son bras conduit par les Dieux eut la gloire de rompre le premier les esquadrons de l'ennemy: qu'il fut seul attaquer vne armée, pour monstrer aux Romains, comme il faut mespriser sa vie, pour se rēdre maistre de celle d'autruy: & que cette valeur prodigieuse, eut vn succés qui le fut aussi. Or la victoire s'estant declarée pour nous, le Consul pria mon fils, de

Hh

considerer l'estat où il estoit:& de se souuenir que par les blessures qu'il auoit receuës, son sang couloit auec celuy des ennemis. Mais il luy respondit, *que ce n'estoit pas aux victorieux à se retirer:* en suite de quoy, ioignant les effects aux paroles, il poursuiuit ceux qui fuyoient iusques à la nuit: & comme il auoit esté le premier au combat, il fut le dernier à la retraite. L'on me dira peut-estre, que le desir de la recompense, inspiroit cette valeur à mon fils: mais persōne ne peut ignorer, qu'il n'aye refusé toutes celles qu'on luy presenta: au cōtraire, sa moderatiō fut si grande, qu'apres auoir forcé vne ville, fait gagner vne bataille, sauué l'honneur de l'Armée, & de la Republique; il ne demanda pour recompense de tous ses trauaux, que la liberté d vn seul homme, qui autrefois auoit esté son hoste & son amy; & qui lors estoit prisonnier de guerre parmy les Romains. Ie me souuiens bien que le nom de Coriolanus qu'il portoit, (ô Dieux puis-ie parler en ces termes!) ie me souuiens bien dis-ie, que ce nom luy fut donné en cette rencontre, pour eterniser son action.

A VIRGILIE.

Mais ie me souuiens aussi, que ceux mesme qui le nommerent Coriolanus, l'apellerent depuis auec iniustice, le perturbateur du repos public; l'ennemy de Rome; & le Tyran du Senat. Depuis cela, que n'a-t'il point fait encore en vne autre occasiõ? vous vous souuenez sans doute, de cette funeste année, où la famine pêsa desoler Rome entierement: où tout le peuple gemissoit, où la faim faisoit Triompher la mort de tous les pauures; & où les plus riches mesme, estoient exposez au mesme danger. Vous sçauez dis-ie, que ce fut Coriolanus, qui par sa valeur & par son courage, ramena l'abondance dans Rome; redonna la vie au peuple; & tout cela au prix de son sang: & sãs en vouloir d'autre recompense, que celle d'auoir sauué la vie à ses citoyens. Cependant pour prix de tant de seruices; de tant de belles actions; de tant de blessures qu'il auoit receuës; & de tant de sang qu'il auoit respandu: comme il demanda le Consulat, qu'on auoit accordé a beaucoup d'autres, qui ne le meritoient pas si bien que luy; on le traita d'infame & de criminel: on le mit entre les mains des

Aediles, comme le plus meschant des hommes; & on l'exila de son pays. O ciel, puis-ie auoir demandé grace, pour ceux qui auoient traité mon fils si indignement! & ce fils infortuné, a-t'il pû me l'accorder! au reste, apres tant d'outrages, que Coriolanus auoit receus, que fit-il pour s'en vanger? a-t'on descouuert qu'il ait voulu suborner quelques-vns de nos Consuls? a-t'il enleué en secret, quelque argẽt pour faire subsister l'Armée des Volsques? leur a-t'il fourny des soldats? non Coriolanus ne fit rien de toutes ces choses: & il se contenta pour se vanger de Rome, de mettre seulement le plus fidelle de ses citoyens, entre les mains de ses ennemis. Que si le desespoir qui l'y porta, luy a reussi heureusement; s'il a plus trouué d'humanité dans le cœur de Tullus, dont il auoit esté plus d'vne fois l'ennemy Triomphant, que dans l'ame de tout vn peuple, pour la gloire duquel il auoit vaincu ce mesme Tullus; vouloit t'on dis-ie, que par vne ingratitude extréme, il l'abandonnast dans vne guerre iuste, & qu'il auoit entreprise, à sa consideration? vouloitt'on dis-je, que pour meriter le mauuais traitement qu'il auoit receu, de ceux qu'il auoit feruis, il trahift ceux qui le protegeoient; & qui par vne confiance toute extrordinaire, l'auoient choisi pour estre General de leur armée? On me dira peut-estre, que Coriolanus fit plus de mal aux Romains, en acceptant cét employ, que s'il eust suborné les Consuls de Rome; qu'il en eust enleué les richesses; qu'il eust fait souleuer le peuple; & mené vne armée aux aduersaires: puis qu'on a veu que sa seule personne, se rangeant du party des Volsques, fit vn entier changement à leurs affaires: & que ceux qui tant de fois auoient demandé la paix à Rome, ont esté en estat de la faire achetter bien cher. Or qu'on ne s'imagine pas, que cela ait esté vn simple effect de sa cõduite & de sa valeur: non, nos Dieux, qui sont les protecteurs de l'innocẽce, auoient sans doute guidé son bras, pour abaisser l'orgueil de ceux qui se croyants inuincibles, ne craignoient plus d'outrager leurs alliez. Mais dans ces heureux succez, il n'auoit pas oublié qu'il estoit nay Romain: &

Hh iij

quoy que les nobles l'eussent abandonné à la fureur du peuple, il ne laissa pas de conseruer leurs maisons de la campagne, malgré le desordre de la guerre. Il auoit encor du respect, pour ceux qui s'estoient rendus ses ennemis : & quoy que sa fortune particuliere fust en vn déplorable estat ; il ne demanda iamais rien pour luy, dans les articles qu'il proposa : & ne demanda rien d'iniuste, pour les Volsques qu'il protegeoit. Voila encore vne fois, ô illustres Romaines quel estoit Coriolanus : ie reconnois mon fils, à la peinture que ie vous en ay faite : conseruez-en l'image en vostre cœur : souuenez-vous que sans sa generosité, la Famine auroit fait perir vos peres, vos freres, vos maris, vos enfans & vous mesmes : ou ce qui seroit encore pire, que vous auriez esté en vne autre occasion, les compagnes de leurs chaisnes & de leur seruitude. N'imitons pas genereuses Romaines, l'ingratitude de nos citoyens : éternisons la gloire de nostre Sexe à leur preiudice : & par nostre reconnoissance, couurons les de confusion. Ce Temple que l'on nous accorda, quand mon

A VIRGILIE.

fils nous accorda nostre grace, ne nous fera point si glorieux, que l'affection que vous tesmoignerez, à vouloir conseruer la memoire de Coriolanus. Vous deuez vos larmes, à celuy qui les essuya autrefois, & qui a rompu vos chaisnes. Vous deuez encor (si ie l'ose dire) adoucir en quelque façon, l'amertume de ma douleur, par celle que vous tesmoignerez de sa perte : i'ay immolé mon fils pour l'amour de vous, vous ne pouuez moins faire, que de vous affliger pour l'amour de moy. Et comme vous eussiez toutes porté le deüil, sans la generosité de mon fils ; il est bien iuste que vous le portiez toutes, pour honorer sa memoire. Allons donc Virgilie, allons genereuses Romaines, demander cette permission au Senat. Mais Dieux, est-il possible, qu'il soit necessaire de demander congé, de porter le deüil de son Liberateur! ouy, la corruption du siecle le veut ainsi. Allons donc encore vne fois, demander auec des larmes, la derniere chose, que nous pouuons demander pour mon fils, puis qu'il est mort. Car pour sa gloire, ie suis bien assurée, que Rome sera destruite, lors qu'on parlera encor de Coriolanus.

EFFECT DE CETTE HARANGVE.

Elle obtint ce qu'elle leur demandoit: toutes les Dames Romaines prirent le deüil, & le porterent dix mois: qui estoit le terme qu'elles auoient acoustumé de le porter, de leurs Peres & de leurs Maris. Ainsi cét illustre Banny, fut plus heureux apres sa mort, qu'il ne l'auoit esté durant sa vie: & le plus beau sexe en cette occasion, fut le plus reconnoissant.

ATHENAIS

ATHENAIS
A
THEODOSE.
TREIZIESME HARANGVE.

ARGVMENT.

Thenaïs fille du Philosophe Leontius, estant paruenuë à l'Empire par sa beauté, & par les rares qualitez de son esprit, ne ioüit pas long-temps de sa bonne Fortune: l'Empereur Theodose son Mary, ayant eu quelque ialousie d'elle, & d'vn des principaux de sa Cour nommé Paulin, le fit mourir, & la priua de ses bonnes graces. Dans cét abandonnement, l'on fit sentir auec adresse, à l'infortunée Athenaïs, qu'elle deuoit se retirer de la Cour: de sorte qu'en estant d'elle mesme assez ennuyée, elle demanda ce qu'elle obtint, & ce que l'on vouloit qu'elle demandât: ie veux dire la permission de s'en aller demeurer à Hierusalem. Ce fut donc sur le poinct de son départ, & dans ses derniers Adieux, qu'elle parla à peu prés en ces termes, à l'Empereur Theodose.

Sçauante Athenais, à qui la Destinée,
Promit dés la naissance, un pouuoir Souuerain:
Elle est quite auiourd'huy, te voila Couronnée,
Et tu tiens un Sceptre à la main:
Mais crains de perdre la Couronne,
Puis que c'est le sort qui la donne.

ATHENAIS
à
THEODOSE.

SEIGNEVR,
 Estant sur le point de quiter la Cour, pour m'aller confiner dans la Palestine; i'ose suplier vostre Majesté,

par le tres Auguste nom de l'Empereur Traian, dont elle est descenduë ; par celuy du grand Theodose son ayeul ; par celuy de l'equitable Arcade son Pere ; & par celuy du grand Constantin, dont elle tient le Sceptre, & dont elle imite la pieté ; de me permettre auiourd'huy, de vous dire tout ce que ie pense ; & de ma fortune passée, & de ma fortune presente : afin que ie puisse du moins, auoir la satisfaction en m'esloignant de vous, de n'auoir pas entierement abandonné mon innocence. Helas, qui eust dit autrefois à la pauure Athenaïs, lors que le Philosophe Leonce son Pere, luy enseignoit la vertu, que la sienne seroit vn iour soupçonnée, elle ne l'auroit pas pensé. La simplicité de ses mœurs, le peu d'ambition qu'elle auoit, & les murailles de la Cabane qu'elle habitoit, sembloient la mettre en seureté contre la calomnie. L'innocence regnoit en son ame ; elle estoit contente de sa fortune : elle ne cherchoit que l'aquisition des sciences & de la vertu : & le seul desir d'aprendre le bien, & de le pratiquer, estoit tout ensemble ses plaisirs, & ses occupatiõs.

A THEODOSE.

Aussi n'est-ce pas Athenaïs qu'on accuse: c'est la malheureuse Eudoxe ; c'est la femme d'vn grand Empereur ; c'est vne personne exposée aux yeux d'vne grande Cour; c'est vne personne à qui la nature a donné quelques aduantages; à qui la fortune a donné la premiere Couronne du monde; & l'amour du plus Auguste Prince de la Terre. Toutes ces choses, inuincible Empereur, font que ma disgrace est plus vray-semblable: les grandes infortunes ne se font voir que dans les maisons des grands Princes : la foudre tombe plus souuent dessus les superbes Palais des Roys, que dessus les cabanes des Bergers: & la mer fait faire plus de naufrages que les riuieres. Il ne faut donc pas s'estonner, si Eudoxe est plus malheureuse qu'Athenaïs, quoy qu'elle soit aussi innocēte: & quoy qu'elle soit aussi vertueuse, sous le glorieux tiltre qu'elle porte, d'Imperatrice d'Orient, qu'elle l'estoit sous le nom, que ses parēns luy auoient donné. Si la Fortune, Seigneur, ne m'auoit rauy, que les choses sur lesquelles sa domination s'estend; qu'elle m'eust arraché le Sceptre que ie porte, apres l'auoir receu de vostre main ; qu'elle m'eust osté la Couronne que i'ay sur la teste; que vos peuples se fussent mutinez contre moy, & m'eussent fait tomber du Throsne, comme indigne d'y tenir ma place; ie souffrirois cette disgrace sans murmurer. Ouy Seigneur, cette aueugle si accoustumée à fauoriser le vice, aux despends de la vertu; qui ne fait des presents que pour les oster; qui n'affermit les Empires, que pour les destruire; & qui renuerse tout ce qu'elle establit; la Fortune en vn mot, ne viendroit pas à bout de ma patience. Ie quiterois sans regret, le Sceptre, la Couronne, le Throsne, la Cour, & l'Empire, & toute cette Pompe éclatante; qui suit la Royauté, si ie pouuois retourner dans ma solitude, auec vostre estime & vostre affection. Ces deux choses Seigneur, si ie ne me trompe, ne doiuent point estre sous la iurisdiction de la Fortune : elle peut vous oster le iour & l'Empire, elle peut mesme vous faire esclaue, mais elle ne peut vous faire iniuste. Vous estes seul l'arbitre de vostre volonté, de vostre haine, de vostre estime, & de vostre affection. Ce noble priuilege, que Dieu a donné à l'homme, d'estre libre au milieu des chaisnes, & d'estre maistre absolu de ses sentimens, fait que vous estes obligé, de respondre exactement des vostres. Cependant Seigneur, le respect que i'ay pour vous, fait que ie n'ose vous accuser, de ceux que vous auez pour moy: bien que certainement, mon innocence les rende iniustes: & c'est par ce respect que ie me dis malheureuse, plustost que de vous apeller coupable. I'accuse iniustement la Fortuné, d'vne chose dōt vous seul deuez respondre: ce n'est point de sa main, à parler plus veritablemēt que ie n'ay fait, que ie tiens le Sceptre que ie porte; ce n'est point elle qui m'a mis la Couronne sur la teste; sa roüe ne m'a point iettée sur le Throsne; son caprice ne m'a point fait estre vostre femme; toutes ces choses Seigneur, sont vn effect, ou de vostre bonté, ou de mon merite, ou de vostre aueuglement. Si c'est le premier, i'ay apris autrefois de mon Pere, que le crime seul, iustifie le repētir: que c'est vn sentimēt que la vertu ne connoit pas, & dont on ne se doit iamais seruir, qu'apres vne mauuaise action. Si c'est le second, & que vous m'ayez estimée, par la connoissance du peu que ie vaux, ne m'ostez pas, Seigneur, ce qui m'apartient: puis qu'estãt la mesme que i'estois, vous estes obligé d'estre le mesme que vous estiez. Que si vous me dittes que ie suis l'erreur de vostre iugement, & que vous n'auez pas trouué en ma personne, le merite que vous auiez creu y deuoir rencontrer ; ie ne dispute point contre vous, ostez-moy tout ce que vous m'auez donné : mais ne m'ostez pas l'innocence, que ie n'ay receuë que du Ciel. Lors qu'Athenaïs vint en vostre Cour, sa reputation estoit sans tache : peu de gents en parloient, mais tous en disoient du bien. Auiourd'huy Seigneur, tous les peuples en parlent selon leur caprice, sans que ie sçache pourtant ce qu'ils en disent : car pour vous parler sincerement, ce n'est qu'aupres de vous, que ie veux estre iustifiée. Ceux qui font le bien, parce qu'il est bien, & non pas parce qu'il doit estre diuulgué, ne se soucient gueres de l'iniustice, que la renommée fait à leur vertu : ils trouuent leur satisfaction en eux mesmes, sans la chercher en autruy :

A THEODOSE.

autruy : & de cette sorte, les sages sont quelquesfois tres innocens & tres-heureux, lors que le vulgaire qui ne iuge que par les aparences, les croit coupables & infortunez. Mais Seigneur, comme l'affection que vous auez euë pour moy, & celle que i'ay pour vous, vous ont rendu (si ie l'ose dire) vn autre moy-mesme ; ie dois iustifier mes actiõs deuant vos yeux. Souuiens-toy ma fille, me disoit vn iour mon Pere ; de ne songer pas tant à acquerir l'estime des autres, que tu ne songes encor dauantage, à obtenir la tienne propre. Sois toy-mesme ton iuge & ta partie ; pense à te satisfaire ; examine tes sentimẽs ; sonde iusques au fonds de ton cœur, pour connoistre si la vertu en est maistresse : mais ne te flatte point ; penche plustost vers la rigueur, que vers l'indulgence. Et lors qu'apres vne exacte recherche de tes intentions, tu seras arriuée au point d'estre satisfaite de ton ame, mesprise la gloire du monde ; mocque-toy de la calomnie ; & sois plus contente d'auoir ton estime, que si tu auois celle des plus grands Princes de la terre. Or Seigneur, par cette raison, ie ne puis estre tranquile, tant que la meilleure partie de moy-mefme, ne me croira pas innocente : fouffrez donc Seigneur, que ie repaffe exactement, toutes les circonftances de ma difgrace : afin que cette chere partie de mon cœur qui vit en vous, eftãt fatisfaite de mon innocence, ie puiffe m'en aller auec quelque tranquilité, en la folitude que ie cherche. Lorsque ie vins à Conftantinople, demander iuftice contre mes freres, qui me refufoient le droit que i'auois en la fucceffiõ paternelle ; la prudente Pulcherie, ne reietta pas ma Requefte : elle m'efcouta ; & me faifant perdre ma caufe auec aduantage, me donna des biens qu'elle deuroit m'auoir conferuez. En ce temps-la Seigneur, il ne s'agiffoit que d'vne pauure cabane, & de trois pieds de terre, pour me mettre à couuert de l'extréme neceffité : mais auiourd'huy qu'il s'agit non feulement de l'honneur d'Athenaïs, mais de celuy d'Eudoxe voftre femme ; vous eftes obligé de l'entendre, & de luy rendre iuftice. Ie penfe Seigneur, que ce qui fait toute voftre colere & toute ma douleur, eft, que i'ay donné vne chose que vous m'auiez donnée : & qu'en suite, pour excuser vne action que ie voyois dãs vos yeux, qui ne vous plairoit pas si vous la sçauiez ; i'excusé cette innocente erreur par vn mēsōge. Voila Seigneur, tous les crimes que i'ay commis : & la seule crainte de vous desplaire, a fait que ie vous ay dépleu. Lors que vostre Majesté me donna ce funeste fruit qui cause ma disgrace, ie le receus auec ioye ; & pour sa beauté extrordinaire, & plus encor, parce qu'il venoit de vostre main. Le plaisir que ie pris à le voir, me persuadant qu'il estoit plus propre pour le diuertissement de la veuë, que pour la satisfaction du goust ; & ne pouuant me resoudre à le destruire, ie cherché ce que ie pourrois faire d'vn si agreable present. L'infortuné Paulin estoit lors malade ; de sorte que me venant en l'esprit de l'enuoyer visiter ; ie creus ne pouuoir mieux employer l'aimable don que vous m'auiez fait, qu'en le donnant à vne personne, que vous tesmoigniez aimer plus que vous mesme. Or Seigneur, Paulin ne fit pas vn mystere, de cette liberalité, car comme ie ne luy auois pas mandé que ie l'eusse receuë de vostre Majesté, Ie mesme sentiment qui m'auoit obligée, de luy enuoyer cette fatale pomme, fit sãs doute, que pour me tesmoigner l'estime qu'il faisoit du presēt que ie luy auois fait, il voulut la mettre en de plus dignes mains que les siennes. Que si vous me dites que m'ayant donné vne chose, ie ne deuois iamais m'en deffaire, parce que tout ce qui part de la personne aimée, doit estre tenu aussi cher que la vie : i'en tomberay d'accord auec vous, puis que c'est par-là que ie pretends me iustifier. Il y a pourtant vne distinction importante à faire en cette rencõtre : car comme il y a vne grãde diuersité dans les amours des hommes, les choses que cette Passion produit, doiuent aussi estre toutes differentes. L'amour d'vn Mary & d'vne Femme, n'est plus celle d'vn Amant & d'vne Maistresse : & quoy que ce soient les mesmes personnes, & que l'amour soit aussi ardēte dans leur cœur, qu'elle l'estoit auparauant leur Mariage; leurs sentimens sont pourtant differens en plusieurs rencontres. Ils ont plus de solidité & moins d'affectation : & toutes ces folies que les amours criminelles produisent tous les iours, ne se trouuent point en leur ame. Ainsi Seigneur, si Paulin eust eu de la Passion pour moy, il auroit gardé le present que ie luy auois fait, auec soin & & auec ialousie : puis qu'il est certain, qu'en ces sortes d'affections illegitimes, (à ce que i'en ay ouy dire, depuis que ie suis à la Cour) les moindres choses qui viennent de la personne aimée, sont des Thresors inestimables, dont on ne se deffait qu'auec la vie. Cependant, Paulin n'eut pas plustost receu ce present de moy, qu'il vous l'enuoya : & en cette occasion on peut dire, qu'il eut plus de dessein de vous plaire que de me contenter. Pour moy Seigneur, ie n'auois garde de penser, que vous pussiez trouuer mauuais, que ie donasse vne chose que vous m'auiez donnée : & que la liberalité fust vne vertu, que ie ne pusse iamais pratiquer. Car Seigneur, si ie ne deuois donner, que ce que ie n'ay pas receu de vous, il faudroit que ie me donnasse moy-mesme : n'ayant rien apporté à vostre Palais, que la simplicité & l'innocence que l'on me veut rauir auiourd'huy.

Quoy Seigneur, ne vous souuient-il point, que des richesses innombrables que vous m'auez données, i'ay enrichy des villes toutes entieres en diuerses rencontres? Quoy Seigneur, Theodose aura permis, que i'aye donné de l'Or, des Perles, & des Diamans, à cent personnes qui luy estoient inconnuës, & i'eusse peu preuoir qu'il n'eust pas trouué bon, que i'eusse donné vn simple fruit, à l'homme du monde qui l'auoit le plus vtilement seruy, & pour qui il auoit le plus d'affection? Non Seigneur, cela n'estoit pas possible : & la prudente Pulcherie, toute clairuoyante qu'elle est & qu'elle croit estre, & qui preuoit les choses de si loin, y auroit esté trompée. Car Seigneur, si ie deuois auoir soin de quelqu'vn, apres vostre Majesté, ce deuoit estre de Paulin : & si ie l'ose dire, ie luy deuois plus qu'à mon pere, & plus qu'a vostre Majesté : car mon pere ne m'ayant donné que la vie, & n'ayant receu de vous que le Throsne, ie puis dire, que Paulin m'ayant inspiré les lumieres de la Foy, ie luy auois plus d'obligation, qu'à tout le reste de la Terre. Ouy Seigneur, ie luy deuray le salut de mon ame, & la Beatitude eternelle, si l'innocence de la vie que ie veux mener, me la fait obtenir. Vous sçauez Seigneur, que ce fut luy qui me conuertit: que tous vos docteurs n'auoiēt pû me vaincre: que luy seul me dessilla les yeux: & que luy seul me faisant voir l'absurdité de ma religion, me porta à embrasser la vostre. Croyez donc Seigneur, que la naissance de nostre amitié, auoit eu vn commencement trop saint, pour estre criminelle en son progrez: Et que celuy qui m'auoit ouuert les portes du Ciel, ne m'auroit iamais cōduite au chemin de l'enfer. Et puis Seigneur, sçachez que quād Eudoxe seroit encore Athenaïs; qu'elle seroit dis-ie encor, de cette Religiō où tous les crimes sōt authorisez, par l'exemple des Dieux qu'elle adoroit; elle n'en seroit pas moins innocente. La chasteté est vne vertu, qui a esté connuë de tous les siecles, & de toutes les nations: & elle est si essentielle en mon ame, que rien ne l'en sçauroit chasser. Iugez donc Seigneur, si estant d'vne Religion où la modestie est recompensée, i'ay pû rien faire contre ce que ie vous dois, & côtre ce que ie me dois à moy-mesme. Ie pense si ie ne me trompe, que ie vous ay fait cõnoistre, que ie pouuois donner sans crime, ce que vous m'auiez donné: & que ie vous ay fait voir en suite, auec assez de vray-semblance, que la liberalité de Paulin enuers vous, iustifioit la mienne enuers luy. Maintenant pour ce qui regarde le mensonge que ie fis, en vous disant que i'auois mangé ce fruit; il est certain que ie ne puis nier, que ie n'eusse mieux fait de vous dire la verité: mais Seigneur, toutes les imprudences ne sont pas des crimes. Lors que vous me parlastes en cette occasion, ie vy tant d'alteration en vostre visage, & tant de colere dans vos yeux; que la crainte de vous fascher, s'emparant de mon esprit, ie perdis l'vsage de la raison. Considerez Seigneur, que s'il y eust eu entre Paulin & moy, quelque affection trop particuliere; aussi-tost que vous me parlastes, i'eusse bien iugé que vous en eussiez sçeu quelque chose: & cela estant, par vne ingenuité aparente, & pourtant artificieuse; ie vous eusse dit, que i'auois enuoyé ce fruit à Paulin. Mais comme me ie n'auois rien dans mon ame, qui me reprochaft aucune erreur ; ie dis vn mensonge innocent, fans craindre qu'il fuft mal expliqué. Ie faillis, de peur d'eftre accufée d'vne faute:& vne affectiõ trop craintiue, a fait que i'ay perdu la voftre. Au refte Seigneur, comme ie n'eftois pas preparée à cette accufation, & que le crime dont on m'accufoit, m'eftoit inconnu; ie ne vous refpondis lors qu'auec des larmes. Mon filence & mon refpect, furent les feules couleurs, que i'employé à ma iuftification:vne vertu vn peu trop fcrupuleufe & trop aftere, fit que ie creus que ie me noircirois, en me iuftifiant d'vne femblable chofe : & ie penfe mefme que ie ne vous en aurois iamais parlé, fi ie n'auois formé le deffein de m'efloigner de vous. Mais Augufte Empereur, ie me repents de tout ce que i'ay dit: vous n'eftes point le fujet de ma difgrace, ie ne vous en accufe plus; ie la reçoy comme vn chaftiment de mes erreurs paffées. I'ay trop defendu la caufe des Idoles, pour gagner la mienne auiourd'huy : & il eft bien iufte, qu'apres auoir fi ardemment foutenu

L l

le menſonge, ie ne ſois pas cruë, lorsque ie dis vne verité qui m'eſt importante. I'ay trop ſacrifié à Iupiter, & trop offert de victimes criminelles, pour n'expier pas cette faute, par quelque ſacrifice innocent. Il faut que ie ſois moy-meſme ma victime en cette occaſion : & que ſouffrant auecques patience, ie merite le pardon de mes erreurs paſſées. Ne croyez donc pas Seigneur, que i'emporte aucune aigreur dans mon ame: ie voy bien qu'encore que le voyage que ie m'en vay faire, ſoit entrepris par ma volonté; ie voy bien dis-ie, que la permiſſion que l'on m'en a donnée, m'a eſté accordée d'vne façon, qui pourroit me donner lieu, de l'apeller pluſtoſt vn exil qu'vn Pelerinage. Mais cela n'empeſchera point, que ie ne prie Dieu que le ſang de Paulin, ne ſoit pas vn obſtacle, à la felicité de vos iours. Ie feray meſme des vœux, pour le regne de la prudente Pulcherie ; dont la pieté aprouue ſans doute, le lieu que i'ay choiſi pour ma retraite. Ie luy ſeray plus vtile à Hieruſalem qu'à Conſtantinople ; & peut-eſtre plus agreable. Car pour reconnoiſtre les der-

A THEODOSE.

nieres obligations que ie luy ay; ie demanderay au Ciel, qu'il luy donne le mesme repos, dont ie vay ioüir dans ma solitude: quoy que peut-estre, ce ne soit pas la grace qu'elle luy demande en ses prieres. Au reste Seigneur, ie ne vay pas si loin, que la renommée ne puisse vous parler de moy: & si ie ne me trompe, elle vous dira tant de choses, de l'innocence de ma vie, que vous croirez qu'elle n'en a iamais manqué : & cette Terre Sainte que ie vay habiter, me fera obtenir du Ciel, le plaisir & l'honneur de vous reuoir. C'est Seigneur, l'esperance qu'emporte en son ame, vne personne qui viuoit contente dans vne pauure cabane; vne personne qui a receu sans orgueil, la premiere Couronne du Monde ; qui quite sans regret, le Throsne le plus esleué qui soit sur la Terre; & qui n'a iamais rien aimé, que l'Empereur Theodose & la vertu.

EFFECT DE CETTE HARANGVE.

Ce discours ne fut pas inutile, quoy que l'effect en fust tardif: il laissa des impressions de chaleur, en l'ame de Theodose, qui ralumerent enfin ses premieres flames. Athenaïs partit, il est vray: mais elle reuint auec gloire: elle vit à ses pieds pour luy demander pardon, Celuy qui voyoit la moitié de la terre aux siens: & son innocence & sa reputation remonterent sur le Thrône auec elle: apres que le temps & la raison, eurent restably la tranquilité, en l'ame de l'Empereur.

PVLCHERIA
AV
PATRIARCHE
DE
CONSTANTINOPLE.

QVATORZIESME HARANGVE.

ARGVMENT.

Thenaïs estant r'entrée en grace auprés de l'Empereur Theodose son Mary, par l'entremise de Crisaphius, ne fut pas plustost reuenuë de la Palestine à Constantinople, qu'vsant de son nouueau pouuoir, elle y changea tout l'ordre des choses. Et comme elle sçauoit bien que Pulcheria ne s'estoit pas oposée à son esloignemēt, elle voulut que son retour ne luy fust pas si agreable, que luy auoit esté son départ. Elle fit donc que l'Empereur qui estoit charmé de la reuoir, se resolut d'oster l'administration de l'estat, à la Princesse sa sœur: & qu'il commanda au Patriarche de Constantinople de l'aller prendre, & de la mettre parmy les vierges voillées. Cét ordre sembla si dur à Flauian, qu'il ne put se resoudre de l'executer à la rigueur: il fut donc secretement donner aduis à Pulcheria, que si elle ne s'absentoit, il seroit contraint de luy faire ce déplaisir. Cette Princesse s'y resolut aussi-tost: & sur le point de quiter la Cour, pour se retirer à la campagne, elle luy parla de cette sorte.

Voicy la Maiſtreſſe des Roys;
Elle regnoit ſur eux, comme ſur leur Empire:
Mais qu'eſt-ce que ie te veux dire,
De ce puiſſant eſprit, qui leur donnoit des loix?
Vois toy-meſme ce que i'admire,
Et preſte l'oreille à ſa voix.

PVLCHERIA
AV PATRIARCHE DE
CONSTANTINOPLE.

L'Aduis que vous m'auez donné, ne m'eſtonne ny ne m'afflige: i'ay bien preueu ſage Flauian, que le retour d'Eudoxe, causeroit le départ de Pulcheria: & comme ie suis accoustumée, aux reuolutions des choses du monde; ie voy sans regret, vn changement qui peut-estre, ne sera desauantageux qu'à ceux qui le causent. Cette mutation si subite, est vn effect de la malice de Crisaphius; de la bonté de Theodose; & de l'ambition de l'Imperatrice. Qui eust dit autrefois Flauian, que cette pauure Athenaïs, qui n'auoit pas vne cabane à se mettre à couuert, lors qu'elle se vint ietter à mes pieds; eust dû porter, la premiere Couronne du monde sur sa teste, la chose auroit-elle esté vray-semblable? Mais ce qui est de plus estrange; qui eust pû penser, que cette personne que i'auois Couronnée de mes propres mains, deust m'oster auec violence, les Resnes de l'Empire, que i'auois tousiours assez heureusement tenuës, sous l'authorité de Theodose, depuis l'âge de quinze ans? Non venerable Flauian, ie ne veux pas que la posterité, puisse accuser l'Empereur ny l'Imperatrice, d'auoir exilé vne Princesse, à qui en quelque façon, ils doiuent la Couronne qu'ils portent: car si ie l'ay mise sur

la

DE CONSTANTINOPLE.

la Teste d'Athenaïs, ie l'ay affermie sur celle de Theodose. Cette Fameuse victoire, qu'il r'emporta sur Roilas, qui apres auoir passé le Danube, venoit auec toutes les forces de la Scythie, & de la Russie, renuerser le Throsne Imperial, iusques dans Constantinople; ne fut pas sans doute vn effect des soins de Theodose: & si ie l'ose dire, i'arraché la foudre, d être les mains de Dieu, pour en écraser la teste de ce barbare; car vous sçauez qu'il mourut d'vn coup de Tonnerre. Ouy Flauian, Theodose me doit cette victoire aussi bien que celle qu'il r'emporta sur Barauane Roy des Perses; qui apres s'estre allié auec Alamondar Roy des Sarrasins; auoit formé vne si puissante Armée, qu'il falloit sãs doute vne force plus qu'humaine, pour s'opposer à cette multitude innõbrable, d'hommes de diuerses nations qui la composoit. Cependant; vne terreur panique s'estãt mise dãs ces troupes, elles se destruisirẽt d'elles mesmes: & ce qui les deuoit rendre victorieuses, fut ce qui les rendit incapables de vaincre. Ouy tres-prudent, & tres-saint Flauian; i'ay fait seruir

M m

les vents, les orages, & le Tonnerre, à la gloire de Theodose : i'ay interessé le Ciel à sa protection : & ces victoires non sanglantes qu'il a remportées, ont esté la recompence de la vertu, que ie luy ay enseignée. Vous sçauez, qu'ayant deux ans plus que luy, lors qu'il paruint à l'Empire, ie pris soin de son education : i'auois l'honneur d'estre sa sœur, mais il estoit mon fils d'adoption : & vous n'ignorez pas, de quelle façon i'ay tousiours agy, depuis que Theodose m'eut fait la grace, de partager sa puissance auec moy, & de m'associer à l'Empire. Ce peut-il voir vn regne plus heureux que le sien ? y a-t'il vn Prince en toute la terre, qui n'aime Theodose, ou qui ne le craigne? quelqu'vn se plaind il de ma domination? mes conseils n'ont-ils pas esté iustes, ou n'ont-ils pas esté heureux? non, sage Flauian, à parler raisonnablement des choses, i'ay fait autrefois grace à Athenaïs, mais ie n'ay iamais fait iniustice à personne. Ne pensez pas neantmoins parce que ie dis, que ie veüille vous faire entendre, que l'Imperatrice soit indigne du Throsne : non ie ne destruiray point ce que i'ay estably: & ie ne me trompé pas, lors que ie creus voir en elle, vne vertu toute extrordinaire. Athenaïs est sans doute, vn miracle de la nature: elle est née auec des aduantages, que ie n'ay iamais veus qu'en cette personne : & si sa naissance estoit aussi grande que son esprit, & qu'au lieu d'auoir esté esleuée dans la solitude, elle eust esté nourrie dãs la Cour, elle seroit incomparable en toutes choses; mais pour son malheur, elle a commencé, par où ie m'en vay finir. Il est sans doute plus aisé, a ceux qui ont l'ame bien faite, de viure auecques gloire dans la solitude, apres auoir vescu dans le monde; que de passer de la solitude à la domination. Ceux qui ont sçeu conduire des peuples tous entiers, pourroiēt sans doute mener des troupeaux sans les esgarer; mais tous ceux qui sçauent se seruir d'vne houlette auec adresse, ne pourroient pas porter vn Sceptre auec honneur. Enfin tous les Rois pourroient estre Bergers, mais tous les Bergers ne pourroiēt pas estre Rois; Les Philosophes mesmes, qui s'establissent Iuges souuerains, de toutes les actions des hommes; qui se vantent de sçauoir si és

Mm ij

que pesent les Couronnes; qui font des Republiques imaginaires ; qui donnent des loix à toute la Terre; & qui forment des modelles, sur lesquels les plus grands Princes, doiuent regler leur vie & leur domination: Ces hommes dis-ie, qui font des Rois si parfaicts dans leurs escrits, ne seroient pas propres à Regner. Athenaïs m'en donne vn exemple domestique : elle sçait la Philosophie; elle est fille d'vn homme qui l'enseignoit; elle est née auec toutes les inclinations nobles; elle sçait tout ce qu'vne personne de son sexe peut sçauoir ; elle estoit sans ambition, lors qu'elle vint à la Cour; elle a de l'esprit, autāt qu'on en peut auoir: cependant, parce qu'elle ne connoissoit le monde que par les liures, & que son experience ne luy auoit rien apris; sa simplicité luy a fait prester l'oreille aux artifices de Crisaphius : & l'a portée sans doute, aux sentimens qu'elle a auiourd huy pour moy. Toutes ces choses Flauian, n'estoient pas encor de ma connoissance, lors que i'allumé dans le cœur de l'Empereur, cette flame qui me destruit auiourd'huy : Mais ie connois bien maintenant, qu'il faut vne Philosophie actiue pour sçauoir regner: que l'experience est l'estude la plus asseurée des Rois: & i'ay bien connu par la mienne, qu'on ne peut estre parfaitement sage qu'à ses despens. Et certes ie ne dois pas trouuer estrange, que l'Imperatrice fasse toutes choses, pour conseruer le rang que ie luy ay donné: il luy est si aduantageux, que ie m'estonne qu'elle ne fait encore dauantage. Aussi comme ie vous l'ay desia dit, le changement qui arriue auiourd'huy, ne m'estonne ny ne m'afflige: & ie conserue encor tant d'affectiō pour Theodose, & tant d'estime pour Athenaïs, que pour les empescher de faire vne faute publique, ie veux moy-mesme me despoüiller de la puissance que i'auois; abandonner Theodose, à l'affection qu'il a pour l'Imperatrice; & l'abandonner elle-mesme, à son peu d'experience; & aux artifices de Crisaphius. Ie ne sçay venerable Flauian, si mes coniectures serōt aussi fausses en cette iournée, qu'elles le furent lors que ie Couronné Athenaïs: mais si ie ne me trompe, le Regne de ces Illustres personnes, ne sera ny

Mm iij

lõgny heureux. La complaisance de Theodose, & le peu d'experience de l'Imperatrice, me donnent de la compassion : ie la voy desia ce me semble, qui va consulter ses liures, sur le moindre euenement inopiné : Mais mon Pere, ses liures n'ont pas esté faits pour nostre siecle : & si elle n'a le iugement bien esclairé, ce qui estoit glorieux à Alexandre, sera honteux à Theodose : ce qui le faisoit aimer, le fera haïr : & ce qui le rendoit redoutable, le fera mespriser. Le Throsne où elle est auiourd huy est si esleué, que ie crainds qu'elle n'aye pas la veuë assez forte, pour voir encor la Cabane qu'elle habitoit autrefois. Ie crainds dis-ie, qu'elle ne s'eblouïsse ; & qu'abandonnant les Resnes de l'Estat que ie luy abandonne, elle ne tombe en quelque erreur importante. Pour moy, la grandeur ne m'a iamais éblouïe : ie suis née dans la Pourpre ; les ieux de mon enfance se sont passez sur le Throsne : & la premiere chose que i'ay apprise, a esté de regner, & sur les autres, & sur moy-mesme. Le sage Anthemius, m'aprenant la Politique, que depuis i'ay assez heureusement pratiquée ;

me disoit vn iour, que pour n'estre iamais surpris, de l'inconstance de la Fortune ; il falloit tousiours se preparer à souffrir, ce que l'on faisoit souffrir aux autres : & ne monter iamais sur vn Char de Triomphe, qu'on ne se preparast à y deuoir estre attaché, si la fortune le vouloit. Cela estant ainsi Flauian, ie ne dois pas estre surprise, si aprés auoir en quelque façon, exilé l'Imperatrice en la Palestine; elle m'ẽuoye auiourd'huy dans la solitude. La douceur qu'elle y a trouuée, fait sans doute qu'elle me la souhaite : & ce n'est que par reconnoissance, qu'elle veut occuper la place que ie tenois. Lorsqu'elle vint se ietter à mes pieds, & que par des raisons qui seroient trop longues à dire, ie pris la resolution, de la faire Imperatrice. Ie creus que cette personne, qui se fust estimée heureuse, d'auoir vn toict de chaume pour toute richesse; se la tiendroit infiniment, quand elle se verroit regner, sur le cœur de Theodose: & esleuée sur vn Trône, où mesme elle n'osoit leuer les yeux. Cependant, la chose n'est pas en ces termes : & celle qui ne demandoit qu'vne simple cabane pour estre contente, ne se la trouue point dans vn grand & superbe Palais, si elle n'y est seule;& si elle n'en chasse celle qui luy en a ouuert la porte, & qui l'en a mise en possession. Bien est-il vray, qu'on peut dire pour l'excuser, qu'elle ne croit pas que ce soit de ma main, qu'elle a receu la Couronne qu'elle porte: l'assurance que son pere luy donna en mourant, qu'elle seroit plus riche que ses freres, luy persuade que cette Couronne, est tombée du plus haut des Cieux sur sa teste. Elle croit que l'influence des Astres a fait son bonheur: & que ie n'ay fait en cette occasion, que ce que ie n'ay pû m'empescher de faire. Elle pense que i'ay esté contrainte, par la constellation sous laquelle elle est née, de la faire Imperatrice d'Orient: & de cette sorte, ne croyant tenir son bonheur que des estoilles, elle croit estre assez reconnoissante, lors que sans me regarder, elle a seulemēt esleué les yeux au Ciel. Pour moy sage Flauian, qui n'ay iamais creu tous les Miracles que l'ō m'a dits, de l'Astrologie iudiciaire; qui sçais combien cette science est incertaine ; combien les predictions

qu'ell

qu'elle fait faire, sont embroüillées & douteuses; & combien elles sont inutiles: ie sçay bien dis-ie, que ie ne fus point cõtrainte, de Couronner Athenaïs. Ce ne fut point sans raison, que i'en formé le dessein : i'examiné la chose exactement: & comme elle m'estoit assez importante, ie ne la resolus pas en tumulte: & peu s'en falut, qu'Athenaïs ne gagnast sa cause, & ne perdist l'Empire en ceste iournée, malgré les Astres & les estoiles. Enfin mon Pere, ie sçay biẽ que cette science, dont on n'entend les predictions, que lors que les choses sont arriuées, n'est point vn don du Ciel: Dieu n'a iamais rien faict d'inutile au monde: & cependant, l'Astrologie iudiciaire l'est d'vne telle sorte, que c'est ce qui me porte dauantage, à croire sa fauceté. Qui est celuy qui a profité des propheties qu'on luy a faites? ou pour mieux dire, qui est-ce qui les a entenduës? Le hazard, qui fit ietter si heureusement l'esponge à ce fameux Peintre, qui acheua sans y penser, ce qu'il n'auoit pû faire auec tout son Art; est sans doute, ce qui fait quelquesfois ces rencontres merueilleuses, sur lesquelles la reputation de cette science s'establit : mais pour l'ordinaire, il faut plus d'esprit à ceux qui aiustent les euenemens à la Prophetie, qu'aux plus grands maistres de cét Art. Lorsque Leontius dit en mourant à Athenaïs, qu'elle seroit plus riche que ses freres : c'estoit plustost vne loüange que ce bon homme donnoit à sa beauté & à sa vertu, qu'vne assurance de l'Empire. Et certes s'il eust preueu, que la Couronne qu'elle porte auiourd'huy, eust deu estre sur sa teste ; il eust esté peu iudicieux, de s'amuser à partager trois ou quatre pieds de terre entre ses fils : puis qu'il estoit bien croyable, que si elle deuenoit Imperatrice, elle ne laisseroit pas ses freres, dans la pauureté de leur naissance : & que par consequent, la succession paternelle leur seroit inutile. Non, sage Flauian, moy seule ay fait Athenaïs, Imperatrice d'Orient : ie luy pardonne toutesfois, le peu de reconnoissance qu'elle en a : & ie souhaitte de tout mon cœur, qu'elle connoisse enfin, le talent que le Ciel luy a donné. Elle est sans doute propre aux grandes vertus : & si elle n'entreprenoit, que de regner sur elle mesme; elle seroit la merueille de son siecle. Elle cueilleroit plus de Palmes dans la Palestine, qu'elle n'aquerra de gloire, au gouuernement des affaires : & si ie ne me trompe, elle y seroit plus heureuse. Pour moy mõ Pere, qui suis née d'vne autre sorte, ie me mettrois volontiers, ainsi qu'on vous l'a ordonné, parmy ces vierges qui n'ont autre soin que d'esleuer leur cœur à Dieu ; si ie ne croyois, que peut-estre Theodose, & l'Imperatrice mesme, auront besoin de mon assistance : mais les connoissant comme ie fay, il suffira que me retirant dans vne solitude, ie leur laisse la liberté d'agir selon leur fantaisie : & Dieu veüille, que la renommée ne m'aprenne rien à leur desauantage. Ie seray bien aise que leur conduite fasse voir, que celle que i'ay euë de Theodose, n'a pas mal reüssi : & que le choix que i'ay fait d'Athenaïs, n'a pas esté mauuais. Cependant Flauian, faictes s'il est possible, que l'Empereur sçache, que ie quitte sans murmurer, la part qu'il m'auoit donnée à la Domination: que ne l'ayant prise, que pour son soulagement & pour sa gloire, ie m'en

Nn iij

démets volontiers, aussi tost que ie sçay qu'il ne l'a plus agreable. Mais qu'il se souuienne, qu'en m'esloignant de l[ui] ie luy laisse la paix par tout son Empire; que tous ses sujets l'aiment ; que tous ses voisins le craignent ; que l'abondance est dans toutes ses villes ; que la vertu se fait voir dans toutes les Familles particulieres ; que le vice n'y paroist presques plus ; que sa Court (excepté Crisaphius) n'a point de Flateurs; que le peuple est sans insolence ; que les Grands sont sans orgueil ; & que la pieté regne, dans tous les Temples de son Empire. Qu'il se souuienne, venerable Flauian, que cette grande vertu (si ie l'ose dire,) a passé de mon cœur dans le sien ; & du sien, dans celuy de tous ses sujets ; afin que ma memoire ne luy soit pas fascheuse : & afin aussi, que si par hazard il arriue qu'il me r'apelle vn iour, comme il a r'apellé Athenais ; il puisse voir, si le gouuernement sera lors, en l'estat que ie le laisse auiourd'huy. Pour l'Imperatrice, ie seray bien aise qu'elle sçache, qu'encore que ie n'aye pas fait vne estude particuliere de la Philosophie ; qu'encore que ie sois d'vne naiſſance à exiler les autres, & non pas à eſtre exilée; qu'encore que i'aye quelque part au Throſne, qu'elle occupe auiourd'huy tout entier; ie ne laiſſe pas diſ-ie, de ſouffrir mon exil, & de quitter ce Throſne auec plus de moderation, qu'elle n'en teſmoigna, à receuoir la Couronne que ie luy donné. Veuille le Ciel, que ie ſçache mieux vſer de ma diſgrace, qu'elle n'a fait de ſa bonne Fortune: & pour concluſion de ce diſcours, ſouuenez-vous mon Pere, vous qui auez gouuerné ma conſcience, tant que i'ay gouuerné l'Empire; que ie ne me ſuis iamais propoſée autre choſe en ma vie, que de faire touſiours ce que i'ay deu; & ce que i'ay creu le plus glorieux & le plus iuſte. la veritable prudence, conſiſte à bien vſer des éuenements qui nous arriuent : il ne faut pas s'attacher ſcrupuleuſement à vne vertu: il les faut pratiquer toutes, ſelon les diuerſes occaſions. Il eſt des temps où l'humilité ne ſeroit pas loüable; & où la grandeur de courage eſt plus neceſſaire: & d'autres auſſi, où la diſſimulation eſt ſageſſe: & où la franchiſe ſeroit criminelle.   Il faut sçauoir changer quand il en est saison; sans changer pourtant iamais, la resolution de faire ce que l'on doit. Si vn Prince à qui i'aurois fait vne guerre iuste, me faisoit son esclaue par le sort des armes; ie ne le regarderois plus lors comme mon ennemy, mais comme mon Maistre. Ie luy serois fidelle en cét estat-la; & renoüerois les chaisnes qu'il me feroit porter, si elles se rompoient d'elles-mesmes; puis que ie ne les pourrois briser sans crime. C'est par cette mesme raison, sage Flauian; & par cette mesme vertu; que sans faire de Brigues dans l'Empire; sans faire sousleuer le peuple en ma faueur; & sans faire souuenir les Ecclesiastiques, que i'ay plus d'vne fois destruit l'heresie, & soustenu leurs Autels; que sans faire dis-ie toutes ces choses; ie me resouds apres auoir sçeu regner, assez souuerainement; d'obeir auec autant de sousmission d'esprit, que i'ay eu de grandeur de courage, en commandant à la moitié du Monde, depuis l'âge de quinze ans, iusques à auiourd'huy.

EFFECT DE CETTE HARANGVE.

CE discours qui fut r'aporté à Theodose, eut son effect en son temps, aussi bien que l'auoit eu, celuy de l'Imperatrice : & comme les choses ne prospererent guere, sous l'administratiõ d'Athenaïs ; Pulcheria fut r'apellée quatre ans apres au Gouuernement ; qu'elle posseda auecques beaucoup de gloire iusques à sa mort : apres auoir fait trancher la teste à Crisaphius. Et la belle & sçauante Athenaïs, ennuyée des changemens de la Cour, s'en retonrna d'elle-mesme

288 PVLCH. AV PATR. DE CONST.
en la Palestine : ou elle vescut & finit, auec
vne Sainsteté merueilleuse.

CALPHVRNIE

CALPHVRNIE
A
LEPIDE

QVINZIESME HARANGVE.

ARGVMENT.

Tous les Siecles, toutes les Nations, & presques tous les hommes, ont faict l'Eloge de Cesar; mais aucun que ie sçache, n'a fait son Apologie. Ils ont tous creu, qu'il estoit plus aisé de loüer sa valeur, que de iustifier ses intentions: & que ses guerres estoient plus glorieuses que leur cause. Tous ont creu qu'il estoit grand Capitaine; mais tous n'ont pas creu, qu'il estoit bon Citoyen. Ceux qui l'ont nommé le Pere des Soldats, l'ont aussi nommé le Tyran de Rome: & presques tous ont pensé qu'il aspiroit, à la Souueraine Puissance. Cependant il est certain, qu'à bien considerer les choses, il paroist plustost innocent, qu'il ne paroist criminel: & ie m'assure que si vous escoutez ses raisons, dans la bouche de Calphurnie, vous ne le condamnerez pas. Comme nostre Nation fut vaincuë par luy, il me semble qu'il importe à nostre gloire, que nostre vainqueur soit sans tache : & ie pense defendre l'honneur de la France, en defendant l'Illustre Cesar. Il a parlé si dignement des Gaulois en ses Commentaires, qu'il est iuste que les Gaulois parlent pour luy: & ie ne sçaurois souffrir que l'on die, que nous auons suiuy le Char d'vn Tyran. Escoutez donc ce que va dire sa femme, qui sçauoit ses intentions, & qui va vous les faire sçauoir.

Quand du premier Cesar, elle gagna le cœur,
L'esclat de ses vertus, aquit vn nouueau lustre:
Et quiconque vainquit, cét Illustre vainqueur,
Ne sçauroit manquer d'estre Illustre.

CALPHVRNIE
A
LEPIDE.

Esar est vangé Lepide; le dernier de ses bourreaux a perdu la vie; & tous les Romains ont vn maistre. Ils donnent eux-mesmes à Auguste, la Souueraine puissance, qu'ils eussent refusée au Grand

Cesar, s'il eust esté capable de la demander, & pour punition de leur crime, ils forgent de leurs propres mains, des chaisnes que non seulement ils doiuent porter; mais qui par droit de succession, passeront iusques à leurs nepueux. Ouy Lepide, les Romains pour auoir iniustement accusé Cesar, de vouloir estre leur Tyran, esprouueront si ie ne me trompe, tout ce que la plus cruelle Tyrannie peut faire esprouuer. Nous voyōs desia qu'Auguste n'a point d'Enfans, & que Tibere a des inclinations, à commencer bien-tost ce que ie dis. Et puis, la connoissance que i'ay de l'innocence du premier des Cesars, me fait presques voir auecques certitude, les malheurs qui doiuent accabler Rome. Les Dieux sont trop iustes, pour ne chastier pas auecques rigueur, ceux qui ont massacré le Pere de la Patrie, & le Protecteur de la liberté. Ouy Lepide, le Grand Cesar meritoit veritablement ces deux glorieux tiltres: & ne meritoit point du tout, le traitement qu'il a receu. Certes ie m'estonne que les Romains ayent si mal expliqué ses intentions, puis que toute sa vie a fait voir, qu'il aimoit la liberté: & que mesme les plus grands crimes dont on l'accuse, sont vn effect de la forte passion, qu'il auoit de la conseruer. Vous sçauez Lepide, que dés ses plus tendres années, il tesmoigna estre ennemy de Silla, & par cõsequent de la Tyrannie. Il fut regardé en ce temps-la, comme vn Citoyen trop passionné pour la liberté; & il fut contraint de se cacher, & mesme de se retirer de Rome, pour éuiter les embusches, que l'on dressoit à sa vie. Depuis cela, il accusa Dolabella, & le poursuiuit auec ardeur, pour auoir trop souuerainement agy, au Gouuernement de sa Prouince: & par cette action fit assez connoistre, qu'il n'aprouueroit pas en luy, ce qu'il condamnoit aux autres. En effect, tant qu'il fut Preteur, il n'arriua nul desordre en la chose Publique: quoy que ce fust le temps, où il deuoit plustost faire paroistre, ses mauuaises intentions: puis que cette charge estoit la plus importante, qu'il eust encore possedée. Cependant il n'en abusa point: il fit toutes les choses auec prudence, & auec moderation: Et ses ennemis mesme, n'ont pû luy rien reprocher en cette rencontre. Auſſi, à parler raiſonnablement des choſes, Ceſar n'a iamais rien fait, qu'agrandir la puiſſance Romaine, en luy faiſant tous les iours de nouuelles conqueſtes ; que hazarder ſa vie en mille occaſions differentes; & que s'oppoſer genereuſement, à tous les Tyrans qui ont voulu vſurper la domination. Il n'a point regardé s'ils eſtoïent ſes parents où ſes alliez : & dés qu'il s'eſt agy du bien public, il n'a plus conſideré ſes intereſts particuliers. En verité Lepide, toutes les fois que ie me ſouuiens, de ce que Ceſar a fait pour les Romains, & de ce grand nombre de victoires qu'il a remportées, ou contre leurs ennemis, ou contre leurs Tyrans; ie croy d'abord, que ma memoire me trompe: & qu'elle me preſente tout à la fois, toutes les belles choſes qui ſe ſont faites, depuis le commencement des ſiecles. Ie ne puis dis-ie penſer, qu'vne meſme perſonne, ait tant entrepris de choſes; ait tant acheué de glorieux deſſeins; ait tant fait de conqueſtes; ait tant donné de Batailles; ait tant hazardé ſa vie; ait tant eſchapé de perils; &

qu'elle n'ait pas vefcu plus long-temps que les autres. Cependant vous fçauez Lepide, que Cefar a fait plus que ie ne dis, quoy qu'il n'ait vefcu que cinquante-fix ans : & pour repaffer feulement vne partie de fes victoires, & des belles chofes qu'il a faites, auant que d'entreprendre de le iuftifier; fouuenez-vous de ce qu'il fit en Efpagne. Il fubiuga les Callaeciens, & les Lufitaniens iufques à l'Ocean, où les Romains n'auoient iamais efté. La conquefte des Gaules comme vous le fçauez, a immortalifé fa gloire : car en moins de dix ans, il y prit ou par compofition ou par affaut, plus de huict cens villes; furmonta trois cens Nations differentes;& ayant veu deuant luy en bataille rangée, plus de trois millions d'hommes armez en plufieurs rencontres; il en tua plus d'vn million, & en prit bien autant de prifonniers. (O Cefar, ô Illuftre vainqueur, faut-il que le poignard d'vn traiftre, & d'vn ingrat, vous ait fait perdre la vie!) mais ie ne fuis pas encor, à la derniere de fes victoires : cette fameufe bataille qu'il donna fur les bords du Rhein à Ariouiftus, & où il mourut plus de quatre-vingts mille hommes, fait assez voir, que les vainqueurs ne sont iamais las. Au reste, Cesar n'a pas tousiours vaincu auec facilité: il a veu quelques-fois la victoire, voller sur le camp de ses ennemis, & la Renommée estre toute preste, de publier sa defaite: mais sa seule valeur les a tousiours forcées, de reuenir de son party. L'aduanture des Neruiens, fait assez voir ce que ie dis: tous les Romains estoient deffaits; & peu s'en falloit, que les autres ne fussent Maistres du champ de bataille, lors que Cesar se ietta seul, au milieu des ennemis, l'espée à la main, & vn bouclier au bras gauche: & par cette action digne de Cesar, il merita de vaincre ceux, qui auoient presques desia vaincu les siens. Depuis cela, il passa le premier le Rhein; il fut le premier qui nauigea sur l'Ocean Occidental auec vne armée; il conquesta l'Angleterre, que l'on ne croyoit pas mesme, qui fust en l'estre des choses: & porta les armes & la gloire de Rome, en des lieux, où le nom des Romains n'auoit iamais esté. La fameuse prise d'Alexia, n'est pas vne des moindres actions de Cesar: il se vid

en

en teſte vne Armée de trois cens mille hommes, pour luy faire leuer le ſiege: mais comme il auoit autant de prudence que de cœur, il partagea ſon Armée, & agit auec tant d'adreſſe, que ceux qui demeurerent deuant Alexia, ne ſçeurent point qu'il venoit vn puiſſant ſecours à cette ville. Ils ne ſçeurent point dis-ie, qu'ils eſtoient enfermez entre de puiſſants ennemis, iuſques à tant que Ceſar les eut defaits: & que Vercingentorix qui eſtoit dans cette place, ſe fut rendu à cét Illuſtre vainqueur. Ha certes apres cela, ie ne doute point que l'Hiſtoire ne die vn iour, qu'il a ſurmonté tous les autres Heros: Ouy Lepide, qui luy voudra comparer, les grandes qualitez des plus Illuſtres, trouuera qu'il les a ſurpaſſés. Les Fabiens, les Scipions, les Metelles, & ceux meſme de ſon temps, comme Silla, Marius, les deux Luculles, & Pompée, ſont ſes inferieurs en toutes choſes. Il ſurmonte l'vn, par la difficulté des pays qu'il a conqueſtez: le ſecond, par l'eſtenduë des Nations, qu'il a miſes ſous la Domination Romaine: le troiſieſme, par la multitude des ennemis qu'il a defaits:

Pp

l'autre, par la fierté des peuples auquels il eut affaire, & qu'il luy falut vaincre, & enseigner tout ensemble: l'autre, en douceur, en clemence, & en humanité, enuers ceux qu'il auoit vaincus: le dernier, en magnificence, & en liberalité, enuers ceux qui combatoient sous-luy : & tous ensemble, en nōbre de batailles qu'il a gagnées; en nombre d'ennemis qu'il a defaits; & en nombre de vertus qu'il a pratiquées. Voila Lepide, les victoires que les Romains ne peuuent disputer à Cesar. Ils luy doiuent tout le sang qu'il a respandu, en tant de rencontres où il s'est trouué. C'est pour eux qu'il a combatu; c'est pour eux qu'il a hazardé sa vie; c'est pour eux qu'il a vaincu; c'est pour eux qu'il a conquesté tant de pays: & il ne se trouue personne, qui iusques au passage de ce fameux ruisseau, que Cesar trauersa pour venir à Rome, ou pour mieux dire, pour venir contre le Tyran de Rome; il ne se trouue dis-ie personne, qui ne tombe d'accord, que la Republique deuoit beaucoup à Cesar. Or Lepide, ie pretends vous monstrer auiourd'huy que les autres victoires que Cesar a remportées, font celles dont les Romains luy font les plus obligez. Ie pretends vous faire voir, que Cesar n'a iamais plus fortement tefmoigné, la paffion qu'il auoit pour la liberté, & la haine qu'il auoit pour la Tyrannie; que lors qu'il a combatu, & qu'il a vaincu Pompée. Mais pour reprendre les chofes en leur fource, il faut accufer Pompée, pour iuftifier Cesar: & faire voir, que comme l'vn a toufiours tefmoigné eftre protecteur de la liberté, l'autre a toufiours fait paroiftre, qu'il afpiroit à la Tyrannie. Tout le monde a fçeu, que Pompée fit tant de chofes, pour vfurper la domination, que pour empefcher qu'il n'entreprift dauantage, on fut contraint de le declarer feul Conful: & les Romains aimerent mieux en cette occafion, fatisfaire fa vanité en quelque forte, que de s'y oppofer directement. Pour Cefar, ils n'en vferēt pas ainfi: car bien loing de luy accorder de nouueaux honneurs, ils luy refuferent auec outrage, les chofes iuftes qu'il demandoit. Lentullus Partifan de Pompée, chaffa honteufement Authoine & Curion, qui furent contraints de fe defguiser en esclaues, pour retourner en seureté deuers Cesar : & tout cela Lepide, parce que Cesar auoit demandé par eux, la continuation du Gouuernemēt des Gaules qu'il auoit conquestées. L'iniuste refus qu'on luy en fit, ne le porta pourtant point à d'iniustes desseins : il connut en cette occasion, que Pompée ne demandoit son retour à Rome que pour le perdre; que Pompée le regardoit comme son ennemy; & comme le seul obstacle qui pouuoit l'empescher d'arriuer, à la souueraine puissance, où il pretendoit depuis si long-temps. Cesar voulut donc songer tout à la fois, à sa conseruation particuliere, & au bien public : il voulut desarmer son ennemy & l'ennemy de Rome, & se desarmer luy-mesme. Il fit donc dire au Senat, pour faire voir la pureté de ses intentions, qu'il estoit tout prest de quitter le Gouuernement des Gaules, qui luy auoit tant de fois fait exposer sa vie; qu'il estoit tout prest de mettre les armes bas; qu'il estoit tout prest de venir rēdre cōte de ses actions; qu'il estoit tout prest de renoncer absolument, à toutes sortes d'authorité; pourueu que Pompée mist les armes bas aussi bien que luy ; & qu'ils vescussent tous deux en personnes priuées. Il me semble que ces propositions n'estoient pas Tyranniques: les Tyrans ne s'exposent iamais à de semblables choses : & la procedure de Pompée, a bien fait voir ce que ie dis. Si Cesar luy eust proposé, de partager la souueraine puissance auec luy, il l'auroit peut-estre escouté plus fauorablement : mais parce qu'il vouloit le mettre en estat, de ne pouuoir plus aspirer à la Tyrannie, il ne pût souffrir vne propositiõ si iuste; il fit des Brigues pour empescher, que le Senat ne se portast à la raison; & pour lasser entierement la patience de Cesar, il fit comme ie vous l'ay desia dit, & comme vous le sçauez, que l'on chassa ceux qu'il auoit enuoyez auec ignominie. On le traita d'ennemy du bien public : & Pompée qui ne cherchoit qu'à broüiller les choses pour perdre Cesar, & profiter des malheurs d'autruy ; aima mieux ruiner sa Patrie, que changer ses mauuais desseins. Tous les Senateurs trouuoient les propositions de Cesar equitables : car il leur faisoit remonſtrer, que s'ils vouloient qu'il quitaſt les armes, & que Pompée ne les quitaſt point; c'eſtoit luy donner moyen, d'arriuer à la Monarchie : mais que demandant qu'il fuſt ordonné, qu'ils les quitaſſent tous deux; c'eſtoit demander vne choſe, eſgalement vtile à tout le Monde, & qui ne deuoit point faſcher Pompée, s'il eſtoit vray qu'il n'euſt point de mauuaiſes intentions. Scipion ſon beau-Pere, & Marcellus ſon Amy, n'auoiēt garde d'y conſentir : auſſi furent-ils preſques les ſeuls, qui empeſcherent que Ceſar n'obtint ce qu'il demandoit : & ils parlerent ſi hautement pour l'intereſt de Pompée, que le Senat n'ayant rien pû reſoudre, l'on ordonna vn deüil public, pour cette diſſenſion particuliere. Ceſar ne ſe laſſa pourtant point : il eſcriuit encor deux fois; il fit deux fois des propoſitions equitables; & toutes les deux fois, la Brigue de Pompée fut la plus forte. Au reſte, ie ne ſçay pas comme l'on pouuoit accuſer Ceſar, de ſonger à vſurper la ſouueraine Puiſſance : puis que quelque temps auparauant les dernieres iniures qu'on luy auoit faites, Pompée luy ayant enuoyé redemander, quelques troupes qu'il luy auoit baillées; Cefar les luy renuoya fans s'en faire preffer: tefmoignant affez par cette action, qu'il ne craignoit pas d'affoiblir fes forces, ny d'augmenter celles de fes ennemis: & faifant voir par confequent, qu'il n'auoit point de deffeins cachez. Et puis, où font les grands preparatifs de guerre que Cefar auoit faits, pour vne si grande entreprife? où font les intelligences qu'il auoit pratiquées dans Rome, où dans les autres villes? où font ces grandes Armées, où ce grand nombre de machines, pour les batailles qu'il deuoit donner, ou pour les sieges qu'il deuoit faire? non Lepide; Cefar n'auoit rien de toutes ces chofes: & lors que Curion & Anthoine arriueret auprés de luy defguifez en efclaues; qu'ils luy apprirent l'indigne traitement qu'il auoit receu en leur perfonne, & les mauuais deffeins que Pompée auoit, & contre la fienne, & contre la Republique; il n'auoit auprés de luy, que cinq mille hommes d'Infanterie & trois cents Cheuaux. Vous femble-t'il Lepide, que ces Troupes fuffent propres, pour vn dessein de cette importance ? si Cesar eust eu cette intention, il auroit sans doute leué vne plus puissante Armée; il auroit trouué des pretextes pour cela; & il estoit trop prudent, pour auoir entrepris vne semblable chose, sans auoir cherché des long-temps auparauant, les moyens de la faire reüssir. Ce ne fut donc point vn dessein premedité, qui luy fit passer ce ruisseau, qu'il a rendu si fameux par son passage : ce fut tout ensemble vn sentiment de colere, de honte, & de despit : auec vn desir ardent de se vanger de son ennemy, & de destruire vn homme, qui non seulement vouloit le destruire, mais destruire encor la Republique. Il partit donc sans premeditation aucune : & l'equité du Ciel cõduisant tous ses desseins, il se rendit Maistre de l'Italie en soixante iours, sans auoir respandu le sang de ses Citoyens. Quant à Pompée, il parut bien dans sa conduite, que le remords de sa conscience, luy fit perdre le bon sens : ce ne fut plus ce Grand Pompée, qui lors qu'il n'auoit eu que de legitimes desseins, & qu'il auoit seruy la Republique, auoit tesmoigné

tant

tant de prudence & tant de cœur. Il perdit l'vn & l'autre en cette rencontre: car quoy qu'il eust beaucoup plus de gents de Guerre que Cesar, & qu'il eust l'aduantage d'estre dans Rome; il ne sçeut pourtãt pas plustost, qu'il auoit passé le Rubicon, qu'il s'enfuit en tumulte: sans donner mesme le loisir, de faire des sacrifices aux Dieux, pour apaiser cét Orage. Mais la connoissance qu'il auoit de ses mauuais desseins, faisoit qu'il croyoit sans doute, qu'ils ne luy seroient pas fauorables: aussi se trouua-t'il plusieurs personnes, qui dans vn trouble si grand, perdirent le respect qu'on luy auoit tousiours porté. On se souuint en cette occasion, qu'autrefois on luy auoit entendu dire, *qu'en frappant du pied contre la terre, il en feroit sortir des Soldats.* Cette façon de parler, qui sentoit la Tyrannie, luy fut reprochée: & vn des Principaux de Rome, voyant son estonnement, luy dit auec beaucoup de hardiesse, *frappe maintenant la terre, pour accroistre ton Armée, & pour t'opposer à Cesar.* On luy reprocha aussi, son ambition & son iniustice: & les choses que l'on dit contre luy

Qq

en cette rēcontre, font affez voir que Pompée eſtoit le Tyran, & que Cefar eſtoit le protecteur. En effect, il ne fut pas pluſtoſt à Rome, qu'il traita humainement tous les Senateurs: il les pria auec douceur, de vouloir pacifier les chofes : & leur propofa encor vne fois des articles de Paix, tres-iuſtes, & tres raifonnables, afin de les faire agréer à Pompée. Mais comme ils fçauoient fans doute, que Pompée vouloit eſtre tout où rien; ils ne le firent point, & s'en excuferent enuers Cefar. Or Lepide, quand cét Illuſtre Heros fut crée Dictateur, donna-t'il quelques marques, qu'il auoit deffein d'afpirer à la Tyrannie? nullement; il r'apela les bannis; remit en honneur les enfans de ceux qui auoient eſté profcrits du temps de Silla qui eſtoit Tyran; & onze iours apres, fe démit volontairement de la Dictature, fe contentant du Confulat, auec Seruilius Ifauricus. Apres cela Lepide, dira-t'õ que Cefar eſtoit vn Tyran, & que Pompée eſtoit le defenfeur de la liberté? Mais acheuons de repaſſer fon Illuſtre vie en peu de paroles, pour auoir plus de loifir de plaindre fa mort. Vous

vous souuenez sans doute, de tous les artifices dont Pompée se seruit, pour éuiter de combatre Cesar, & tirer les choses en longueur: & certes ils furent si visibles, & son ambition fut si connuë, que ses soldats mesme disoient hautement, qu'il ne faisoit durer la Guerre, que pour faire durer son authorité. En effect, il sçauoit que vainqueur ou vaincu, il faudroit quiter la puissance Souueraine, ou leuer tout à fait le masque, qui le cachoit à vne partie des Romains. Pour Cesar, qui se confioit en l'equité de sa cause, & en celle des Dieux, il cherchoit son ennemy; il ne craignoit point de l'attaquer & de le combatre; il n'auoit rien en son cœur, qui luy reprochast de crime; il sçauoit qu'il vāgeoit Rome en se vangeant;& qu'en se deliurant de son aduersaire, il deliureroit Rome d'vn Tyran. L'esperance qu'il auoit au Ciel ne fut pas trompée: il gagna la bataille, & Pompée la perdit. Cét homme qui auoit tant esté fauorisé de la Fortune, tant qu'il auoit esté innocent, en fut abandonné dés qu'il fut criminel. Il ne sçeut plus ny combatre ny vaincre; & ne sçeut pas mesme

Qq ij

estre vaincu en homme de cœur. Aussi-tost que les siens eurent du pire en la bataille de Pharsale, au lieu de les animer par sō exemple, il s'en alla dans sa Tente, sans sçauoir presques ce qu'il disoit : & comme il sçeut que les choses alloient tousiours plus mal pour luy ; que ses retranchemens estoient forcez ; & que Cesar s'aprochoit ; *quoy* (dit-il *tout effrayé*) *iusques dans nostre Camp!* & apres auoir parlé de cette sorte, il s'enfuit vne seconde fois, & abandonna tous ceux qui restoient de son party. Il luy eust pourtant ce me semble esté plus glorieux, de mourir par les Armes de Cesar, que de l'Espée du Traistre Septimius, qui auoit autrefois commandé sous luy : mais comme ce grand homme auoit dans le cœur, la haine, le remords, le repentir, la honte d'estre vaincu, & l'ambition ; il ne faut pas s'estonner, si perdant l'esperance de Regner, il perdit enfin la raison. Mais apres auoir veu que Cesar sçauoit l'Art de vaincre, voyons ie vous prie Lepide, s'il sçauoit bien vser de la victoire ; s'il fut inhumain ou clement ; s'il fut iuste ou rigoureux ; s'il fut Tyran, ou s'il

A LEPIDE.

fut Citoyen Romain. Aussi-tost que le Champ de Bataille luy fut demeuré, & que l'ardeur qu'il auoit euë a combatre se fut allentie; comme il vid à l'entour de luy, ce grand nōbre de soldats morts qui l'enuironnoient, il versa autant de larmes, qu'il leur auoit fait verser de sang. *O Dieux* (s'escria-t'il en pleurant,) *Vous sçauez qu'ils l'ont ainsi voulu, & qu'ils m'ont contraint d'estre leur vainqueur!* car Cesar apres auoir r'emporté tant d'Illustres victoires, eust sans doute esté blasmé, s'il eust abandonné son Armée. Tout autre vainqueur que Cesar, eust versé des larmes de ioye, apres auoir gagné la bataille : mais pour luy, il ne pouuoit se resioüir de sa victoire, parce qu'elle auoit cousté la vie, à quelques-vns de ses Citoyens. Croyez-moy Lepide, les Tyrans ne pleurent point leurs ennemis : & la clemence & la pitié, sont des sentimens qu'il ne connoissent gueres. Cependant vous sçauez, que Cesar pardōna presques à tous les siēs: il eut mesme vn soin particulier, de faire chercher ce perfide; qui depuis luy a fait perdre la vie: & le Traistre Brutus s'estant venu rendre à luy, il le traita comme s'il euſt eſté ſon fils. Helas il me ſemble que ie voy mon cher Ceſar, aller de rang en rang demander aux ſiens, des nouuelles de Brutus ; regarder parmy les morts, s'il n'y eſtoit point en eſtat d'eſtre encor ſecouru ; & faire toutes choſes poſſibles pour ſauuer celuy, qui par vne ingratitude effroyable, luy a mis vn poignard dans le ſein. O Dieux, eſt-il poſſible, que Ceſar ait pû ſi mal choiſir! qu'entre tous les Romains, il ait plus aymé ſon meurtrier qu'aucun autre! & que les Dieux qui ont teſmoigné auoir vn ſoin ſi particulier de ſa vie, ne l'ayẽt pas aduerty, que celuy qu'il aimoit plus que tous les hommes, ſeroit enuers luy, le plus cruel de tous les hommes! mais il n'eſt pas encore temps, de parler de l'ingratitude de Brutus: la clemence & la bonté de Ceſar, me fourniſſent vne trop belle matiere, pour l'abandonner ſi toſt: & pour faire voir le crime de ſes aſſaſſins auſſi grand qu'il eſt, il faut faire paroiſtre ſes vertus, auec tout l'eſclat qu'elles auoient. Les Tyrans ont quelquesfois mis la teſte de leurs ennemis à prix ; ils ont promis vne abolition de toutes ſortes de crimes, à ceux qui les leur aporteroient; & quand on les a quelquesfois satisfaits, ils ont regardé ce funeste present auec ioye. Mais pour Cesar, il n'en vsa pas ainsi: il ne voulut point voir celle de Pompée; il pleura auec amertume; il traita ignominieusement, celuy qui la luy presenta; & le mit en necessité, d'auoir recours à la fuite pour sauuer sa vie. Pour moy, ie trouue cette action plus glorieuse pour Cesar, que d'auoir vaincu Pompée: car il n'estoit pas seul à combatre, mais il estoit seul à pleurer son ennemy. Au reste, il tesmoigna bien, qu'il n'auoit pas tant regardé Pompée, comme le sien particulier, que comme celuy de la Republique: car non seulement il pardonna à tous ceux de son party qui se voulurent rendre; mais il prit vn soin particulier, de toûs les amis de Pompée: & fit voir par là, qu'il ne haïssoit pas sa personne, mais qu'il auoit seulement voulu destruire, ses iniustes & pernicieux desseins. Vn autre que Cesar apres auoir vaincu, auroit songé à sa seureté: en auroit banny quelques-vns; en auroit fait mourir d'autres; & se seroit defié de tout

le reste : mais pour luy, il ne songea qu'à recueillir les debris, du nauffrage de Pompée. L'on eust dit que c'eust esté son Armée qui auoit esté defaite : & qu'il demeuroit en ce lieu-la pour r'allier ses Troupes ; tant il tesmoignoit de douceur & de bonté, à ceux qui venoient se mettre sous ses Enseignes. Aussi escriuit-il a Rome, *que le plus doux fruit qu'il receuoit de la victoire, estoit qu'il sauuoit tous les iours la vie, à quelques-vns de ses Citoyens.* O Lepide, les Tyrans ne parlent point ainsi ! Au reste, pour monstrer la droiture de ses intentions, & faire voir que sa victoire n'auoit pas esté vn caprice de la Fortune, mais vn effect de la volonté des Dieux ; il ne cessa pas d'estre heureux, dans les autres choses qu'il entreprit. La Guerre d'Egypte, & celle d'Armenie, d'où il escriuit à Rome, *qu'il estoit venu, qu'il auoit veu, & qu'il auoit vaincu* ; fait assez voir ce que ie dis. Depuis cela, en vne seule iournée, il se rendit Maistre de trois Camps ; tua cinquante mille hommes ; & ne perdit que cinquante soldats. A vostre aduis Lepide, estoit-ce le bras de Cesar qui combatoit
ainsi,

A LEPIDE.

ainsi, ou plustost si ce n'estoit pas celuy des Dieux? cette Illustre victoire, ne le rendit point plus inexorable que les autres: car comme on luy eut dit, que Caton s'estoit tué de sa propre main, *ô Caton! s'escria-t'il, que ie porte enuie à ta mort, puis que tu m'as enuié, la gloire de te sauuer la vie!* on dira peut-estre, que si Caton eust vescu, Cesar n'eust pas fait ce qu'il disoit: mais il est aisé de s'imaginer, que celuy qui auoit pardonné à Brutus & à Ciceron, qui auoient porté les armes contre luy, auroit aussi pardonné à Caton. Mais Lepide, ie ne veux point que l'on iuge de Cesar, par la connoissance que i'en auois; ie ne veux point que l'on iuge de Cesar, par ce qu'en disent ses amis; mais ie veux seulemét que l'on en iuge, par les honneurs que luy ont rendu tous les Romains, & durant sa vie, & apres sa mort. Et certes ce ne fut pas sans raison, que l'on bastit vn Téple de la clemence, pour reconnoistre la sienne: puis qu'il ne fut iamais vn vainqueur, qui sceust si parfaitement pratiquer cette vertu. Mais dittes-moy de grace Lepide, comment il est possible, que ces mesmes

Rr

Romains, qui depuis la fin de la guerre, ne peuuent reprocher à Cesar, nul acte de Souuerain ; comment est-il dis-ie possible, que ces mesmes hommes, qui bastirent ce Temple de la clemēce, par la connoissance qu'ils auoient de sa bonté ; ayent pû l'apeller Tyran ? On pourroit trouuer dans l'Histoire, qu'autrefois on a esleué des Arcs de Triomphe à des Tyrans ; que par leurs ordres, & par leur violence, on a mis leurs Statuës iusques sur les autels : mais que par vne volontaire recōnoissance, l'on aye basty des Temples à leur gloire, & des Temples de la clemence ; c'est ce que l'on ne trouuera point en tous les siecles, & ce que l'on ne trouue point en Cesar : car enfin il n'estoit point Tyran, & il meritoit sans doute, plus qu'on ne luy a rendu. Ne vous souuient-il point Lepide, de ce iour, où il fit redresser les Statuës de Pompée, & où Ciceron dit *qu'en les releuant, il auoit asseuré les siennes ?* cette action fut lors trouuée, aussi belle qu'elle l'estoit : tous les Romains ne parloient d'autre chose : & tomboient tous d'accord, que Cesar estoit le plus grand, & le plus Illustre de tous

A LEPIDE.

les Heros. Et certes en cette occasion, Cesar paroissoit aussi equitable que genereux: car comme ces Statuës, auoient esté esleuées à Pompée, dans le temps qu'il seruoit la Republique; il ne voulut pas qu'on luy ostast vne marque d'honneur, qu'il auoit effectiuement meritée. Au reste, les Tyrans ne sont iamais en assurance : ils craignent toutes choses, & ne se fient à personne : ils se iugent eux-mesmes, dignes d'vne mort violente: & par les soins qu'ils aportent à l'éuiter, ils font connoistre, qu'ils sçauent qu'ils la meritent. Mais pour Cesar, comme il se fioit en son innocence, il se fioit aussi à tout le monde: car il mit Brutus & Cassie en authorité en les faisant Preteurs, & ne voulut aporter nul soin à sa feureté. Hé plust au Ciel, qu'il eust suiuy le conseil de ses amis en cette occasion! mais il estoit trop genereux, pour estre capable de cette sorte de prudence, qui ressemble si fort à la crainte, qu'elle produit bien souuent les mesmes effects. Et puis, il croyoit qu'en faisant connoistre aux Romains, la sincerité de ses intentions, il n'auroit point besoin d'autre preuoyance pour sa seureté. Il ne perdit donc pas vne seule occasion de leur tesmoigner, qu'il preferoit la qualité de Citoyen Romain à toute autre: car comme vous sçauez, vn iour qu'il reuenoit d'Albe, quelques-vns en le saluant, l'apellerent *Roy*; mais il leur respondit, *qu'il s'apelloit Cesar, & non pas Roy.* Ouy Cesar vous auiez raison de preferer ce nom à celuy de Roy: vous l'auez rendu si Illustre, que vous ne le pouuiez quiter sans perdre au change: il falloit apres auoir vescu en Cesar, mourir en Cesar. Vous vous souuenez encor Lepide, que quand le Senat luy decerna de nouueaux honneurs, il dit auec vne moderation extréme, *que ces honneurs auoient plustost besoin d'estre retranchez, qu'augmentez:* & vous n'ignorez pas non plus, que lors qu'Anthoine par vn zele inconsideré, fut luy presenter le bandeau Royal, il le refusa par deux fois: & qu'il commanda qu'on le portast, à la Statuë de Iupiter : Comme voulant dire, que les Romains ne deuoient estre commandez, que par les Dieux seulement. Que pouuoit-il faire dauantage en cette occasion, pour tesmoigner aux Romains, qu'il n'aspiroit point à la Tyrannie, que de refuser publiquement, la marque de la Royauté? vouloit-on qu'il fist mourir Anthoine pour ce crime? non, il n'eust pas esté iuste: & celuy qui auoit pardonné cent crimes à ses ennemis, deuoit aussi pardonner, ce zele inconsideré à l'vn de ses amis. Ie sçay bien que les Partisans de Pompée ont dit, que Cesar auoit contribué, à quelques honneurs excessifs qu'on luy auoit rendus, afin d'essayer la volonté du peuple: mais sçachez Lepide, que s'il y eust contribué, c'eust esté auec dessein de les refuser, pour iustifier ses intentions. Ha Lepide, à parler veritablement des choses, les amis, les flateurs, & les ennemis de Cesar, sont ceux qui tous ensemble, l'ont accablé auec les Couronnes de fleurs, qu'ils ont iettées sur luy. Les premiers, par vn excés d'affection; les autres, par le desir de plaire & de s'agrandir; & les autres, par le dessein de donner vn pretexte au peuple, de murmurer contre Cesar: & quelque couleur, à la meschanceté qu'ils tramoient contre luy. Mais dittes-moy Lepide, que pouuoit faire Cesar autre chose, que refuser les honneurs qu'on luy offroit? Au reste, si Cesar eust voulu estre Roy, il ne luy eust pas esté impossible: le mesme bras qui luy auoit fait Conquester tant de Pays, & r'emporter tant de victoires, luy auroit asuré l'Empire. Il estoit trop bien instruit des choses du môde, pour croire que par la douceur, & par le suffrage de tous les Romains, il pûst arriuer au Trône: il sçauoit sans doute, qu'on arrache les Couronnes, & qu'on ne les donne point:& s'il eust eu intention de se faire Roy, il auroit employé la force & non pas la douceur. La Gaule luy eust fourny vne assez puissante Armée pour cela: & puis qu'auec cinq mille hommes de pied & trois cent Cheuaux, il auoit fait fuir Pompée, & s'estoit rendu Maistre de toute l'Italie; il ne luy eust pas esté plus difficile, apres la bataille de Pharsale, d'vsurper la Souueraine authorité. Les Gaulois l'auroient suiuy auec ioye, & seroient venus dans Rome, reprendre le Butin, que les legions Romaines, auoient autrefois pris sur eux. Enfin Lepide, il auroit agy en Tyran & en vſurpateur, & non pas en Citoyen. J'aduoüe bien que Ceſar vouloit Regner, mais c'eſtoit dans le cœur des Romains, & non pas dans Rome: il leur faiſoit tous les iours de nouuelles graces; il ne ſongeoit qu'à leur repos, à leur felicité, & à leur gloire : & dans le meſme temps qu'ils meditoient ſa mort, il employoit tous ſes ſoins, à les faire viure heureux. Fut-il iamais Lepide, vn Heros plus Illuſtre que Ceſar? repaſſez toute ſa vie auec ſoin, vous n'y trouuerez pas vne ſeule tache, & vous y trouuerez toutes les vertus auec eſclat. Les victoires qu'il a remportées, n'ont pas eſté de celles que la Fortune donne aueuglément, à ceux qui ſe confient abſolument en elle : il les a gagnées, & par valeur, & par raiſon : & lors qu'il a donné quelque choſe au hazard, c'eſtoit que la raiſon le vouloit ainſi. Cette fermeté d'Ame, qu'il a touſiours teſmoignée, en tous les perils où il s'eſt exposé pour la Republique, eſt vne choſe incomprehenſible: il a touſiours veu d'vn meſme viſage, la bonne & la mauuaiſe Fortune : l'amour, la colere, la haine, la vangeance, & l'ambition, ne l'ont iamais porté à aucune foiblesse: il a tousiours esté Maistre de ses passions, & ne s'est iamais laissé surmonter que par la clemence. Cependant il s'est trouué des hommes; il s'est trouué des Romains; qui ont esté assez meschãs, pour regarder Cesar cõme vn Tyran. Mais non Lepide, la chose n'a pas esté entierement ainsi : la haine particuliere, que Cassie portoit à Cesar, à cause qu'il auoit preferé Brutus à luy, en le designant Consul à son preiudice, fut ce qui fit la coniuration. Ce ne fut point pour auoir violé les loix Romaines; ce ne fut point pour auoir mal traicté les Senateurs; ce ne fut point pour auoir fait mourir des Citoyens; ce fut seulement pour vanger Cassie. Mais si Cesar deuoit mourir, pour auoir preferé Brutus à Cassie, ce ne deuoit point estre Brutus, qui deuoit poignarder Cesar pour vanger Cassie, que Cesar n'auoit outragé, que pour obliger Brutus. Non Lepide, quand Cesar auroit esté ce qu'il n'estoit pas, ie veux dire le plus cruel Tyran qui fut iamais; l'espée de Brutus, ne deuoit point estre teinte de son sang.

A LEPIDE.

sang: & ce deuoit estre le dernier de tous les Romains à l'abandōner, apres ce qu'il auoit fait pour luy. Hé qu'on ne me die point, que plus il paroist ingrat enuers Cesar, plus il paroit reconnoissant enuers sa Patrie: non Lepide, la Generosité ne sçauroit compatir auec l'ingratitude: le vice & la vertu ne sçauroient estre ensemble: & l'on ne peut estre tout à la fois ingrat & reconnoissant. Quiconque se laisse obliger, s'engage à la personne qui l'oblige: C'est pour cela, que ceux qui ont l'ame haute, ne reçoiuent iamais de bien-faits que de leurs amis: & dans le choix des deux, ils ayment mieux obliger leurs aduersaires, que non pas d'en estre obligez. Si Brutus ne pouuoit viure heureux, tant que Cesar seroit viuant, il falloit paroistre tousiours, sous les enseignes de ses ennemis; il falloit refuser tous les honneurs que Cesar luy faisoit; il falloit ne se venir pas rendre à luy; & plustost que de receuoir la vie que Cesar luy donna, il falloit qu'il se tuast de sa propre main, comme le genereux Caton. Mais apres auoir receu la vie de Cesar; apres auoir accepté les premieres charges de la Republique ; apres que par vn sentiment de tendresse, Cesar l'a preferé à Cassie ; qu'il se laisse persuader par Cassie de poignarder Cesar ; c'est ce que ie ne puis comprendre ; c'est ce qui ne peut estre approuué d'aucune personne raisonnable ; & c'est ce qui n'eust pu estre glorieux à Brutus, quand mesme Cesar eust esté Tyran. Cependant Lepide, ce fut cét ingrat, ce fut ce traistre, qui fut le chef de la conspiration, & qui luy donna le coup de la mort. Quoy Brutus ! quoy cruel ! vous pustes frapper celuy qui vous auoit sauué la vie ! quoy Barbare, l'espée ne vous tomba point des mains, lors que l'Illustre & grand Cesar, vous voyant venir à luy comme les autres, cessa de se defendre ; & vous dit mesme auec plus de tendresse que de colere, *Et toy aussi mon fils !* Quoy Tygre ces paroles ne toucherēt point vostre ame, & vous pustes frapper Cesar ! ha non Brutus, si vous eussiez eu quelque raison, il falloit changer vn si mauuais dessein ; il falloit combattre pour Cesar ; luy rendre la vie qu'il vous auoit donnée ; ou si vous ne le pouuiez pas, il falloit effacer vostre ingratitude par vostre sang, & vous tuer sur le corps de Cesar. Mais que fais-je Lepide! ie m'emporte dans ma douleur: cette funeste image de la mort de Cesar, irrite mon desplaisir & ma colere, toutes les fois qu'elle se presente à mon esprit: Et sans en auoir le dessein, ie change de discours & de suiet. Reuenons donc à ma premiere intention: & disons que quand l'innocence de Cesar pourroit estre mise en doute, par les choses qu'il a faites durant sa vie, elle seroit pleinement iustifiée, par celles qui sont arriuées à sa mort, & apres sa mort. Le soin extraordinaire que les Dieux prirent de l'aduertir du mal-heur qui luy deuoit arriuer, fait assez voir la pureté de son ame: tous ces signes qui apparurent au Ciel; ces victimes deffectueuses; ces songes qui m'effrayerent; la main de ce soldat qui parut en feu; celuy qui luy marqua que les Ides de Mars luy seroient funestes; & toutes ces autres choses, qui penserent empescher l'effect de la conspiration; font assez connoistre que Cesar n'estoit pas vn homme ordinaire. Si la mort de Cesar eust esté vn bien pour la Republique, les Dieux n'en auroient point donné tant de presages. Ils aduertissent des malheurs, afin que les hommes les esuitent : mais pour la felicité qu'ils leur enuoyent, rarement en donnent-ils tant de marques. On me dira peut-estre, que Brutus fut aussi aduerti de sa mort : Mais cét effroyable Phantosme qui luy apparut par deux fois, luy fut plustost enuoyé pour son chastimēt, que pour luy donner moyen d'eschapper du mal-heur qui luy estoit preparé. Au reste, qui vid iamais auoir de la veneration pour les Tyrans morts? Quand ils sont viuants on les craind, mais quand ils sont morts, on traisne leurs corps par les places publiques, on les deschire par morceaux; on change les loix qu'ils ont faites; on abat leurs Statues; leur memoire est en execration; & ceux qui les ont tuez, viuent en seureté & auec honneur. Mais pour Cesar, tout mort qu'il estoit, l'on auoit du respect pour luy; les endroits marquez de son sang estoient reuerez par les Romains, & sembloient estre sacrez. Sa Robe sanglante & toute percée des coups qu'il auoit receus, excita de la douleur, en l'ame de tous les Citoyens : son Testament qui les enrichissoit tous, fut escouté comme celuy du Pere de la Patrie : Le Peuple luy fit vn Bucher, plus glorieux pour sa memoire, que si on luy eust fait les plus superbes funerailles, dont les Roys soyent honnorez : puis que ce fut vn effect de son affection ; & que du mesme feu qui auoit consumé mon cher Cesar, il voulut embraser les maisons de ses meurtriers. Le Senat ne changea rien à toutes les ordonnances qu'il auoit faites ; on luy fit de nouueaux honneurs ; tous ses Assassins prirent la fuite ; & du consentement vniuersel, il fut mis au rang des Dieux. Qui vid iamais vn Tyran Deifié apres sa mort ? Alexandre mesme, le plus grand Prince de toute l'Antiquité, ne passa pour fils de Iupiter, que durant sa vie : Et Cesar a cét aduantage par dessus cét Illustre Heros, que ce que les amis d'Alexandre firent tant qu'il vescut, les tesmoins du merite de Cesar, l'ont fait apres qu'il a cessé de viure. Les Dieux mesmes apres auoir donné de sinistres presages de sa mort, ont voulu encor tesmoigner, qu'elle les auoit infiniment irritez : cette effroyable Comete, qui parut sept iours durant apres sa perte, estoit des-ja vn signe, de la vangeance qu'ils en prendroient: Le Soleil mesme, qui fut vne année entiere, sans auoir sa chaleur & sa splendeur accoustumée, a fait connoistre à toute la Terre, qu'en perdant Cesar, la Republique auoit perdu son plus grand ornement & son plus beau lustre : & pour tesmoigner encore mieux son innocence, la vangeance du Ciel, a poursuiui opiniastrément iusques à la mort, tous ceux qui par leurs Conseils seulement, auoient contribué quelque chose, à cette iniuste Conspiration. Ils sont tous morts de mort violente, sans qu'il en soit eschapé aucun ; ils n'ont point trouué d'Element, où ils pussent viure en repos ; La Mer leur a esté funeste aussi bien que la Terre ; ceux qui ont eschappé de la fureur de leurs ennemis, se sont tuez de leur propre main ; Cassie s'est percé le cœur de la mesme espée dont il auoit frappé l'Illustre Cesar ; & de cette façon, il s'est puny des mesmes armes, dont il auoit commis le crime. Brutus comme vous le sçauez, a finy ses iours de la mesme sorte : & i'ay sçeu enfin qu'il ne reste plus au monde, aucun des meurtriers de Cesar. Iugez apres cela Lepide, s'il n'est pas pleinement iustifié? Si sa mort ne luy est pas aussi glorieuse que sa vie, puis qu'elle a fait voir que toute la Nature y estoit interessée? & si à raisonnablement parler, Cesar n'estoit pas plustost le Protecteur, & le Pere de la Patrie, que le Tyran des Romains?

EFFECT DE CETTE HARANGVE.

CE n'est point à moy à vous dire, l'effect de cette Harangue, c'est à vous à me l'apprendre. Elle a eu pour obiet, le dessein de vous persuader, c'est donc à vous à me faire sçauoir si vous l'estes. C'est à vous qu'elle a parlé sous le nom de Lepide, c'est à vous à me dire si elle est arriuée à sa fin. Pour moy ie vous assure que si ie seduis vostre raison, ce n'est qu'apres que la mienne est seduite : & que ie ne tasche de vous faire croire, que ce que ie crois moy mesme. I'ay tant de veneration pour Cesar, que ie ne puis penser mal de ses intentions : & nous deuons ce me semble, ce respect à tous les grands hommes, de ne les condamner pas legerement sur des coniectures. Elles sont trompeuses ; les desseins des Grands sont cachez ; respectons les donc, & n'entreprenons pas de les iuger.

LIVIE

LIVIE
A
MECENE
SAIZIESME HARANGVE.

ARGVMENT.

C'EST à la gloire des belles lettres, que cette Harangue est consacrée: Mais quoy que ce soit son principal obiect, on peut dire qu'elle ne m'esloigne pas, du dessein general de mon liure: puis que la Poësie faisant vne des plus agreables occupatiõs des Dames, & vn de leurs plus chers diuertissemens; c'est iustifier leurs plaisirs, que d'en faire voir le merite. Voila donc ce que ie me suis proposé en ce discours; qui si ie ne me trompe, est plus raisonnable qu'interessé: du moins sçay-ie bien, que si ie defends cette cause, c'est parce que ie la crois bonne: & qu'ainsi ie ne contreuiens point au serment des Orateurs, qui les oblige à n'en defendre aucune qu'ils trouuent mauuaise. Iugez-en Lecteur; & oyez parler Liuie sur ce suiet, à Mecene cét Illustre Protecteur des Muses. Mais ne vous estonnez pas, de l'entendre parler à fonds de cette matiere; Auguste aimoit trop les vers, & en faisoit trop souuent, pour n'auoir pas inspiré cette mesme inclination, à celle qui possedoit son cœur: & elle estoit trop adroicte, pour n'estre pas complaisante. Ainsi donc si ie l'ay choisie, i'ay eu raison de le faire, & l'on n'en auroit pas de me blasmer.

Vous, de qui la puissance, illustre & souueraine,
   Fait trembler l'Vniuers;
Aprenez de Liuie, aprenez de Mecene,
   Ce que peuuent nos vers:
   C'est eux qui dispensent la gloire;
C'est eux qui font mourir, ou viure la memoire;
Enfin vous commandez au reste des humains;
   Mais vostre sort est en nos mains.

LIVIE
A
MECENE.

JE sçay Illustre Mecene, qu'Auguste doit l'Empire à vos Conseils: que les Romains vous doiuent la Felicité dont ils

Tt ij

iouïssent, sous vn Regne si esloigné de la Tyrannie; & que ie vous dois aussi, le rang que ie tiens auiourd'huy. Oüy Mecene, ce fut vous qui surmontastes les puissantes raisons d'Agripa, en ce iour où Auguste deuenu ennemy de sa propre gloire, & du repos des Romains; disputoit en luy mesme, s'il conserueroit la supréme Puissance, où s'il la remettroit en la disposition du peuple. Ce Grand Empereur vouloit s'oster de sa propre main, la Couronne qu'il auoit sur la teste; abandonner les Resnes de l'Empire; descendre du Throsne où il estoit monté par de si long trauaux; & par vne retraicte plus hōteuse, que n'auoit esté la fuite d'Anthoine, à la bataille d'Actium; perdre entierement le fruit, de tant de victoires qu'il auoit remportées. On pouuoit dire en ce temps-là, que l'Amour auoit esté la cause de la fuite d'Anthoine: mais en cette rencontre, on ne pouuoit accuser Auguste que de foiblesse. L'on eust dit que sa main n'estoit point assez forte, pour porter le Sceptre qu'elle tenoit: & qu'il n'abandonnoit que ce qu'il ne pouuoit conseruer. Cependant

A MECENE.

Mecene, vous n'eustes pas de foibles ennemis à combatre en cette occasion : Auguste & Agripa, & c'est à dire les deux premiers hommes du monde, estoient ceux qui s'opposoient à vous : leur opinion sembloit estre la plus iuste, comme paroissant la plus genereuse : Et l'on eust dit, qu'il y auoit plus de gloire à destruire l'Empire qu'à l'affermir ; & plus d'auantage à obeir qu'à commander. Neantmoins vous fustes le vainqueur, en cét Illustre combat : & par vn sort tout extraordinaire, le vaincu demeura pourtant Couronné : & vous vous contentastes d'obeir, à celuy à qui vous conseruiez l'authorité. Cette obligation que l'Empereur vous a, est sans doute bien grande : mais selon mon sens, il vous est encor plus redeuable, du soin que vous apportez, à luy concilier la bien-veillance des Muses, que de toutes les choses, que vous auez faites pour luy. C'est veritablement par ce moyen, que vous pouuez luy donner l'immortalité, & vous la donner à vous mesme : c'est par là que le siecle d'Auguste se peut dire heureux : & ie tiens qu'il est plus glorieux à l'Empereur,

d'estre aymé de Virgile, d'Horace, de Titeliue, & de l'Illustre Mecene, qui est le Protecteur de ces Fauoris d'Appollon ; que s'il
estoit craind de toute la Terre. La crainte en
le rendant redoutable à toutes les nations,
le feroit sans doute obeir tant qu'il seroit viuant : mais les loüanges de Virgile & d'Horace, le rendront venerable à tous les siecles
qui suiuront le nostre. Certainement Mecene, si tous les Roys estoient veritablement
espris du desir de la gloire, ils deuroient songer auec soin, à s'acquerir l'affection de
ceux que les Dieux ont choisis, pour en
estre les distributeurs. C'est par l'Histoire &
par la Poësie, qu'ils peuuent arriuer à immortaliser leurs noms : & qu'ils peuuent
pretendre de vaincre apres leur mort, & le
temps & la fortune. Mais entre ces deux Illustres moyens, qui conduisent à l'eternité,
la Poësie semble auoir vn priuilege particulier, de deifier les hommes : elle est toute
Celeste & toute Diuine ; le feu qui l'anime
esclaire & purifie, tous ceux dont elle faict
les Eloges ; & sans abandonner la verité, elle excuse les defauts, & fait voir les bonnes

qualitez, auec tout l'aduantage qu'elles ont. L'Histoire nous monstre la vertu toute nuë, & la Poësie la pare, de ses plus beaux ornemens. L'Histoire est si scrupuleuse, qu'elle n'ose determiner de rien : elle narre simplement les choses & n'en iuge point : mais la Poësie iuge souuerainement de tout. Elle loüe, elle blasme, elle punit, elle recompense, elle donne des Couronnes & des chastimens, elle illustre ou noircit la vie, de ceux dont elle parle : & pour dire tout en peu de parolles, elle a tout ensemble, les aduantages de l'Histoire & de l'Eloquence : & elle dispose absolument, de cette gloire immortelle, qui est la plus noble recompense, de tous les trauaux des Heros. Au reste, l'Historien regarde tant de choses, qu'il est presques impossible, que le Prince dont il escrit le Regne, ne soit comme enueloppé, parmy le nombre de ses suiets. Il doit sa plume à tous les criminels de ce temps-la, aussi bien qu'à tous les Illustres : il n'a point la liberté de choisir sa matiere : Il faut qu'il la prenne comme le temps & la fortune la luy donnent : & le Prince & ses suiets, sont si fort meslez ensemble, qu'on ne le peut presques iamais voir, que dans les Armées, dans les places publiques, & dans la multitude populaire. Le Poëte au contraire, separe le Prince d'auec le peuple ; il choisit son obiet & sa matiere ; il suit son Heros iusques au Tombeau; il ne parle que de ce qui luy plaist; & parle neantmoins de tout, quand il trouue qu'il est à propos. Enfin l'obiect de l'Historien, est simplement la verité : Et celuy du Poëte ; est la gloire & l'immortalité de son Heros. Vous voyez que ie ne suis pas esloignée de vos sentiments : & que la conuersation d'Auguste & de Mecene, m'a donné assez de connoissance, en toutes les choses qui regardent la Poësie, pour en parler raisonnablement. Cela estant ainsi, ie pense pouuoir dire, que les Roys deuroient employer tous leurs soins, à se faire aymer des Poëtes: & qu'Auguste vous est plus obligé, de l'amitié d'Horace & de Virgile, que de l'auoir contrainct à ne se demettre pas, de l'Empire qu'il possede. Alexandre auoit sans doute raison, de porter enuie au destin d'Achille, de ce qu'il auoit eu l'aduantage,

d'auoir

A MECENE.

d'auoir Homere à chanter sa gloire: mais Auguste n'en auroit pas, de se plaindre de son siecle, puisque les Dieux luy ont donné pour amis, des Virgiles, des Horaces, & des Mecenes. Il est pourtant certain, que ie tiens qu'il a quelque suiet d'accuser le destin, de l'auoir contrainct de bannir Ouide: Vous sçauez toutesfois, pour excuser l'Empereur, le regret qu'il en a tesmoigné: & combien il a eu de peine, à vous refuser sa grace. Ie vous aduoüe Mecene, que ie craincts que l'exil d'vn si bel esprit, ne soit vn iour plus reproché à Auguste, que toutes les proscriptions du Triumuirat. Ces hommes qui peuuent noircir ou illustrer, toute la vie d'vn Grand Prince, doiuent ce me semble estre beaucoup craincts ou beaucoup aimez: & soit par generosité ou par interest, ils deuroient estre en veneration, à tous les Roys de l'Vniuers. Les vainqueurs ont beau faire esleuer des Trophées, faire bastir des Arcs de Triomphe, faire mettre leurs Statues dans les places publiques, faire grauer de superbes Inscriptions à leurs Tombeaux, pour immortaliser leur gloire;

Vu.

toutes ces choses tombent succesfiuement en ruine, se destruisent d'elles-mesmes, s'enseuelissent sous la Terre & dans l'oubli : & leur memoire perit, auec les Marbres qu'ils ont esleuez. Mais lors qu'vn Poëte veritablement digne de ce nom, a entrepris la Protection d'vn Heros ; il est en estat de deffier l'Enuie, le Temps, & la Fortune. Rien ne sçauroit plus ternir sa reputation ; son protecteur desment tous ses ennemis ; & de siecle en siecle, il luy donne vne nouuelle vie, & luy acquiert vn nouuel esclat. Les escrits de Virgile & d'Horace, ne seront pas seulement Glorieux à Auguste, par les endroits qui parlent de luy ; mais par tout ce que l'on admirera, en ces Illustres Autheurs. Ceux qui liront auec estonnemẽt, & auec admiration, la diuine Eneide de Virgile, trouueront le sort de ce Prince, digne d'estre enuié, par tous les Monarques du Monde ; d'auoir pu meriter la loüange & l'amitié, du plus excellent homme, que tous les siecles ayent iamais produit. Ceux qui liront les œuures d'Horace, trouueront qu'il est bien aduantageux à Auguste, d'auoir merité la bien-veillance d'vn homme, qui sçait conduire l'esprit si agreablement à la vertu, par la reprehension du vice : & d'auoir eu neantmoins plus de part, à ses Odes qu'à ses Satyres. Toutes les fois que ie considere, les aduantages & les charmes de la Poësie, i'en deuiens plus passionnée : & si la bien-seance de mon Sexe me le permettoit, ie dirois que la chasteté de Didon me plaist moins dãs l'Histoire, que sa foiblesse & son desespoir dans l'Eneide. Iugez donc Mecene, si ceux qui sçauent rendre le vice si agreable, ne peuuent pas faire paroistre la vertu, auec tous ses Ornemens? Et si ceux qui sçauent imposer des mensonges, ne peuuent pas persuader la verité ? Vous sçauez Mecene, que quelques vns sont assez hardis, pour asseurer que le Scamandre n'est qu'vn petit ruisseau ; & que Troye est au nombre des choses qui n'ont iamais esté. Cependant Homere a trouué de la foy chez toutes les nations : Tous les Heros qu'il introduit dans son Iliade ou dans son Odyssée, ont leurs amis & leurs Partisans : Et l'Histoire la plus veritable, n'interesse point tant ses Lecteurs,

Vu ij

que l'vn & l'autre de ces merueilleux ouurages. Que les Princes apprennent donc de-là, que ceux qui peuuent mesme immortaliser leurs fantaisies, & leurs imaginatiõs, peuuent à plus forte raison, les faire viure eternellement, quand ils s'en rendent dignes, & par leur merite, & par leurs bienfaits. C'est sans doute à eux, à chanter les victoires de leurs Princes ; mais c'est à leurs Princes aussi, à les faire iouïr du fruict de leurs victoires. Ceux qui disent que les Muses ne veulent point l'abondance : & que la solitude & la pauureté ne sont pas inutiles, à la production de leurs ouurages ; perdront peut-estre cette opinion, quand ils sçauront que les liberalitez d'Auguste & de Mecene, n'ont pas empesché que Virgile n'ait faict des chefs-d'œuures ; qu'Horace n'ait aquis l'estime vniuerselle ; & que Titeliue n'ait merité, vne gloire qui ne mourra point. En effect, il est aysé de comprendre, que ceux qui font de belles choses, lorsqu'ils ne trauaillent que par necessité, fairoient des miracles, s'ils ne trauailloient que pour la gloire seulement. Vn si noble obiet, leur esleueroit l'esprit iusques aux Cieux: au lieu que la tristesse leur abat le cœur, & les fait ramper sur la Terre. Toutes les veilles qu'ils employent, à se plaindre de la Fortune; à accuser l'iniustice de leurs siecles; à blasmer l'ignorance des temps où ils viuent; & à publier l'auarice de leurs Princes; seroient sans doute employées, à de plus Illustres suiects. Ie sçay bien que la solitude, les fontaines, les riuieres, les prez, & les bois, ont tousjours esté regardez, comme des lieux propres à la composition des beaux ouurages: mais quand toutes ces choses seront à celuy qui les faict, ie ne voy pas que ce soit vn obstacle à sa gloire: & si ie ne me trompe, il descrira mieux la beauté de sa prairie, que celle d'vn autre; l'ōbre de ses boix le defendra mieux de l'ardeur du Soleil, que ceux de ses voisins; le bruit de ses fontaines, luy dōnera de plus agreables resueries, que celles du public ne luy en donneroient; Vne riuiere où il aura quelque droict, luy semblera plus propre à faire vne belle description, que s'il la regardoit auec vn œil indifferent; & la solitude enfin, qui ne sera point par contrainte, luy donnera certainement de plus agreables Idées, que celle où il seroit forcé. Il est vray que les cabanes des Bergers, rendent vn païsage plus agreable : mais comme les Peintres quand ils sont adroits, les placent tousiours en esloignement ; de mesme pour faire les choses selon la raison, il faudroit que les Poëtes ne vissent iamais de toict de chaume, que dans leurs voyages, ou par les fenestres de leurs Palais. Car le moyen de s'imaginer, qu'vn homme qui passe toute sa vie dans l'incommodité, dans le chagrin, & dans la solitude; puisse parler de l'abondance qu'il n'a pas, de la Magnificence qu'il ne voit point, de la Cour qu'il n'a iamais frequentée, des Roys qu'il ne connoist que par leurs noms seulement, de la guerre qu'il n'a veuë que dans les liures, & de tant d'autres choses qui luy seront toutes estrangeres, & toutes nouuelles, s'il est vray qu'il soit pauure & solitaire ? Croyez moy Mecene, les Poëtes en cette rencontre, sont comme les Peintres, qui ne representent parfaictement que ce qu'ils voyent. Il faut donc que les Grands Princes, les ayent toufiours pour tefmoins de leurs actions, s'ils veulent qu'ils en laiffent des Tableaux à la pofterité. Car le moyen de penfer, que ceux à qui on donne de iuftes fuiets de plainte, puiffent loüer de bonne grace, ceux qu'ils accufent fecrettemẽt dans leur cœur? Le moyen dis-je de penfer, que ceux qui loüent pour acquerir, loüent auec autant d'ardeur, que ceux qui loüent pour remercier? non Mecene, il eft impoffible que cela puiffe eftre ainfi. Au refte, comme les fonges font pour l'ordinaire, formez des penfées du iour, ces agreables refueries, que la Poëfie donne à ceux qui s'en meflent quand ils font heureux ; perdent tout ce qu'elles ont de lumineux, par le chagrin de leur Autheur, quand il ne l'eft pas : & fe reffentent toufiours, de fa mauuaife Fortune. Il a beau faire effort pour fe deftacher de luy mefme, il fe trouue par tout ; Il porte fon chagrin iufques dans le cœur des Heros dont il efcrit la vie ; & n'efcrit pas vn vers, que fon cœur ne defauoüe en fecret. Enfin Mecene, ie fuis perfuadée qu'vn Poëte riche, & logé dans vn beau Palais, fera plus

ayſémēt vne Peinture de la pauureté & de la ſolitude; qu'vn pauure logé dās vne cabane, n'en fera vne de la Magnificence de la Cour, des Vertus des Roys, de la Politique, & de toutes ces autres choſes, qui ne s'apprennent parfaictement, que dans la ſocieté des hommes & dans l'abondance. Il y a cette difference entre les riches & les pauures, que les vns ſont ſolitaires quand il leur plaiſt; qu'ils ont des rochers & des cabanes quād ils veulent; & que les autres ne peuuent auoir de Palais, & que leur ſolitude eſt forcée. Et puis, qui peut comprendre, que la Poëſie qui eſt le plus noble effort de l'imagination, n'ayé pas en quelque façon beſoin de beaux obiects, ou pour l'exciter, ou pour la diuertir, ou pour la delaſſer? Ceux qui ont aſſigné aux Muſes, les bois & les rochers, ont ſans doute eſté de cette opinion, ſans que leur aduis deſtruiſe toutesfois le mien. Ils ont parlé de foreſts & de riuieres, parce que ces beautez vniuerſelles, ſont au pouuoir de tout le monde: mais cela n'empeſche pas, que ces meſmes Muſes qui cherchent les bois, ne puiſſent ſe promener
dans

dãs vn iardin cultiué. L'Art ne gaste point la nature, il la perfectionne: & des arbres plantez regulierement, n'empeschent pas si ie ne me trompe, que les Poëtes ne trauaillent sous leur ombrage, auec plaisir & auec gloire. Il est vray Mecene, que ces neuf Belles-sœurs, dont nos Muses tirent leur origine, n'habitent à ce qu'on dit, que des bois & des montagnes, & ne se diuertissent qu'aupres des fontaines : mais ces bois, ces montagnes, & ces fontaines, sont à elles : le Parnasse est de leur domaine : les eaux de Permesse en sont aussi; & Apollon ny les Muses, n'empruntent rien des autres diuinitez. Apres tout Mecene, il est de la grandeur des Princes, non seulement de sçauoir vaincre leurs ennemis à la guerre; non seulement de sçauoir Regner durant la Paix ; non seulement de se faire craindre à leurs voisins; non seulement de se faire aymer à leurs suiets; mais de faire encor, qu'ils surmontent tout le reste des hõmes en liberalité. Il faut qu'ils donnent en Maistres de l'Vniuers; il faut que lors qu'ils font des presents, ils se regardent plustost, qu'ils ne regardent les au-

Xx

tres; & qu'ils proportionnent leurs dons, à leur grandeur seulement. Ceux qui reçoiuent, ont part à l'vtilité; mais pour l'ordinaire, ils n'en ont point à la gloire. Elle est toute à celuy qui donne: Et à parler raisonnablement, les plus glorieuses conquestes que puissent faire les Roys, sont celles qu'ils font par la liberalité. A la guerre, le succez est tousiours douteux: il n'est point de cōbat si aduantageux en son cōmencement, dont la fin ne puisse estre funeste: Mais icy, l'on est tousiours assuré de vaincre. Vn Prince liberal, se fait des esclaues, des suiets, & des amis tout ensemble, de tous ceux à qui il donne: Et c'est seulement par cette voye, qu'il peut meriter le rang des Dieux. Mais entre tous les hommes, les Princes doiuent choisir, pour le principal obiet de leur liberalité, ces Illustres dispensateurs de la gloire: auec cette difference neantmoins, que ce qui est vne pure liberalité aux autres rencontres, est reconnoissance en celle-cy; car que ne doit-on point, à ceux qui donnent l'immortalité. Il y a eu autrefois des Princes stupides, ignorans, & auares, qui eussent

A MECENE.

pu laisser languir les Muses dans la pauureté, sans dōner vn iuste suiet d'estonnement: Mais si Auguste ayant les lumieres qu'il a, en toutes les belles connoissances; aymant les beaux ouurages au point qu'il les ayme; faisant son diuertissemēt de la Poësie; estant amoureux de la gloire, comme il l'a tousjours faict paroistre; & faisant luy-mesme des choses, qui le peuuuent mettre au rang, des plus Illustres Autheurs; si Auguste disje, ayant tous ces aduantages, ne donnoit que mediocrement, à ceux qui font profession des belles lettres; il seroit des-honnoré: & il luy seroit presque moins honteux, d'estre stupide, ignorant, & auare tout ensemble, que d'estre connoissant, & n'estre pas liberal. Mais graces aux Dieux, son inclination & vos Conseils, ont bien empesché que cette tache ne noircisse vn des beaux endroits de sa vie: Et pour sçauoir si Auguste a sçeu le prix de toutes les belles sciences, on n'aura qu'à considerer, les recompenses qu'il aura faites, à ceux qui les pratiquoient. Or entre tous ceux qui se mesle de ce merueilleux Art, que les Dieux ont appris aux hommes, il faut aduoüer que ceux qui ont le cœur aſſez haut, pour eſtre capables d'entreprendre vn Poëme Heroïque, meritent le premier rang aupres des Roys: Et c'eſt ſans doute de ceux-la principalement, qu'ils doiuent faire vne eſtime particuliere. Car de toutes les diuerſes eſpeces de Poëſie que nous admirons, cét ouurage eſt le plus grand, le plus illuſtre, le plus difficile, le plus glorieux, & pour celuy qui le fait, & pour le Heros qu'il choiſit. A parler raiſonnablement, le Poëme Epique contient en luy ſeul, toutes les beautez des autres, & quelque choſe de plus. Ceux qui font des Elegies, eterniſent pluſtoſt leurs Maiſtreſſes, leurs paſſions, & leurs langueurs, que le merite de leurs Princes: Les Odes ne font voir que des tableaux racourcis, où la pluſpart des choſes ne ſe diſtinguent point: vne ſeule action, eſt quelquesfois vne trop ample matiere pour cét ouurage: & ſes bornes enfin ſont trop reſſerrées, pour ſe vanter de vaincre le temps & la Fortune. Les Eglogues, ne peuuent au plus, que faire imaginer à la poſterité, que le Regne estoit heureux, durant lequel les Muses pouuoient s'employer, à faire parler des bergers, & non pas à se pleindre de la violence de leurs Roys. Les Satyres, ces Peintures hardies, où tout le monde trouue son portraict; ne peuuent estre glorieuses aux Princes, que lors que leurs images ne s'y trouuent point: & pour parler plus clairement, leur silence est la plus grande gloire qu'elles puissent donner. Les Epigrammes pour la pluspart, ne sont que des estincelles de diamants, dont la lumiere quoy qu'esclatante, ne sçauroit esclairer la vie d'vn Grand Prince: elles sont vn simple ieu de l'esprit, & de l'imagination: qui tout au plus, ne peut conseruer la gloire, que de celuy qui s'est aquité heureusement, de cette sorte de trauail. La Tragedie, qui certainement est vn des plus nobles trauaux des Muses, quoy qu'elle se vante d'enseigner en diuertissant, & qu'elle passe mesme parmy les plus doctes, pour le chef-d'œuure de cét Art; ne doit pourtant pas estre si considerable à vn Prince, que le Poëme Heroïque. Celuy qui faict des Tragedies, trauaille plus pour luy que pour son Roy : Il fait des tableaux, il est vray ; mais son maistre ne peut pretendre autre gloire en son trauail, que celle d'en auoir connu toute la beauté ; en conseruant ces rares peintures auec soin, & en les achetant magnifiquement. Il n'en est pas ainsi du Poëme Epique : c'est veritablement luy, qui Deïfie les Princes, pour lesquels on le compose : toutes leurs vertus y paroissent auec esclat ; leurs conquestes y sont dépeintes en leur plus beau lustre ; leurs defauts, s'ils en ont, y sont amoindris auec adresse ; la Fortune, la Victoire, & la Renommée, sont tousiours de leur party ; ils n'ont point d'ennemis qu'ils ne surmontent ; ils sont heureux, & en guerre & en amour ; leur splendeur contre la coustume, retourne d'eux à l'origine de leur race ; & au lieu que les enfants ont accoustumé de tirer leur gloire, de celle de leurs Predecesseurs ; icy les Predecesseurs au contraire, tirent leurs plus grāds aduantages, de la vertu de leurs enfants. La bonté d'Auguste est cause, que Virgile a eternisé la pieté d'Enée : les conquestes qu'il a faites, feront viure eternellement, cel-

A MECENE.

les de son deuancier : c'est pour l'amour de luy, que ce grand Poëte a conduit cét Illustre Troyen, iusques sur le Throsne : & à parler veritablement, c'est luy qui l'a sauué de l'embrasement de Troye, auec son Pere & ses Dieux domestiques : puis que sans luy, il seroit sans doute demeuré enseuely, sous ces superbes ruines : du moins la posterité n'auroit elle non plus entendu parler de sa valeur, que s'il n'eust iamais esté. C'est donc aux Princes, à chercher auec soin dans leurs Estats, ceux qui sont capables d'vn si noble trauail : afin que les ayants trouuez, ils les obligent par leurs bien-faicts, à entreprendre vn si grand ouurage. Ceux qui font parler Hector, Achiles, ou Agamemnon dans vne Tragedie, auec le mesme esprit qu'Homere leur a donné ; seroient sans doute capables, d'acheuer vne si longue entreprise auecques gloire, si on les y obligeoit de bonne grace. Mais ce n'est pas à eux à s'engager, dans vne si longue course, s'ils ne sont asurez, de trouuer vn prix au bout de la carriere. Ceux qui couroient aux ieux Olympiques, trou-

uoient des Couronnes au bout de la Lice : pourquoy donc voudroit-on, qu'vn homme employaſt ſes ſoins, ſes veilles, ſa ieuneſſe, & toute ſa vie à vn Poëme, ſans y pretendre autre aduantage, que la ſeule gloire de l'auoir faict ? non Mecene, il ne ſeroit pas iuſte, & ie dis encor vne fois, que c'eſt à vn Prince à choiſir, celuy qui doit chanter ſes victoires ; que c'eſt à luy à le rendre heureux, s'il veut qu'il le rende Immortel : & que c'eſt enfin à luy, à faire ce qu'Auguſte & Mecene ont fait, pour l'incomparable Virgile. Vous voyez (comme ie penſe vous l'auoir des-ja dit) que ie ne m'eſloigne pas de vos ſentimens : & que la conuerſation d'Auguſte & la voſtre, m'ont renduë aſſez ſçauante en Poëſie, pour auoir oſé vous en parler. Que ſi toutesfois vous en eſtes ſurpris, vous en trouuerez ayſément la raiſon, quand vous conſidererez, qu'il s'agit de la gloire de l'Empereur. C'eſt pour elle que i'ay examiné toutes ces choſes : & c'eſt pour elle que ie vous coniure, de continuer à l'entretenir, dans vne ſi belle inclination. Pourſuiuez donc Mecene, vn ſi noble deſſein:
enrichiſſez

A MECENE.

enrichiſſez toutes nos Muſes des Threſors d'Auguſte: à l'imitation des Dieux, donnez leur de l'or pour de l'encens: & ſçachez, que quand vous leur feriez donner des Royaumes, ils vous donneroient encor dauantage. Oüy Mecene, vous regnerez ſur tous les Illuſtres de tous les ſiecles : & ſi les coniectures ne me trompent, voſtre Nom ſera ſi venerable à la Poſterité, principalement parmy les ſçauants ; que tous ceux qui ſe rendront leurs Protecteurs, tiendront à honneur de le porter. On les nommera les Mecenes de ces temps-la : & de ſiecle en ſiecle, cette gloire ſe renouuellant touſiours, voſtre Nom ſera en la memoire, & en la bouche de tous les hommes, auſſi long-temps que le Soleil esclairera l'Vniuers.

EFFECT DE CETTE HARANGVE.

Ie ne sçay quel effect aura cette Harangue parmy les Grands de nostre siecle: Mais ie sçay bien qu'elle l'aura tres auantageux, si leur magnificence approche, de celle d'Auguste & de Mecene. L'vn ny l'autre de ces Grands hommes, n'auoit besoin que l'on excitast sa liberalité: aussi n'a-t'on parlé d'eux, qu'afin de parler à d'autres: & le sens literal, n'est que le pretexte de l'Allegorique.

CLOELIA
A
PORSENNA.

DIX-SEPTIESME HARANGVE.

ARGUMENT.

ORS que les Romains eurent fait la Paix auec Porsenna, ils luy enuoyerent leurs filles en ostage, pour l'asseurance de leur Traicté. Mais comme elles furent arriuées au Camp de ce Prince, vne d'entr'elles nommée Clœlia, ne iugeant pas que leur pudeur fust seurement, parmy tant de gens de guerre, exhorta ses compagnes à se deliurer d'vne si-iuste apprehension : & à vouloir plustost exposer leur vie que leur honneur. Elle les amena toutes dans son sentiment : & par vne hardiesse prodigieuse elles entreprirent de trauerser le Tybre à la nage. Leur resolution fut aussi heureuse que grande : elles passerent toutes sans malheur, sous la conduite de cette courageuse fille, & s'en retournerent à Rome. Leurs parents admirerent veritablement, vne si belle temerité : mais la seuerité Romaine, ne pouuant souffrir que la foy publique fust violée, ils les renuoyerent à ce Roy, afin qu'ils les punis de leur perfidie, s'il en auoit la volonté. Comme elles furent deuant luy, il leur demanda laquelle auoit esté la premiere d'entr'elles, à proposer vne si dangereuse entreprise ? Mais s'imaginans toutes, qu'il ne le demandoit que pour la punir, aucune ne voulut respondre. Cette genereuse fille prit lors la parolle, & luy parla à peu pres de cette sorte.

Le Tybre ne put empescher,
Cette fille hardie, autant qu'elle estoit sage,
De tesmoigner par son passage,
Que rien n'est impossible, à qui l'honneur est cher.

CLOELIA
A
PORSENNA.

L'Action que i'ay faite ayant vne trop noble cause, pour n'estre pas glorieuse, le silence de mes compagnes m'est iniurieux, quoy que leur intention soit innocente. J'auois esperé Porsenna, qu'elles me reconnoistroient pour leur liberatrice: & qu'elles publieroient hautement deuant vous, que c'estoit sous ma conduite & par mes Conseils, qu'elles estoient sorties de vostre Camp: mais puis qu'elles me mettẽt dans la necessité de me loüer moy-mesme, par la crainte qu'elles ont, que vous ne me traitiez mal; ie vous diray franchement, que c'est moy qui les ay retirées de vos mains. Ne pensez pas, que ce qui les a empeschées de me nommer, soit vn remords de ce qu'elles ont faict: non, elles ne doutent point, que mon entreprise n'ait esté iuste: mais elles doutent, si vous serez assez genereux, pour reuerer la vertu, mesme en vos ennemis. Pour moy, qui suis incapable de rien craindre, si ce n'est la perte de mon honneur; ie vous dis encor vne fois, que ce fut par mes Conseils, par mes soins, & sous ma conduite, que ces genereuses Romaines se resolurent, à sortir de vostre puissance; à s'abandonner à l'impetuosité de l'eau pour me suiure; & à exposer courageusement leur vie, pour se deliurer de la crainte, de souffrir quelque traictement indigne de leur vertu. Quoy Illustres Romaines, (leur disois-je, pour les encourager à se ietter dans la riuiere, comme ie le leur proposois) pourriez-vous mettre en balence, vostre vie & vostre honneur? & dans la crainte de perdre l'vne ou l'autre, auriez-vous peine à choisir? non, non, (poursuiuois-je) vous estes Romaines & mes compagnes: & par consequent trop genereuses, pour n'aimer pas mieux vous mettre au hazard de mourir auec gloire, que de viure auec infamie. Qui iamais entendit parler, (adioutois-je) que des filles fussent en bienseance dans vn Camp, où l'insolence regne parmy les Soldats, où la pudeur & la modestie ne se trouuent point? nous sommes dans vne armée, poursuiuois-je, (que vostre Maiesté me pardonne si ie parle ainsi) dõt le General est Protecteur des Tarquins. C'est pour eux, que le Roy Porsenna a entrepris la guerre: & comme quoy pensez vous donc trouuer vn lieu de seureté chez vn Prince, où le violateur de Lucrece, a trouué vn Asyle & vn defenseur? non mes compagnes, ne vous flattez point : Le sang de cette chaste infortunée, n'ayant pu empescher ce Prince, de s'opposer à la vangeance, que les Romains en ont faite ; nos larmes ne le porteroient pas à nous vanger, de ceux qui voudroient nous faire vn outrage. Vous me direz peut-estre, que nous luy auons esté données en ostage, & que la foy publique luy est engagée en nostre personne : mais sçachez mes compagnes, que tout ce que l'on faict pour l'honneur, ne peut estre que glorieux. Nous ne voulons pas rompre la Paix ; nous ne voulons pas tromper le Roy Porsenna ; nous voulons seulement éuiter la honte & l'infamie, où mourir dans la mesme gloire où nous auons vescu. Allons donc Illustres Romaines, pendant que nous en auons la liberté. Entēdez ce bruit, que font les Soldats dans leur Camp, & ayez peur de leur insolence. Ils sont tout ensemble, Soldats, estrangers, nos ennemis, & defenseurs des Tarquins. songez enfin mes compagnes, qu'au lieu où vous estes, vous pouuez perdre vostre gloire : & qu'en celuy où ie vous veux conduire,

vous

A PORSENNA.

vous ne pouuez perdre que voſtre vie. Voylà Porſenna, vne partie des raiſons que i'éployé, à perſuader ces genereuſes filles de me ſuiure : & ie diray pour leur gloire, & pour celle de ma Patrie, qu'il me fut ayſé de les porter dans mes ſentimens. Ie ne fus point contredite en mon opinion : elles enuiſagerent la mort auec conſtance, & quiterent le riuage auec ioye, quoy que ſelon les apparences, elles viſſent preſques leur perte aſſurée. Mais comme nos intentions eſtoient tres innocentes, les Dieux prirent le ſoin de nous conduire : ils ayderent à noſtre foibleſſe ; ils nous ſoutindrent ſur les eaux ; & nous menerent heureuſement à l'autre bord. Nous n'y trouuaſmes pas pourtāt, tout le repos que nous y auions attendu : car cette auſtere vertu, dont tous les Romains font profeſſion, à fait que nos parents n'ont point eu de ioye de noſtre retour : ils ont admiré noſtre reſolution ; ils ont meſme loüé noſtre deſſein ; mais pour ſatisfaire à la foy Publique qu'ils vous ont engagée, ils ont voulu que nous fuſſions ramenées dans voſtre Camp : & pour cét effect, ils nous ont

Zz

donné escorte pour nous y conduire. Voyez Porsenna apres cette aduanture, quelles sont les filles de Rome : qui ayment mieux hazarder leur vie, & manquer à leur parolle, que d'exposer leur honneur : & voyez encor, quels hommes sont les Romains, qui ayment mieux exposer la vie & l'honneur de leurs filles, que de manquer à leur parolle. Oüy Porsenna, ces deux actions sont esgallement dignes de loüange : & pour estre equitables en cette rencontre, nous rendons à nos parents, les mesmes honneurs qu'ils nous ont rendus. Ils ont loüé nostre fuite, quoy qu'ils n'ayent pas laissé de nous remettre entre vos mains : & nous admirons aussi leur vertu, quoy qu'elle nous oste la liberté, que nous nous estions acquise. Le dessein de conseruer nostre honneur à faict nostre fuitte : & celuy de ne perdre pas leur reputation faict nostre retour. Vous me direz peut-estre, qu'il est difficile de cōprendre, qu'vne mesme action puisse estre tout à la fois, digne de loüange & de blasme : & qu'enfin nostre retour, est vne marque infaillible, que nostre fuite estoit criminelle. Non Porsen-

na, la chose ne doit pas estre consideréeainsi:
il faut la mieux examiner, pour en iuger
equitablement: Et ie suis bien certaine, que
si on la regarde d'vn œil desinteressé, on
trouuera que nostre fuite nous a esté glorieuse, & que nostre retour l'est à nos parents. I'aduouë qu'en quelque façon, il semble que nous auons manqué à la foy Publique : mais auparauant que de nous conuaincre de cette faute, il faut qu'on me permette de defendre nostre cause. On ne peut nier
sans doute, que l'honneur ne doiue estre la
regle de toutes les actions des hommes: c'est
pour luy qu'on expose sa vie à la guerre; c'est
pour luy qu'on renonce quelques fois, à
tous les sentimens de la Nature; c'est pour
luy qu'on se deuouë volontairement, au salut de sa Patrie ; c'est pour luy qu'on garde
exactement la foy Publique; & c'est pour
luy enfin, que l'on doit faire toutes choses,
Cela estant ainsi, qu'on ne s'estonne point,
si pour conseruer nostre honneur, nous
auons exposé nostre vie, & manqué à la foy
Publique. Car puis qu'on ne la garde que
pour l'honneur seulement, il nous estoit

Zz ij

permis de la violer ; puis que nous ne la pouuions conseruer, qu'en nous exposant à l'infamie. Au reste, comme nostre sexe est priué de toutes les charges Publiques, en nostre particulier, nous n'auions rien promis : & nous auons dû croire, que mesme pour l'interest de Rome, nous deuions sortir de voltre Camp : puis que si nostre mal-heur l'eust voulu, elle eust pu souffrir vn outrage en nostre personne. Sa gloire se trouuant donc engagée auec la nostre, nous auons creu qu'il estoit iuste, d'exposer nostre vie, pour conseruer l'vne & l'autre : & nous ferions sans doute encor la mesme chose, si la mesme occasion se presentoit. L'infortune de Lucrece, ne nous a que trop appris, à preuenir de semblables mal-heurs : Et ie puis vous asseurer, que si nous auons à mourir, nous mourrons du moins innocentes. Au reste, il n'est rien dont on puisse ne faire point d'exception : Le mensonge qui sans doute est vne lascheté, est quelquesfois glorieux : & ie m'asseure que personne ne blasme, celuy que dit le genereux Mutius, lors que regardant brusler sa main, auec vne constance prodigieuse; il vous assura, qu'ils estoient trois cents dans vostre Camp, qui auoient dessein de vous tuer, quoy qu'effectiuement il fust seul. Cette admirable hardiesse, qui fit entreprendre à Horatius Cocles, de tenir ferme luy seul, contre toute vostre armée; & qui l'obligea en suite, à se ietter dans le Tybre, tout armé comme il estoit; ne sera point mise au nombre, des temeritez ridicules. La fermeté de Brutus, à voir luy mesme mourir ses enfans, parce qu'ils estoient traitres à leur Patrie; passera plustost pour vn zele de bon Citoyen, que pour vn sentiment de Pere desnaturé. Cela estant ainsi, pourquoy veut-on, que l'interest de l'honneur & du Public, iustifiant le mensonge de Mutius, la temerité de Cocles, & l'insensibilité de Brutus; ne iustifie pas aussi la fuite de Clœlia & de ses compagnes; puis qu'elles n'ont eu pour obiet, que la conseruation de leur honneur, & celuy de la Patrie? Si Mutius a bruslé cour geusement sa main; si Cocles s'est entierement deuoüé au salut Public; si Brutus a donné le sang de ses enfans, pour ces deux choses.

seulement; nous aussi, auons exposé nostre vie pour le mesme suiet : & par consequent, nous pouuons pretendre à la mesme gloire. Quoy Porsenna, Lucrece auroit merité, vne reputation immortelle, pour s'estre poignardée apres son crime, & nous serions infames, pour auoir exposé nostre vie, afin de mourir innocentes! non, non, il est impossible que cela soit ainsi : La Posterité sera plus equitable : & ie croy mesme, que si vous examinez exactement vos sentimens, vous trouuerez qu'ils ne nous condamnent point. Nous n'auons iamais veu, que les Dieux qui sont si ialoux de leur authorité, ayent faict tomber la foudre sur les Victimes, qui s'eschappent de l'Autel : & pourquoy donc Porsenna, voudriez vous traiter indignement des filles, qui se voyans abandonnées de leurs gardes, où pour mieux dire de leurs ennemis; ont cherché leur seureté, aux despens de leurs vies ? on me dira peut-estre, que par mes raisons, il semble que nous n'ayons pas eu tort : mais que si la chose est ainsi, il semble en suite, que nos Parents n'ont pas eu raison de nous r'enuoyer. Cette confequence n'eſt pourtant pas bien fondée : & ſi ie ne me trompe, ie vay la deſtruire en peu de parolles. Ie vous ay des-ja dit, que l'honneur auoit faict noſtre fuite, & que ce meſme honneur, a cauſé noſtre retour : car à parler raiſonnablement, ce ſont nos Peres qui vous ont engagé leur parolle ; ce ſont eux, qui nous ont données pour oſtages ; ce ſont eux, qui ont traicté auec vous; ce ſont eux, qui ſont conuenus des articles de la Paix ; & c'eſt à eux auſſi, à vous tenir exactement, tout ce qu'ils vous ont promis, afin de vous obliger, à faire la meſme choſe. La foy Publique les y engage ; l'intereſt de la Republique le veut ; l'honneur de la Patrie le demande ; le leur en particulier les y oblige ; & rien enfin, ne les en peut difpenfer. Car ils ſçauent bien que ces meſmes filles, qui ont meſpriſé l'impetuoſité du Tybre, par la ſeule crainte, de receuoir vn outrage ; meſpriſeroient encor vne ſeconde fois leur vie, pluſtoſt que de rien faire indigne de la vertu Romaine ; & de cette façon, ils tiennent leur parolle, ſans hazarder leur honeur, ny celuy de leur Patric. Voyla Porsenna, quels sont les sentimcnts de nos parents, & quels sont les nostres: c'est à vous apres cela, à considerer si vous nous voulez traicter, en fugitiues, en ennemies, ou en Romaines. I'espere neantmoins, que vous prendrez le party le plus iuste, & le plus aduantageux. Car sçachez, que si en violant le droict des gents, vous nous traictiez indignement, & rompiez la Paix que vous auez faicte; vos desseins n'aduanceroient pas plus qu'ils ont faict. Ce que Mutius & Cocles ont entrepris côtre vous, mille Romains l'entreprendroient encor: Ils sont tous nez pour les grandes choses; ils ont tous vne vertu opiniastre, qui ne se rebute de rien; le desespoir ne faict qu'affermir leur courage; la crainte de la mort leur est inconnuë; ils taschent de viure auec gloire, & non pas de viure long-temps; l'interest particulier ne peut rien en leur ame; ils font toutes choses pour l'honneur, & ne font iamais rien qui le puisse ternir. Voyla Porsenna, quels sont les Romains: voyla quels sont les sentiments qu'ils nous ont donnez: & voyla enfin, ce qui a faict nostre fuite &

nostre

noſtre retour. Il eſt certain que d'abord, i'eus beaucoup de repugnance à reuenir, ſous la puiſſance d'vn Prince, que ie n'auois conſideré iuſques alors, que comme le Protecteur des Tarquins, & l'ennemy de Rome: mais venant à penſer à la choſe d'vn eſprit plus tranquile; cette derniere qualité, commença de me donner, de meilleurs ſentimens de vous. Oüy Porſenna, i'ay trouué qu'il falloit ſans doute, que vous euſſiez l'ame grande & hardie, pour auoir entrepris de faire la guerre à Rome: & i'ay creu en ſuite, que ſi vous n'euſſiez eſté digne du rang que vous tenez, les Romains n'auroient point faict la Paix auec vous, & ne vous auroient pas receu en leur alliance: Si bien qu'apres auoir perſuadé mes compagnes, de ſortir de voſtre Camp; ie les ay encor perſuadées d'y reüenir. Allons, (leur ay-je dit) allons ſatisfaire à la foy Publique, que nos parents ont engagée: allons confirmer la Paix qu'ils ont faicte; & ne regardons plus Porſenna, comme le Protecteur des Tarquins, mais comme leur plus grand ennemy, puis qu'il les abandonne. Croyons mes compa-

Aaa

gnes, que si ce Prince n'auoit point de vertu, les Romains ne nous auroient point remises en sa puissance. Et puis, quand il arriueroit qu'il n'en auroit pas autant qu'il en faut, pour nous traiéter comme il doit;nous en aurons tousiours assez, pour auoir recours à la mort, plustost que de conseruer vne vie, indigne de ce que nous sommes. Allons donc mes compagnes, allons demander à ce Prince, la recompense de nostre fuite: il y a des-ja assez long-temps, qu'il est dans le Territoire de Rome, pour auoir appris, qu'il faut aymer & recompenser la vertu, mesme en ses ennemis. Il a bien pardonné à Mutius, qui auoit attenté à sa vie; il luy sera encor plus aysé d'oublier nostre fuite, & de nous accorder la grace, de nous r'enuoyer chez nos parents. C'est maintenant à vous Porsenna, à me dire, si i'ay eu raison de persüader à ces genereuses filles, de se fier en vostre bonté: pour moy, quand ie ne serois pas interessée en la chose, ie vous conseillerois d'en vser ainsi. Car non seulement il vous est glorieux, d'auoir pu estre ennemy des Romains, & d'estre presentement leur allié ; mais il vous le fera encore plus, si vous entreprenez, de disputer de vertu auec eux. C'est là veritablement qu'il est beau de les vaincre : car cette sorte de guerre, a ce priuilege particulier, que les vaincus aussi bien que les vainqueurs, acquierent tousiours beaucoup d'honneur. Le seul desir de surmonter en ces occasions, est plus auantageux, que le gain d'vne bataille: entreprenez donc Porsenna, cét Illustre combat ; fiez-vous absolument à la foy des Romains ; & r'enuoyez nous à nos parents. Il me semble qu'ils vous ont tenu leur parolle, d'vne maniere assez genereuse, pour ne vous permettre pas d'en douter : mais cela n'empeschera pas, que vous ne fassiez vne belle action, si vous nous remettez en liberté. Car donner la liberté, à des filles Romaines, & à des filles, qui sçauent mespriser la mort, pour esuiter l'infamie ; c'est leur donner plus que des Royaumes, plus que des Empires, & plus que la vie. Cét endroit de l'Histoire, vous fera si aduantageux, que vostre Regne n'aura rien de plus beau : vous gagnerez le cœur de tous les Ro-

Aaa ij

mains ; & par ce moyen, vous aurez moins d'oſtages dans voſtre Camp, mais vous aurez plus d'intelligence dans Rome. Icy, nous ne prierions les Dieux, que pour noſtre Patrie ſeulement : mais dans Rome , nous leur offrirons tous les iours des vœux pour voſtre gloire. Vous ſerez noſtre Protecteur; & ſans que nous ayons eſté eſclaues, nous ne laiſſerons pas de vous conſiderer , auec les meſmes ſentimens, que ſi vous auiez rompu nos chaiſnes , & que vous nous euſſiez tirées de ſeruitude. Ne refuſez pas Porſenna, le glorieux tiltre de noſtre Liberateur, puis que nous voulons bien vous le donner. Vous me direz peut-eſtre, que noſtre fuite vous a outragé; puis que nous n'auons fuy, que parce que nous vous craignions ; que parce que nous vous regardions, comme vn Prince cruel, Barbare, & Tyrannique: mais ſouuenez-vous Porſenna , que la vertu des femmes, doit eſtre ſcrupuleuſe & craintiue. Elles doiuent regarder preſques tout le mõde, comme leur eſtant ennemy : & comme l'vſage leur defend les armes, il faut que la crainte leur tienne lieu de prudence : & il vaut mieux qu'elles fuyent, ou qu'elles meurent vn peu trop toſt, que ſi elles attendoient, ou viuoient vn peu trop long-temps. Au reſte, nous auons penſé mal de vous, parce que nous ne vous connoiſſions, que ſous le nom de Protecteur de la Tyrannie : & preſentement ie vous declare, que ie ne ſçay point encor ce que vous eſtes. Parlez donc Porſenna ; afin que ie vous connoiſſe : ſouuenez-vous, que vous eſtes à la veuë de Rome ; que vous auez tous les Romains pour ſpectateurs ; que vous parlez à des filles, qui ſçauront touſiours viure ou mourir dans la gloire ; que la renommée attend noſtre arreſt, pour le publier par toute la Terre ; & que les Dieux qui vous voyent, tiennent des-ja des Couronnes, pour vous les mettre ſur la teſte, ſi vous pouuez ſurmonter voſtre reſſentiment : & vaincre la vertu de nos Peres & la noſtre, en vous fiant en eux, & en nous accordant noſtre Liberté.

EFFECT DE CETTE HARANGVE.

LA haute vertu de cette genereuse fille, se fit vn Illustre esclaue, puis qu'il estoit Couronné. Porsenna en fut rauy ; il donna des loüanges infinies à Clælia ; il luy rendit sa liberté, & celle de ses compagnes ; & pour marquer la grandeur de son action, il luy fit present d'vn cheual de bataille, qui estoit la recompense des hommes vaillans, qui auoient bien fait à la guerre : comme voulant dire, que cette action esgalloit, celles des plus genereux. Enfin il les r'enuoya toutes à leurs parents : & permit mesme à Clælia, de choisir d'entre tous les autres ostages, ceux qu'elle voudroit deliurer. Cette Illustre personne eslut tous les ieunes enfans, comme estans les plus exposez : & de cette sorte, elle s'en retourna à Rome, auec l'allegresse, & la magnificence d'vn Triomphe. Elle y fut receüe, auec la mesme ioye qu'elle auoit : & l'austerité Romaine, cedant à cette fois aux sentimens de la nature & à la raison : on luy fit esleuer vne Statue à cheual, dans vne place publique, pour eterniser tout d'vn coup, sa vertu, sa hardiesse, & la generosité de Porsenna.

OCTAVIE
A
AVGVSTE.

DIX-HVICTIESME HARANGVE.

ARGVMENT.

COMME les choses s'aigrissoient tousiours entre Auguste & Marc-Anthoine, & que l'vn & l'autre se preparoit, à recommencer la guerre: ce premier voulut obliger Octauie sa sœur, à sortir de la maison d'vn mary, dont elle estoit trop indignement traictée. Mais cette vertueuse femme, qui ne pouuoit approuuer ce Conseil, s'y opposa de toutes ses forces: & parla à peu pres en ces termes, à cét Illustre & cher frere.

O qu'elle fut constante & belle !
Qu'elle fut charmante & fidelle !
Que son esprit eut de douceur !
O qu'elle mit d'obstacle, à cette guerre iniuste !
Et qu'elle se fit voir, & d'Anthoine, & d'Auguste,
Et digne femme, & digne sœur !

OCTAVIE
A
AVGVSTE.

DE grace Seigneur, ne me commandez point de quitter la Maison d'Anthoine : & ne me mettez pas en la necessité de vous desobeïr. La vertu dont ie fais profession, ne me permet pas de faire cette faute: & l'excez de l'amitié que vous auez pour moy, est sans doute ce qui vous à porté à me la conseiller. Il est vray qu'Anthoine me dérobe son cœur, & son affection, pour donner l'vn & l'autre à Cleopatre: mais Seigneur, seroit-il à propos, que si l'amour de cette Reyne, fait commettre vne faute à Anthoine, que la ialousie d'Octauie, vous portast à en faire vne autre? non, il ne seroit pas iuste: considerez donc s'il vous plaist, l'interest Public, & non pas le mien: & pensez encor vne fois, qu'il seroit esgallement honteux, à Cesar & à Anthoine, de commencer la guerre, & de destruire l'Empire, pour l'amour d'vne femme, & pour la ialousie d'vne autre. Que si toutesfois, vous ne pouuiez en estre esgallement blasmez, i'ose dire sans perdre le respect que ie vous dois; que vous en seriez plus iustement accusé qu'Anthoine: puis qu'il n'est plus en estat, d'escouter, ny de connoistre la raison: & que la vostre ne peut estre troublée, qu'en ma consideratiõ seulement. L'amour de Cleopatre, a de telle sorte obscurci son iugement, qu'il est aueugle en ses propres interests: il n'a pas songé, qu'il me faisoit vn outrage, lors qu'il a receu les presents que ie luy ay faits: & qu'au lieu de me permettre de le voir, il est retourné dans Alexandrie. Il n'a dis-je pas eu dessein de fascher Octauie; mais de plaire à Cleopatre. Il a eu peur que ma veuë, ne luy donnast d'autres sentimens: & il a sans doute connu, qu'il m'aimoit encor assez, pour ne pouuoir souffrir ma presence, sans confusion & sans repentir. Enfin Seigneur, il faut auoir pitié de sa foiblesse, & de son aueuglement, & ne l'imiter pas dans sa faute. La passion que l'on veut que ie suiue, est bien encor plus dangereuse, que celle qui possede Anthoine: & si elle passoit de mon cœur dans le vostre, vous agiriez sans doute auec plus de violence, & plus d'iniustice qu'il ne faict: puis qu'il est certain, qu'elle vous communiqueroit, vne partie de cette fureur, qui l'accompagne tousiours. Cette iniure que i'ay receuë, ne demande point le sang des Romains pour l'effacer: ce ne seroit pas le moyen, de me

Bbb ij

redonner l'affection d'Anthoine, que de luy declarer la guerre, en ma consideration : au contraire, ce seroit authoriser sa faute & son inconstance : puis qu'il est certain, que ie meriterois le traictement que ie reçois, si parce qu'il m'a chassée de son cœur, ie me bannissois de sa maison, & me rangeois du party de ses ennemis. Ie sçay que ie suis Romaine, & que i'ay l'honneur d'estre vostre sœur : mais ie sçay aussi, que ie suis femme d'Anthoine ; que ses interests doiuent estre les miens ; & qu'encore qu'il n'ait pas pour moy, toute l'affection qu'il est obligé d'auoir ; ma propre vertu ne me permet pas, de me dispenser de celle que ie luy dois : & si i'en vsois d'vne autre sorte, ce seroit reconoistre Cleopatre, pour femme legitime d'Anthoine : & luy ceder volontairement vne qualité, qu'elle ne me sçauroit oster. Laissez moy donc r'enfermer ma douleur & mes larmes, dans la maison de mon mary : de peur que si elles estoient veuës, elles ne luy fissent de nouueaux ennemis. Laissez-moy Seigneur, cacher mon affliction, & mon ressentiment : & s'il est vray que mes inte-

A AVGVSTE.

rests vous soyent chers, comme vous me l'auez tousiours tesmoigné ; aydez-moy à excuser Anthoine enuers le Senat. Dittes luy que cette amour est trop violente, pour durer encor long-temps : & que comme le Grand Iules Cesar eust assez de force, pour dissiper les charmes, de cette belle Egyptienne qui l'auoient surpris ; Anthoine ayāt la mesme foiblesse, aura en suite assez de cœur, pour rompre cét enchantement, aussi bien que luy. Mais enfin Seigneur, faictes que cette amour, ne soit pas le commencement de la guerre : souuenez vous de cette glorieuse iournée, où mes larmes firent tomber les armes des mains, aux deux plus Grands Empereurs qui furent iamais. Vous estiez lors enuironné de vos Legions ; vostre armée s'apprestoit des-ja à combattre ; les trois cents voiles qu'Anthoine conduisoit, estoient à la veuë de vos troupes ; on voyoit des-ja en tous les deux partis, cette ardeur que la veuë des ennemis donne, en semblable rencontre ; le desir de vaincre, estoit dans le cœur de tous les Soldats ; ils songeoient des-ja, à la richesse du butin ; on voyoit les Aygles contre les Aygles ; les Romains contre les Romains ; les Citoyens, contre les Citoyens ; les amis, contre les amis ; les parents, contre les parents ; & pour tout dire enfin, la bataille de Pharsale, n'auoit rien faict voir de plus effroyable, que ce que mes yeux virent en cette occasion. Cependant, quoy qu'Anthoine parust l'agresseur, puis qu'il venoit vous attaquer; mes larmes, mes raisons, & mes prieres, surmonterent vostre ressentiment. Vous embrassates Anthoine, au lieu de le combattre : vous le receustes, comme le mary de vostre sœur, & non pas comme vostre ennemy : & ces deux puissantes armées, que vous auiez leuées pour vous destruire, ne seruirent, que pour vous donner des marques reciproques, d'vne parfaite intelligence. Car vous n'auez pas oublié, qu'Anthoine vous dõna cent galeres, & vingt Brigantins : que vous luy donnastes aussi deux legions : & qu'outre cela, vous m'accordastes encore pour luy, mille de vos meilleurs Soldats. Pensez-vous Seigneur, que cette premiere victoire, ne m'en fasse pas esperer vne

A AVGVSTE.

seconde ? Vous m'aimez autant auiourd'huy, que vous m'aimrez en ce temps-la: la veuë de vostre ennemy n'aigrit point vostre ressentiment: vous n'auez point de legions à l'entour de vous, qui vous pressent de donner vne nouuelle matiere à leur courage : vous estes seul, vous estes desarmé, ie suis mal-heureuse & affligée, & mes larmes, mes raisons, & mes prieres, doiuent estre encore plus puissantes aupres de vous, qu'elles ne le furent en cette iournée, puis qu'il ne s'agit que de mon interest. Au reste, il est plus aysé de s'empescher de prendre les armes, que de les quitter : & il vous deuoit estre lors plus difficile, de faire la Paix auec Anthoine, qu'il ne vous le sera maintenant, de ne commencer point la guerre. C'est la passion d'Anthoine qu'il faut combattre, & non pas sa personne : & pour cét effect, ie dois souffrir son inconstance sans m'en plaindre; ie dois luy conseruer mon cœur, quoy qu'il me dérobe le sien; ie dois auoir de la compassion de sa foiblesse; ie dois auoir du respect pour luy, quoy qu'il n'aye que du mespris pour moy ; ie dois demeurer dans sa

maison, tant qu'il me fera la grace de m'y souffrir; & pour tout dire, ie dois m'opposer à vous, toutes les fois que vous voudrez m'obliger à faire des choses, qui me pourroient estre honteuses. Si Anthoine vouloit me porter au dessein de vous nuire, ie m'opposerois à luy, comme ie m'oppose à vous: & des mesmes armes dont ie vous combats maintenant, ie combatrois son iniustice & son obstination. Oüy Seigneur, ie seray tousiours sœur de Cesar, & femme d'Anthoine: & quoy que la Fortune fasse, ie ne feray iamais rien, indigne de ces deux glorieuses qualitez. Pardonnez moy donc si ie vous dis hardiment, que ie ne sortiray point de la maison de mon mary, qu'il ne me le commande : & s'il arriue mesme, que l'amour de Cleopatre, le porte iusques à vn tel déreglement, qu'il m'ordonne de la quitter ; ie l'abandonneray en versant le moins de l'armes qu'il me sera possible, de peur que la compassion qu'on auroit de moy, n'augmentast la haine qu'on auroit pour luy. Voyla Seigneur, quels sont les sentimens d'Octauie, & quels ils seront tousiours. Et
puis,

puis, à parler raisonnablement, Anthoine n'est pas vn homme ordinaire: les grandes qualitez qui sont en luy, meritent qu'on excuse sa foiblesse: Et les belles choses qu'il a faites à la guerre, doiuent sans doute obtenir, de l'equité de tous les hommes, quelque indulgence pour celles que l'amour luy faict faire. L'affection qu'il eut tousiours pour le Grand Iules Cesar, vous doit obliger à ne le condamner pas legerement: puis qu'estant son fils d'adoption, & son legitime successeur, il semble que vous deuez heriter, de ses sentimens & de ses amis, aussi bien que de ses richesses. Lors qu'Anthoine a combattu pour Iules Cesar, il a combattu pour vous: vous le deuez recompenser, de tout ce qu'il a faict pour luy: car enfin, de toutes les debtes de Cesar, les plus iustes, & les plus glorieuses à payer, sont sans doute les bons offices, que ses amis luy auoient rendus. Souuenez-vous donc, de ce qu'Anthoine a faict pour cét excellent homme: ce fut luy qui s'opposa genereusement, à la faction de Pompée, lors qu'elle vouloit que Cesar mist les armes bas, & que son enne-

Ccc

my ne les y mist point : il parla auec ardeur en cette rencontre, & ne craignit point de s'exposer, à receuoir vn outrage ; comme en effect, il fut traicté indignement, à cette consideration : & fut contraint de se desguiser en esclaue, pour aller chercher vn Azyle, dans le Camp de celuy qu'il auoit protegé. Mais ce qu'il fit en cette occasion, il l'a faict encor en cent autres aussi importantes : il a payé de son sang, & de sa personne, l'amitié que Cesar luy portoit. On l'a veu plus d'vne fois rallier ses troupes, les remener au combat, & les rendre victorieuses, lors qu'elles estoient prestes d'estre vaincuës. On l'a veu à la bataille de Pharsale, commander la pointe droicte de l'armée de Cesar, combattre pour sa gloire, & exposer sa vie, pour assurer entre ses mains, la souueraine Puissance, qui enfin a passé dans les vostres. Au reste, s'il a combattu pour Cesar durant sa vie, il a faict vaincre Cesar apres sa mort : son Eloquence a faict, ce que la valeur d'aucun autre n'auroit pu faire : car comme vous ne l'ignorez pas, sans ce zele ardent qui le fit parler, le peuple Romain

A AVGVSTE.

n'auroit ofé tefmoigner, combien il eftoit touché du fang de Cefar. Il fe feroit contenté de refpandre des larmes, & n'auroit point porté le feu, iufques dans les maifons de fes meurtriers. Vous voyez donc bien Seigneur, qu'en quelque façon, Anthoine a efleué le premier degré, par lequel vous eftes arriué, à la puiffance où vous eftes. Que fi apres ce qu'il a faict pour Cefar, il eft permis de mettre en conte, ce qu'il a faict pour la caufe Commune, & contre Caffie, & contre Brutus; vous trouuerez qu'il a toufiours efté leur vainqueur: & qu'en quelques rencontres, où vous n'eftiez pas en eftat de cōbatre, il vous a efté aduantageux, qu'il fuft de vos amis: puis que fans fa valeur, ils euffent fans doute remporté vne victoire, qui peut-eftre les euft mis en eftat, de ne pouuoir plus eftre vaincus. Ie fçay biē Seigneur, que depuis cela, vous n'auez pas toufiours efté efgallemēt bien enféble: & que cette noble ialoufie, qui fuit infeparablement ceux, qui font amoureux de la gloire, & qui afpirent aux grandes chofes, a alteré voftre amitié: mais fi ie ne me trompe, cette forte de hai-

Ccc ij

ne, ne doit point passer iusques à la personne. Il faut surmonter son ennemy, en grandeur de courage, & en generosité : il faut s'opposer à luy, quand il entreprend de nous destruire : mais il ne faut iamais pour des causes particulieres, troubler le repos Public : ny pour des raisons fort legeres, commencer vne guerre, dont le succez est tousjours douteux. La haine est vne passion des particuliers : & s'il est permy d'en auoir, aux personnes qui ont la supréme Puissance, ce doit estre la haine du vice, de l'esclauage, & de l'infamie : autrement, s'ils ne combattoient pas cette passion, & qu'ils s'y laissassent emporter, ils seroient sans doute capables, de toutes sortes d'iniustices. Pour vanger leurs propres iniures, ils ne feroient point de difficulté, de violer le droit des gents ; d'oublier l'equité naturelle ; d'enfraindre les loix les plus iustes; de destruire leur Patrie ; & de mespriser le pouuoir des Dieux. Voyla Seigneur, le déreglement, que la haine peut causer quelquesfois dans l'ame la plus ferme : & pour vous empescher de tomber, dans vn semblable mal-heur,

A AVGVSTE.

considerez vn peu, ce qu'vn excez d'amour faict faire, à l'infortuné Anthoine. Pensez-vous Seigneur, que la haine vous donnast de plus iustes sentimens? Et que la ialousie si i'en estois capable, me permis d'agir auec moins de violence? non Seigneur, ces trois passiōs estans opposées, comme elles le seroient en cette rencontre, seroient capables de destruire toute la Terre. Ne vous engagez dōc point, dans vn si mauuais dessein: que si toutesfois vous voulez vous vanger d'Anthoine, abandonnez-le à son propre sens, & aux charmes de Cleopatre. Laissez-le en repos conseruer cette belle conqueste: & ne craignez pas, qu'il entreprenne de s'opposer aux vostres, si vous le laissez iouir paisiblement de celle-la. Mais songez Seigneur, que si vous l'irritez, il pourra peut-estre vous donner beaucoup de peine: la premiere valeur d'Anthoine n'est pas morte, elle n'est qu'assoupie: il pourra peut-estre s'esueiller en fureur: & sans quitter la passion qui regne en son ame, il s'opposera à vos desseins, auec toute l'ardeur que peut auoir vn homme, qui combat pour se defendre, pour se van-

Ccc iij

ger, pour sa propre gloire, & pour conseruer sa Maistresse. Ne vous faictes donc point vn ennemy redoutable, d'vn amy infortuné : faites ie vous en coniure, que ie ne vous voye iamais entreprendre de guerre, où il ne me soit permis de pouuoir souhaiter, que vous remportiez la victoire. Considerez de grace, en quel estat se trouueroit mon ame, si ie vous voyois encore vne fois prests d'en venir aux mains: mais auec cette cruelle difference, qu'à la premiere, ce n'estoit que pour l'amour de vous, & qu'en celle-cy, ce seroit pour l'amour de moy. Non, non, ne vangez point l'iniure qu'on me faict, & ne cherchez pas vn remede pire que le mal. La seule pensée de voir mon frere & mon mary, prests de se donner la mort, à ma consideration, me faict transir d'effroy. Ie ne sçay presques plus ce que ie dis : & dans vn trouble si grand, ie suis preste de donner mon sang & ma vie, pour conseruer la vostre, & celle d'Anthoine : mais comme vous ne voudrez sans doute, accepter n'y mon sang, n'y ma vie, voyez mes larmes auec com-

A AVGVSTE.

passion ; escoutez du moins mes prieres & mes souspirs ; & puis que par vostre commandement, ie suis femme d'Anthoine ; ne me commandez pas en suite, de quitter sa maison, comme celle de mon ennemy. Songez que ie suis mere des enfants d'Anthoine : & qu'en cette qualité, ie ne dois ny les abandonner, ny les faire sortir de la maison Paternelle. Ce seroit presques dire, qu'ils n'en seroient pas les legitimes successeurs, si ie les en faisois partir: & ce seroit moy-mesme donner des armes pour me destruire, à tous les flateurs d'Anthoine, & aux esclaues de Cleopatre. Aussi suis-je bien resoluë, de n'en vser pas ainsi : ma patience durera plus que l'amour d'Anthoine : & à quelque excez que puisse aller, le mespris qu'il faict de moy, ma vertu ira encore plus loing. Oüy Seigneur, quand son affection n'aura point de retour pour moy ; qu'il viura & mourra entre les bras de Cleopatre ; ie verseray des larmes pour sa perte : sa memoire me sera chere : les enfants de Fuluia, & de Cleopatre mesme, deuiendront les miens : ie prendré soin de leur conduite, & de leur Fortune : & tant qu'Octauie sera viuante, elle ne se lassera iamais, de donner de nouuelles preuues de sa constance. Puis que ie suis d'vn sexe, à qui la valeur est défenduë, il faut du moins que la patience me soit permise, & que cette vertu, me tienne lieu de courage. Il y a quelquefois autant de generosité, à sçauoir souffrir le malheur, qu'à sçauoir combattre ses ennemis: ne vous opposez donc point, à la victoire que ie veux remporter sur moy-mesme: & pour la rendre plus glorieuse, faites que ie vous surmonte aussi bien que moy. Ne vous exposez point, à pouuoir estre vaincu par Anthoine, & laissez vous vaincre par Octauie. Mais comme ie ne voy pas dans vos yeux, que vous soyez encor en estat, de vous rendre à mes larmes & à mes prieres ; souffrez Seigneur, que i'aille attendre vostre resolution, dans la maison de mon mary : puis que c'est le seul lieu, où ie puis demeurer auecques gloire, tant qu'Anthoine me le permettra. Ie vous assure toutesfois, que comme ie ne fais point

de

A AVGVSTE. 393

de vœux contre Anthoine, lors que ie suis dans vostre Palais; ie n'en feray point contre Cesar, lors que ie seray dans la maison d'Anthoine.

EFFECT DE CETTE
HARANGVE.

CETTE belle & vertueuse personne, obtint de l'amitié d'Auguste, tout ce qu'elle demandoit: & il luy permit de demeurer dans la maison de son mary, tant qu'elle le pourroit en bien-seance. Elle n'y fut pourtant pas long-temps : car Anthoine eut tant d'iniustice pour elle, & tant de complaisance pour Cleopatre, qu'il luy enuoya commander d'en sortir. Elle le fit, auec cette mesme modestie, qu'elle auoit

Ddd

touſiours teſmoignée : & dans toutes les diſgraces, qui accablerent apres cét infortuné; &
durant ſa vie, & apres ſa mort; elle fut touſiours ce qu'elle auoit eſté iuſqu'alors ; ie veux
dire, vn illuſtre & rare exemple, de l'amitié
Coniugale.

AGRIPINE
AV
PEVPLE ROMAIN.
DIX-NEVFIESME HARANGVE.

ARGVMENT.

APRES la mort de Germanicus, Agripine sa femme rapporta ses cendres à Rome, pour les mestre au Tombeau d'Auguste. Tout le peuple fut au deuant d'elle iusques à Brunduse, & tesmoigna par sa tristesse, qu'il plaignoit plus la valeur de Germanicus, qu'il ne craignoit la malice de Tibere. Cette genereuse femme, de qui l'esprit imperieux & hardy, ne sçauoit point desguiser ses sentimens, ne les cacha non plus en cette occasion: mais au contraire, se laissant emporter à sa douleur comme à son temperament, elle parla de cette sorte, au peuple Romain qui l'escoutoit.

Telle qu'une Arthemise, & plus Illustre encore,
Les cendres d'vn espoux, elle porte en ses mains:
 Et dans l'ennuy qui la deuore,
Elle monstre cette Vrne, & ses pleurs aux Romains.
Et faict voir par sa pleinte, aussi libre que iuste,
 Qu'elle est digne du sang d'Auguste.

AGRIPINE
AV
PEVPLE ROMAIN.

GErmanicus, le petit fils d'Auguste, & le neueu d'Anthoine; Germanicus, la terreur de l'Allemagne, & l'amour des

Romains ; Germanicus, en qui toutes les vertus esclattoient esgallement ; Germanicus, de qui toutes les actions ont esté glorieuses ; Germanicus, mary de l infortunée Agripine, petite fille d'Auguste; enfin Germanicus, le plus beau, le plus vaillant, le plus modeste, le plus equitable, & le plus acomply qui sera iamais ; n'est plus qu'vn peu de cendre : & cette vrne renferme, (ô pitoyable aduanture !) celuy de qui la valeur, auroit pu conquerir toute la Terre, si l'on eust pu souffrir, qu'il eust vescu plus long-temps. Oüy Romains, voyla vostre Germanicus, en estat d'auoir besoin de vous, pour le faire viure eternellement. Le voyla esgallement incapable de vous seruir, & de se vanger de ses ennemis & des vostres : le voyla en estat, de n'exciter plus l'enuie contre sa vertu : il a vaincu ce monstre en mourant: car les moindres circonstances de sa vie sont si glorieuses, que la Calomnie mesme, n'y sçauroit trouuer riē à redire. Pleignez donc Romains, nostre mal-heur commun : puis que si i'ay perdu vn mary, vous auez perdu vostre Protecteur. Regardez ie

AV PEVPLE ROMAIN.

vous prie, à l'entour de cette vrne, les six enfants de Germanicus tous couuerts de larmes: ayez pitié de leur ieunesse & de leur mal-heur: & craignez auec moy, que leur Pere en les abandonnant, n'ait emporté toute leur vertu. Si sa vie eust esté aussi longue, que raisonnablement elle le deuoit estre, son exemple quand ils eussent eu les inclinations mauuaises, les auroit tousiours portez au bien : mais auiourd'huy, en l'estat où sont les choses, qui sera-ce qui les pourra instruire ? qui sera-ce qui les corrigera? qui sera-ce qui les menera à la guerre ? qui sera-ce qui leur fera haïr le vice & aymer la vertu? Ie ne doute point que Tibere n'aye pour eux, les mesmes sentimens qu'il a eus pour leur Pere, car ses inclinations ne se changent pas ayfémēt: Mais cōme l'Empereur n'a pas empesché, qu'il n'ait eu des ennemis, des enuieux, des Persecuteurs, & qu'il ne soit mort empoisonné; il pourra estre aussi, que les soins qu'il prendra de leur education, ne feront point vtiles : & veüille le Ciel, que tout ce que i'aprehende pour Caligula n'arriue pas. Laissons Romains, laissons l'aduenir, sous la prouidence des Dieux : & ne parlons seulement, que des mal-heurs qui nous sont arriuez. Ils sont assez grands, pour meriter toutes nos larmes: ne les partageons point ie vous en coniure: versons les toutes pour mon cher Germanicus: & vous souuenez, qu'il estoit du sang des Iules Cesars, des Anthoines, des Marcellus, & des Augustes. C'est à vous Romains, à pleurer dignement sa mort, & à celebrer sa memoire. Et pour tesmoigner fortement, l'estime que vous faisiez de luy, hayssez ceux qui l'ont hay ; detestez ses enuieux, ses ennemis, & ses bourreaux: ne craignez point de parler de la meschanceté de Pison, n'y de l'ambition de Plancina; publiez sans apprehension, que ces corps que l'on a trouuez hors des Tombeaux ; que ces imprecations que l'on a faictes contre Germanicus ; que son nom graué en des lames de plomb ; & toutes ces marques d'enchantemens, dont on a eu connoissance ; sont des preuues manifestes, des desseins qu'on a eus contre sa vie. Publiez dis-je, que le poison a acheué, ce que les charmes n'auoient pu faire : & ne craignez

pas

AV PEVPLE ROMAIN. 401
pas que l'on vous puniſſe pour ce crime : la mort de Germanicus, a donné tant de ioye à ceux qui l'ont cauſée, qu'ils ne ſeront de long-temps en eſtat, de prendre garde à voſtre triſteſſe n'y à vos diſcours. Cette victoire qu'ils ont r'emportée, ſur le plus vaillant homme qui fut iamais, leur donne ſans doute aſſez de vanité, pour meſpriſer vos ſentimens : & pour ne ſe mettre pas en peine, de ce que vous penſerez de cette aduanture. Ie croy meſme, qu'ils ſont aſſez aueuglez de leur ambition, pour eſtre bien ayſes, que la Poſterité ſçache, qu'ils ont faict mourir Germanicus. Ils aſpirent plus à la reputatiõ de grands Politiques, que d'honimes vertueux : & pourueu que l'on die qu'ils ont ſçeu perdre, ce qui pouuoit s'oppoſer à leur iniuſte authorité, il ne leur importe pas, de paſſer pour cruels, pour deſnaturez, pour impies, pour meſchants, & pour ſanguinaires. Oüy traiſtre Piſon, oüy laſches ennemis de Germanicus, on ſçaura que vous auez ſçeu regner ; on ſçaura que vous l'auez perdu ; on ſçaura que vous auez violé en ſa perſonne, toutes ſortes de droicts ; on ſçau-

E ee

ra que vous n'auez point respecté en luy, le plus noble sang d'entre les Romains ; on sçaura que vous auez coupé le fil, de la plus Illustre vie qui sera iamais ; on sçaura que le nombre de ses vertus, a retranché celuy de ses iours ; on sçaura que vous n'auez esteint ce flambeau, que parce qu'il esclairoit la noirceur de vostre vie ; & l'on sçaura enfin, que l'excez de vos crimes, & celuy de ses vertus, sont les veritables causes de sa perte. Ie ne m'arreste point ô genereux Romains, à vous repasser exactement, quels ont esté tous les ennemis de Germanicus : ce n'est pas que la crainte m'empesche de les nommer, car Agripine en est incapable : mais c'est que ie sçay, que vous les connoissez tous. Vous sçauez la cause de leur haine : & ie ne vous parle aussi en cette iournée, que du Pitoyable effect, de cette dangereuse passion. Mais Dieux, comment est-il possible, qu'on ait pu haïr Germanicus ? qu'a-t'il faict en toute sa vie, qui puisse luy auoir aquis des ennemis ? Repassons là ie vous en coniure : soyons luy iuges rigoureux : & voyons s'il a pu meriter, le suplice qu'il a souffert. Premierement, du costé de l'ambition, iamais homme n'en fut plus esloigné : & toute la Terre a veu, que plus il auoit lieu de pouuoir pretendre à l'Empire; plus il a tesmoigné d'affection à Tibere, & plus il s'est esloigné du chemin, qui pouuoit le conduire au Throsne. Hé plust aux Dieux, qu'il eust plustost suiuy mes Conseils que ses sentimens ! ce fut luy, qui fit prester le ferment de fidelité aux Belges, nation voisine de l'Allemagne. Ce fut luy qui appaisa la reuolte des Legions, & qui plustost que d'escouter les offres qu'elles luy faisoient de le suiure par tout, voulut se trauerser le cœur d'vn coup de Poignard. Voyla Romains, ce que Germanicus fit pour Tibere en cette rencontre. Il voulut mourir pour luy : & peut-estre par vne autre voye, & par d'autres sentimens, a-t'il eu le mesme destin. Quoy qu'il en soit, ne nous arrestons pas, sur vn discours si funeste : souuenons-nous que Germanicus, m'a commandé en mourant, de perdre quelque chose, de cette noble fierté que me donne l'innocence, & l'Illustre sang dont ie suis descenduë. Disons donc

Eee ij

simplement, que l'on peut asseurer sans mensonge, que Germanicus, a conserué l'Empire à Tibere : puis que ce fut luy, qui remit l'obeyssance & la discipline militaire, dans la plus grande partie des Legions, sans lesquelles les Empereurs ne peuuent iouïr, de la souueraine Puissance. Le desordre estoit si grand ; les plaintes qu'on faisoit contre Tibere si iniurieuses ; les demandes des Soldats si insolentes ; leur procedure accompagnée de tant de violence ; que Germanicus fut contrainct de me faire sortir du Camp, de peur que ie n'y receusse vn outrage. Ie fis neantmoins ce que ie pus, pour ne me separer pas de luy en cette rencontre : car comme ie vous l'ay des-ja dit, la crainte n'a point de place au cœur d'Agripine : & nulle puissance humaine ne peut l'obliger, ny à se taire ny à parler, que lors qu'il luy plaist, & que la raison le veut. Or genereux Romains, Germanicus n'appaisa pas seulement, la sedition des gents de guerre, mais il fit que ces mesmes Soldats, qui ne reconnoissoient plus de Chef ; qui ne suiuoient que leur caprice ; qui n'escoutoient que leur fureur ; qui

AV PEVPLE ROMAIN.

ne s'armoient, que pour s'opposer aux volontez de l'Empereur; se remirent sous leurs enseignes; se rendirent capables de raison; escouterent les commandemens de Germanicus; & prirent les armes pour le suiure auec ardeur, dans tous les perils où il s'exposa en cette occasion, & d'où il sortit auecques gloire. Ce fut auec ces mesmes Soldats, qu'il vangea la defaite de Varus; qu'il reprit l'Aigle de la dix-neufiéme Legion; qu'il passa au trauers des Bructeres; qu'il rauagea entierement, tout ce qui est entre les riuieres d'Amisia & de Luppia; & que non content de tesmoigner sa valeur à la guerre, il fit voir sa pieté, aussi bien que son courage. Car arriuant au mesme lieu, où Varus auoit esté deffaict, & où l'on voyoit encor, vn nombre infiny d'os blanchissans, espars par la pleine, ou tassez à grands monceaux, selon que les Soldats auoient fuy ou combatu : où l'on voyoit dis-je encor, des dards brisez, & quantité d'autres armes rompuës; des testes de cheuaux attachées aux arbres; des Autels où les Barbares auoient immolé; les Tribuns & les Centeniers; & où ceux qui estoient eschappez de la defaicte, monstroient les endroicts, où les Chefs auoient receu le coup de la mort ; où les Aygles auoient esté prises ; où Varus auoit receu ses premieres blessures ; & où peu apres, il s'estoit tué de sa propre main. Germanicus dis-je, arriuant en cét effroyable lieu, & y voyant de si funestes reliques d'vne armée Romaine ; poussa des sanglots, respandit des larmes, & abandonna son ame inuincible, à la douleur & à la compassion. Il exorta les Soldats, à rendre les derniers deuoirs à ces infortunez ; dont vne partie, estoient leurs parents & leurs amis. Il inspira la tristesse dans leurs cœurs, pour les porter apres auec plus d'ardeur à la vangeance : & de sa propre main, il mit le premier Gasõ, au Tõbeau que l'on esleua, à ces Illustres mal-heureux. Cependant, Tibere n'aprouua pas cette loüable action : Il ne comprit point, qu'on pouuoit estre vaillant & pieux tout ensemble ; donner sepulture à ses amis, & vaincre ses ennemis ; & il creut enfin, que la pieté estoit vne vertu, indigne d'vn grand courage. Il eust voulu que Germanicus, eust passé sur ces montagnes de morts, sans se souuenir qu'ils auoient esté Romains comme luy; qu'ils auoient combatu, comme il alloit combattre; que les mesmes ennemis l'attendoient; que pour le rendre victorieux, de ceux qui les auoient vaincus, il falloit se rendre les Dieux propices; & mettre dans l'ame de ses Soldats, le desir de se vanger, pour y accroistre celuy de combattre, & de r'emporter la victoire. Mais les maximes de Tibere, & celles de Germanicus, estoient bien differentes: aussi les ont-elles conduits, à des chemins bien differents. Tibere Regne, Romains, & Germanicus est mort. Rendez-luy du moins les mesmes honneurs, qu'il rendit aux Soldats de Varus : & puis qu'il eut assez de cœur pour vanger leur perte, soyez du moins assez genereux pour pleurer la sienne. Cependant, ne le laissons pas plus long-temps, au milieu de cette affreuse campagne couuerte de morts: regardons-le dans ses Conquestes: voyons comme le vaillant Arminius n'ose l'attendre: & voyós auec quelle addresse, quelle conduite, & quel courage, il poursuit & surmonte, vn si genereux ennemy. Germanicus ioignit en cette occasion, la prudence à la valeur: & surprenant les Cattes, lors qu'ils y pensoiēt le moins, il rauagea tout leur Païs ; prit la ville de Martium, Capitale de la Prouince; y mit le feu, y fit grand nombre de prisonniers ; & apres auoir porté la terreur par tout, il reprit le chemin du Rhin, sans que l'ennemy l'osast suiure. De-là, il fut secourir Segeste, que ceux de sa nation tenoient assiegé, pour fauoriser Arminius : qui depuis cela, par vne ruse de guerre, sembla plustost fuyr que se retirer. Mais ce ne fut que iusques à tant, que Germanicus fut arriué, à vne embuscade qu'on luy auoit dressée : & plust au Ciel, qu'il eust aussi heureusement éuité, toutes les embusches que l'on a dressées contre sa vie. Il paya de sa valeur en cette occasion : & voyant que les Allemans qui suiuoyent son party, s'alloient ietter dans vn marais, fort aduantageux aux ennemis ; il fit aduancer toutes les legions en bataille, ce qui mit la terreur parmy les trouppes d'Arminius, & l'assurance dans les nostres. Le bon-heur de Germanicus,

passa

AV PEVPLE ROMAIN.

passa iusques à Cecina son Lieutenant: car il surmonta toutes les difficultez qu'il rencontra; combatit auecques gloire, les troupes d'Inguiomere, & celles d'Arminius; & les armes Romaines, ne furent enfin que trop heureuses en cette rencontre: puisque si Germanicus eust aquis moins de gloire, il eust esté moins suspect. I'ay mesme sçeu, que i'ay contribué quelque chose à sa perte: l'on a creu que sa valeur, estoit aussi contagieuse, que le vice l'est en ce siecle: & qu'il m'en auoit communiqué vne partie. L'on a dis-je pensé, que puis qu'il m'auoit renduë courageuse, il feroit des Heros de tous les Soldats qui combatroient pour luy. Mais ceux qui croyoient cela, ne se souuenoient plus qu'Agripine est du sang d'Auguste: & que Germanicus a eu plus de peine, à retenir son courage qu'à l'exciter. Et puis en cette occasion, ie ne fis rien qui deust donner de l'ombrage: il est vray que sur le bruit qui courut que l'armée Romaine estoit defaite, & que les ennemis venoient rauager les Gaules; i'empesché que quelques vns trop effrayez, de cette fausse nouuelle, ne rompissent le pont qui trauersoit le Rhin:& que par ce moyen, ie sauué en quelque façon, les Legions Romaines. Il est vray encor, que lors qu'elles reuindrent, ie me tins au bout du pont, pour remercier les Soldats ; pour loüer les vns ; assister les autres : consoller les blessez ; & faire enfin, tout ce que la compassion & la generosité, me conseillerent de faire en faueur de ceux, qui venoient de cōbattre, pour l'aduantage de leur païs, pour la seureté de Tibere, & pour la gloire de Germanicus: mais si ie ne me trompe, on deuoit plustost me rendre grace pour cette action, que me regarder comme ennemie. Au reste, l'amitié que les Legiōs auoiēt, & pour Agripine, & pour Germanicus, n'a seruy qu'à l'auātage de ses ennemis: car quoy qu'il cōnust aussi bien que moy, qu'on n'auoit pour luy, que des sentiments fort iniustes; il se seruit de cette amitié des Legions, pour les engager dans ses desseins:& ses desseins n'auoient pour obiect, que la gloire de ceux qui ne l'aymoient pas. Il est vray qu'il s'obstina, à la guerre d'Allemagne : mais ce fut seulement, parce qu'il croyoit qu'il estoit à pro-

AV PEVPLE ROMAIN.

pos de le faire pour le bien public : comme en effect, l'euenement fit voir en suite ce que ie dis. Car apres que le vaillant Arminius, & le genereux Inguiomere, eurent faict leurs derniers efforts, pour leuer vne armée, capable de vaincre celle de Germanicus : & que par toutes les rufes de guerre, dont les grands Capitaines fe feruent, ils eurent fongé à prendre tous les aduantages, que la fcituation des lieux leur pouuoit donner : Germanicus ne laiffa pas de remporter, autant de victoires qu'il fit de combats, & qu'il donna de batailles. L'on n'a iamais veu d'ennemis, fe defendre plus obftinement : il fembloit qu'ils ne fuyoient quelquesfois, que pour reuenir combattre auec plus de cœur : la defaite de leurs troupes, ne faifoit qu'augmenter leur courage : & plus ils fembloient eftre prés d'eftre vaincus, plus ils tafchoient de fe mettre en eftat d'eftre victorieux. L'on euft dit que la valeur des Soldats qu'on leur tuoit, paffoit en l'ame de leurs compagnons pour vanger leur mort : & de cette forte, Germanicus ne merite pas peu de gloire, d'auoir vaincu de femblables ennemis. Entre les choses que l'on trouua, parmy le butin que l'on fit sur eux, apres vne des batailles qu'ils perdirent ; l'on y vit quātité de chaisnes qu'ils auoient portées, pour enchaisner les Soldats Romains, qui seroiēt leurs prisonniers; car ils ne doutoient point, qu'ils ne deussent remporter la victoire. Cependant, apres que Germanicus, par sa valeur & par sa conduite, eut vangé la mort de Varus; la perte de ses Legions; retrouué les enseignes perduës ; & porté la frayeur parmy tous les Barbares ; que fit-il pour son interest particulier ? que fit-il pour sa gloire ? le diray-je Romains ? oüy, disons le pour son honneur, & pour la honte de ses ennemis. Il fit esleuer vn Trophée magnifique, auec vne inscription qui disoit simplement, *que l'armée de Tibere Cesar, auoit consacré ces monuments à Mars, à Iupiter, & à Auguste : pour la victoire qu'elle auoit obtenuë, contre les Nations qui habitoient entre le Rhin & l'Albis.* Et tout cela Romains, sans parler de luy, non plus que du moindre Soldat de l'armée qu'il commandoit. Ie ne vous diray point exactement, toutes les choses

AV PEVPLE ROMAIN.

que Germanicus a faites : la Renommée vous les a apprises : & la haine que quelques vns ont euë pour luy, vous doit assez persuader, qu'il meritoit vostre amitié. Au reste, lors que Tibere iugea qu'il estoit à propos, pour les desseins qu'il auoit, que Germanicus reuint à Rome, receuoir l'honneur du Triomphe ; cét Illustre infortuné, connut bien que l'on vouloit qu'il Triomphast auāt la victoire. Cependant, il ne laissa pas d'obeïr : il laissa cette guerre imparfaite, qu'il alloit acheuer si vtilement, & si glorieusement pour vous : & sans se vouloir seruir de toute sa prudence, il escouta seulement sa generosité. Vous le vistes inuincibles Romains, dans le Char de Triomphe : mais dans le mesme instant où vous respandiez des larmes de ioye, il y auoit peut-estre quelqu'vn de ces Magiciens, dont Rome est toute remplie, qui predisoit des-ja, que vous verseriez bien-tost des larmes de douleur, sur les cendres de Germanicus. Vous sçauez encor, que l'on ne le rappella pas dans sa Patrie, pour luy permettre d'y demeurer : au contraire, on l'enuoya en vn lieu fort

Fff iij

esloigné: & l'on trouua qu'il estoit à propos, ou pour mieux dire encor necessaire; soit pour le bien du Public, ou pour celuy de quelques particuliers ; de le bannir de Rome, sur vn pretexte honnorable. Quoy qu'il en soit, il fit ce que l'õ voulut. Il fut aussi heureux à pacifier, les interests des Princes alliez du Peuple Romain, qu'il l'auoit esté à combattre ses ennemis : & si le traistre Pison, & l'ambitieuse Plancina, n'eussent pas entrepris sa perte; l'on auroit peut-estre bien eu de la peine à en venir à bout. Germanicus estoit si vniuersellement aymé, qu'il eust esté difficile, à ceux qui l'ont faict mourir, d'accroistre le nombre de leurs complices. Il sçauoit ce que l'on pensoit de luy : & l'estime qu'il auoit acquise, ne luy pouuoit estre suspecte. Car toutes les fois qu'il alloit à la guerre, il auoit accoustumé, d'aller seul la nuit desguisé en simple Soldat, escouter de tente en tente, ce que l'on disoit de luy. Ce n'est pas qu'il cherchast le plaisir d'oüir les loüanges, que l'on donnoit à sa valeur : au contraire, il cherchoit disoit-il, à s'instruire de ses defauts, afin de s'en cor-

AV PEVPLE ROMAIN.

riger. Voyla Romains, quel estoit Germanicus : son ame estoit toute noble, & toute genereuse: & sous quelque forme que la mort se presentast, il la regardoit d'vn visage asseuré. Il a veu la tempeste, luy disperser son armée, & pousser son vaisseau contre des escueils, sans auoir d'autre apprehension, que celle de voir perir les Legions Romaines. On l'a veu apres ce naufrage, payer à tous les Soldats qui en eschaperent, ce que l'orage leur auoit faict perdre: on l'a veu tant qu'il a vescu, seruir ses plus grands ennemis: & ce qui est le plus estrange, & le plus merueilleux, il est mort sans rien dire, contre le chef de la conspiration, que l'on a faite contre sa vie: & il s'est contenté de prier ses amis, d'en faire punir les complices. Il me semble Romains, que c'est la moindre chose, que l'on puisse accorder aux cendres, d'vn petit fils d'Anthoine, d'vn neueu d'Auguste, & d'vn mary d'Agripine. Oüy Romains, quād Tibere seroit le Chef de cette conspiration, (ce qu'aucun d'entre vous n'oseroit dire;) que ce seroit par ses ordres, que Germanicus seroit mort ; estant Grand Politique

comme il est, il deuroit tousiours perdre les complices de son crime. Pison & Plancina, doiuent estre sacrifiez à Germanicus : & quand ce ne seroit que pour les empescher de parler, & pour essuyer vos larmes, ils doiuent respandre leur sang. Tous ceux qui se meslent de faire des meschancetez effroyables, ont tousiours accoustumé, de perdre les executeurs de leurs mauuais desseins, afin qu'on ne les en soupçonne pas. Pison a des-ja eu l'audace, de dire à Marsus Vibius, par vne raillerie insolente, qui semble regarder vne personne que ie ne nomme point, parce que i'ay plus de respect que luy; *qu'il viendroit à Rome, pour se iustifier de la mort de Germanicus, quand le Preteur informant des poisons, y auroit adiourné tous les criminels, & tous les accusateurs.* Oüy Romains, ie vous le dis encore, de quelque façon que soit mort Germanicus, Pison doit mourir : & i'espere tant de la prudence de Tibere, que ie ne doute point que Pison ne soit perdu : & qu'en quelque façon, la mort de Germanicus ne soit vangée. Mais pour obtenir cette satisfaction, employez
vos

AV PEVPLE ROMAIN.

vos larmes & vos prieres: faites retentir par tout, le nom de Germanicus: ne renfermez pas voſtre douleur, dans le Tombeau d'Auguſte, auec ces pitoyables Reliques, que nous y allons porter. Suiuez-moy Romains; allons au Senat, demander iuſtice pour Germanicus: repreſentons luy qu'il feroit honteux, de ne vanger pas la mort d'vn homme, à qui l'on a dreſſé des Arcs Triomphaux; que l'on a veu entrer à Rome, dans vn Char de Triomphe; & qui paſſe chez toutes les Nations, & meſme parmy les Barbares, pour le plus accomply d'entre les mortels. N'employons point de charmes ny d'enchantemens, pour perdre nos ennemis, comme ils ont employé, pour perdre Germanicus: ne vangeons point ſa mort, par les meſmes armes qui l'ont cauſée: fions nous en l'equité des Dieux, en la Prudence de Tibere, & en l'authorité du Senat: on n'oſeroit nous refuſer, la iuſtice que nous demandons. Vous, Soldats qui l'auez ſuiuy, demandez le ſang de Piſon, pour vanger la perte de voſtre Capitaine, racontez au Senat, les perils où

Ggg

vous l'auez accompagné : monftrez les bleffures que vous auez receuës, aux combats où il eftoit : dites auec verité, les chofes dont vous auez efté les tefmoins : & demandez enfin, que l'on vange la mort du Pere des Legiõs, & de voftre General. Vous genereux Citoiens qui m'entendez, demandez auec hardieffe, que l'on vange la perte de Germanicus : fouuenez-vous de ce qu'il eftoit ; fouuenez-vous de fa vertu ; de fa modeftie ; de fa bonté ; de fon courage; de fa liberalité ; & de fa moderation. Dites que c'eftoit le modelle, fur lequel vous efperiez regler, la vie & les mœurs de vos enfants, & les empefcher de fuiure, les mauuais exemples qu'ils voyent tous les iours. Dites que vous auez perdu, voftre fuport & voftre appuy : & demandez du moins, que l'on vange en la perfonne du traiftre Pifon, celuy que l'on vous a ofté. Enfin, qui que vous foyez, qui entendez ma voix, employez la voftre, pour demander cette equitable vangeance. Faites refonner par tout, les noms de Iules Cefar, d'Anthoine, de Marcellus, & d'Augufte, pour obtenir

AV PEVPLE ROMAIN.

ce que vous demanderez. Parlez de Tombeaux, d'vrne, & de cendres, pour exciter la compassion, dans le cœur des plus cruels. Ioignez mesmes quelques menaces aux prieres, si elles sont inutiles : & n'oubliez rien, de tout ce qui peut perdre Pison, consoler Agripine, & vanger Germanicus.

EFFECT DE CETTE HARANGVE.

CETTE Harangue ne manqua pas, d'vn effect auantageux : tout le Senat, & tout le Peuple Romain, en fut sensiblement touché : l'vn & l'autre versa des pleurs, poussa des plaintes, & s'abandonna à la douleur : & l'on eust dit, que toute la gloire de Rome, alloit entrer dans le Tombeau, auec les cendres de Germani-

cus. Chacun appelloit Agripine, l'honneur de la Patrie, le seul sang d'Auguste, l'vnique & dernier exemple, de l'ancienne vertu Romaine : *& chacun prioit les Dieux*, de vouloir conseruer sa race, & de la faire regner, au delà, & apres la ruine entiere de celle des meschans. *Enfin le zele public fut si ardent pour Germanicus & pour Agripine, que Tibere fut contrainct d'abandonner Pison, aux rigueurs de la iustice. Mais il preuint son iugement, par vn coup d'espée, qu'il se donna dans la gorge, dont il mourut à l'instant.*

SAPHO
A
ERINNE.

VINGTIESME HARANGVE.

ARGVMENT.

VOVS allez entendre parler cette Illustre femme, dont tous les siecles ont tant parlé : que Platon mesme admiroit ; dont l'image a esté grauée, comme celle d'vne Deesse, dans toute la monnoye d'vn grand Peuple ; dont il nous reste encor vne espece de Poësie, dont les vers sont appellez Saphiques, à cause que ce fut elle, qui en inuenta la mesure ; & que deux grands Hommes de l'Antiquité Grecque & Romaine, ont appellée la dixiesme Muse. Ie luy fais prendre l'occasion, d'exorter son amie à faire des vers comme elle, afin de faire voir que les Dames en sont capables : & qu'elles ont tort de negliger, vne si agreable occupation. C'est l'Argument de cette Harangue, que ie donne en particulier, à la gloire de ce beau sexe ; comme en general, ie luy ay donné tout ce volume.

Viens voir en cette belle chose,
L'estonnement de l'Vniuers :
Mais souuiens-toy que cette Prose,
N'est pas si belle que ses Vers.

SAPHO
A
ERINNE.

IL faut Erinne, il faut que ie surmonte auiourd'huy en vostre ame, cette deffiance de vous-mesme, & cette fausse honte, qui vous empeschent d'employer voſtre eſprit, aux choſes dont il eſt capable. Mais il faut auparauant que de vous parler de voſtre merite en particulier, que ie vous faſſe voir celuy de noſtre ſexe en general: afin que par cette connoiſſance, ie vous puiſſe porter plus ayſémēt à ce que ie veux. Ceux qui diſent que la Beauté, eſt le partage des femmes; & que les beaux Arts, les belles lettres, & toutes les ſciences ſublimes & releuées, ſont de la dominatiō des hommes, ſans que nous y puiſſions pretendre aucune part; ſont eſgallement eſloignez, de la iuſtice & de la verité. Si la choſe eſtoit ainſi, toutes les femmes ſeroient nées auec de la beauté, & tous les hommes auec vne forte diſpoſition à deuenir ſçauants: autrement, la Nature ſeroit iniuſte, en la diſpenſation de ſes Threſors. Cependant nous voyons tous les iours, que la laydeur ſe trouue dans noſtre ſexe, & la ſtupidité dans l'autre. Que s'il eſtoit vray, que la Beauté fuſt le ſeul aduantage, que nous euſſions receu du Ciel; non ſeulement toutes les femmes ſeroient belles, mais ie crois encor, qu'elles le ſeroiēt iuſques à la mort; que le Temps reſpecteroit

en

en elles, ce qu'il deſtruit à tous les momēts; & que n'eſtans enuoyées au monde, que pour y faire voir leur Beauté; elles ſeroient belles, tant qu'elles ſeroient au monde. En effect, ce ſeroit vne eſtrange deſtinée, de ſuruiure vn ſiecle, à la ſeule choſe, qui pourroit nous rendre recommandables: & de ce grand nombre d'années, qui nous conduiſent au Tombeau, n'en paſſer que cinq ou ſix auecques gloire. Les choſes que la Nature ſemble n'auoir faites, que pour l'ornement de l'Vniuers; ne perdent preſques iamais la Beauté, qu'elles leur a vne fois donnée. L'or, les perles, & les diamants, conſeruent leur eſclat auſſi long-temps que leur eſtre: & le Phenix meſme à ce que l'on dit, meurt auecques ſa beauté, pour reſſuſciter auec elle. Diſons donc apres cela, que puis que nous ne voyons point de roſes ny de lys ſur le teint des plus belles, que la rigueur de quelques hyuers ne fletriſſe; que nous ne voyons point d'yeux, qui apres auoir eſté plus eſclatants que le Soleil, ne ſe couurent de tenebres; & qui apres auoir faict cent Illuſtres conqueſtes, ne ſe trouuent en eſtat.

Hhh

de ne voir presques plus les conquestes des autres ; disons dis-je, que puis que nous voyons que chaque instant de la vie, nous dérobe malgré nous & malgré nos soins, les plus belles choses que nous ayons ; que le temps emporte nostre ieunesse ; que ces filets d'or où tant de cœurs se prennent, ne seront plus vn iour que des filets d'argent ; & qu'enfin cét air de la Beauté, qui se mesle si agreablement, dans tous les traits d'vn beau visage ; & où l'on voit paroistre vn rayon de la Diuinité ; n'est pas assez fort, pour vaincre les maladies, le temps, & la vieillesse ; Concluons dis-je, qu'il faut de necessité, que nous ayons d'autres aduantages que celuy-la. Et pour en parler raisonnablement, la Beauté est en nostre sexe, ce que la valeur est en celuy des hommes : mais comme cette qualité ne les empesche pas, d'aymer l'estude des belles lettres ; cét aduantage aussi, ne nous empesche point, de les apprendre & de les sçauoir. Que s'il y a quelque difference, entre les hommes & les femmes, ce doit estre seulement, pour les choses de la guerre : c'est à la Beauté de mon sexe à conquester les cœurs; & à la valeur, & à la force des hommes, à conquester des Royaumes. L'intention de la Nature, paroist si claire en cette rencontre, qu'on ne s'y peut opposer: ie consents donc, que nous laissiõs prendre des Villes, donner des batailles, & conduire des armées, à ceux qui sont nez pour cela: mais pour les choses qui n'ont besoin, que de l'imagination, de la viuacité de l'esprit, de la memoire, & du iugement; ie ne sçaurois souffrir que l'on nous en priue. Les hommes, qui comme vous sçauez, sont presques tous nos esclaues, ou nos ennemis; quand mesme les chaisnes que nous leur faisons porter leur semblent trop pesantes, ou que les ayants brisées, ils sont les plus irritez contre nous; ne nous disputent pourtant point, ny la Beanté de l'imagination; ny la viuacité de l'esprit; ny la force de la memoire; mais pour le iugement, quelques-vns ont l'iniustice de soutenir, qu'ils en ont plus que nous. Ie pense toutesfois, que la moderation, & la modestie de nostre sexe, font assez voir que nous n'en manquons point: & puis, s'il est vray que nous posse-

Hhh ij

dions ces premiers aduantages au souuerain degré ; il est presques impossible, que nous ne possedions pas l'autre. Car si nostre imagination, nous monstre les choses comme elles sont ; si nostre esprit les connoit parfaitement ; & si nostre memoire nous sert comme il faut ; le moyen que nostre iugement puisse errer ? L'imagination quand elle est viue, est vn miroir si fidelle ; l'esprit quand il est illuminé, penetre si profondement les choses ; & la memoire quand elle est heureuse & cultiuée, instruit si puissamment par l'exemple ; qu'il est impossible, que le iugement ne se forme pas. Croyez-moy Erinne, quand la mer est calme, il est difficile de faire naufrage ; le plus mauuais Pilote peut entrer au port ; & il n'est point d'escueils, que l'on ne puisse esuiter quand on les voit, & que les vagues ne sont point esmeuës. Pour moy ie vous aduouë que ie ne comprends pas, que ceux qui nous laissent l'imagination, l'esprit, & la memoire en partage ; puissent se vanter, d'auoir plus de iugement que nous. Car le moyen de penser, que leur imagination, ne leur montrant pas les choses comme elles sont ; que leur esprit, ne les connoissant pas parfaitement ; & que leur memoire, ne leur estant pas fidelle; le moyen dis-je, de penser, que sur des raports si faux, leur iugement puisse agir equitablement ? non Erinne, cela n'est pas possible : & pour estre plus raisonnables que quelques-vns d'entr'eux ; disons, que parmy eux & parmy nous, il y a des personnes qui ont tout ensemble, de l'imagination, de l'esprit, de la memoire, & du iugement. Ce n'est pas que si ie le voulois, ie ne pusse faire voir, par vne induction forte & puissante; que nostre sexe pourroit se vanter, d'estre plus riche des Thresors de l'esprit que celuy des hommes. Car considerez Erinne, cét ordre presques Vniuersel, que l'on voit entre tous les animaux, qui viuent dans les bois & dans les cauernes : vous verrez, que ceux qui sont nez auec de la force & du cœur, sont bien souuent peu adroits, & peu intelligents : & que les foibles pour l'ordinaire, ont vn instinct plus puissant, & sont plus prés de la raison ; que ceux à qui la Nature, a donné d'autres aduantages. Vous iugez bien que selon cét ordre, la Nature ayant donné plus de force & plus de courage aux hommes qu'aux femmes ; elle doit aussi nous auoir donné, & plus d'esprit, & plus de iugement: Mais encore vne fois Erinne, accordons leur qu'ils en ont autāt que nous ; pourueu qu'ils demeurent aussi d'accord, que nous en auōs autant qu'eux. Vous me direz peut-estre, que quand du consentement de tous les hō-mes, i'auray obtenu cette déclaration ; ie ne pourray pas encore vous persuader, que la connoissance de belles lettres, soit bien-seante à vne femme: puis que par vn vsage que les hommes ont establý, de crainte peut-estre d'estre surmontez par nous ; l'estude nous est aussi defenduë que la guerre. Faire des Vers, est mesme chose que donner des batailles, si nous les en voulons croire : & pour tout dire, il semble que l'on ne nous permet, que ce que l'on nous deuroit plu-stost defendre. Quoy Erinne, nous aurons l'imagination belle ; l'esprit clair-voyant ; la memoire heureuse ; le iugement solide ; & nous n'employerons toutes ces choses, qu'à friser nos cheueux, & qu'à chercher les ornements, qui peuuent adiouster quelque chose à nostre Beauté: non Erinne, ce seroit abuser inutilement, des faueurs que nous auons receuës du Ciel. Celles qui sont nées auec des yeux à faire des conquestes, n'ont que faire de ioindre l'artifice, aux graces de la Nature: & ce seroit donner vn indigne employ à l'esprit, que de ne le faire agir toute nostre vie, qu'à de semblables occupations. On pourroit mesme dire, que si les choses estoient ordonnées comme il faut, l'estude des belles lettres, deuroit plustost estre permise aux femmes qu'aux hommes: car comme ils ont la conduite de l'Vniuers; que les vns sont Roys; les autres Gouuerneurs de Prouinces; quelques-vns Sacrificateurs; les autres Magistrats; & tous en General, Maistres de leurs familles: & par consequent occupez, ou aux affaires du Public, ou aux leurs en particulier; ils ont sans doute peu de temps à donner, à cette sorte d'estude. Il faut qu'ils le dérobent à leurs suiets, à leurs amis, ou à eux-mesmes: mais pour nous, nostre loisir & nostre retraicte, nous en donnent toute la facilité, que nous pourrions souhaitter. Nous ne dérobons rien au Public ny à nous mesmes: au contraire, nous nous enrichissons, sans apauurir les autres; nous illustrons nostre Patrie, en nous rendans Illustres; & sans faire tort à personne, nous aquerons beaucoup de gloire. Il est biē iuste ce me semble, puis que nous laissons la domination aux hommes, qu'ils nous laissent du moins la liberté, de connoistre toutes les choses, dont nostre esprit est capable: Le desir du bien, ne nous doit point estre defendu: & par consequent, ce n'est pas vn crime de le pratiquer. Les Dieux n'ont riē faict d'inutile en toute la Nature: chaque chose suit l'ordre, qui luy a esté donné: le Soleil esclaire & eschauffe l'Vniuers: la Terre nous donne tous les ans des fleurs & des fruicts: la mer nous donne toutes ses richesses: les riuieres arrousent nos prairies: les bois nous prestent leurs ombrages: & toutes choses enfin, seruent à la societé Publique. Cela estant ainsi, pourquoy veut-on que nous soyons les seules rebelles & mesconnoissantes enuers les Dieux? pourquoy veut on dis-je, que nostre Esprit soit ou

indignement

A ERINNE.

indignement employé, ou eternellement inutile? qu'elle bien-feance peut-il y auoir, à mefprifer ce qui eft honnefte? & quelle raifon peut tomber d'accord, que ce qui eft infiniment loüable de foy, deuienne mauuais & condamnable dés qu'il eft en nous? Ceux qui ont des efclaues, les font inftruire pour leur commodité: & ceux que la Nature ou l'vfage, nous ont donnez pour Maiftres, veulent que nous efteignions en noftre ame, toutes les lumieres que le Ciel y a mifes: & que nous viuions, dans les plus efpaiffes tenebres de l'ignorance. Si c'eft pour obtenir plus ayfément noftre admiration, ils n'arriuent pas à leur fin: puis que nous n'admirons point, ce que nous ne connoiffons pas. Que fi c'eft auffi, pour nous rendre plus affuietties, ce fentiment n'eft pas genereux: & s'il eft vray, qu'ils ayent quelque Empire fur nous, c'eft rendre leur domination peu glorieufe, que de regner fur des ftupides & fur des ignorantes. Vous me direz peut-eftre, que tous les hommes ne nous font pas fi rigoureux: & que quelques-vns consentent, que les femmes employent leur esprit, à la connoissance des belles lettres : pourueu qu'elles ne se meslent pas, de vouloir elles mesmes composer des ouurages. Mais que ceux qui sont de cette opinion se souuiennent, que si Mercure & Apollon sont de leur sexe, Minerue & les Muses sont du nostre. I'aduouë neantmoins, qu'ayant autant receu du Ciel que nous auons, nous ne deuons pas nous engager legerement, à vne semblable chose. La honte par exemple, n'est pas à faire des Vers; mais à en faire mal : & si les miens n'auoient eu le bon-heur de plaire, ie n'en aurois iamais monstré deux fois. Cette honte ne nous est pas toutesfois particuliere : & quiconque faict mal vne chose, qu'il entreprend volontairement ; merite sans doute d'en estre blasmé, de quelque sexe qu'il puisse estre. Vn mauuais Orateur, vn mauuais Philosophe, & vn mauuais Poëte, n'acquierent guere plus de gloire, qu'vne femme qui s'acquiteroit de mauuaise grace de toutes ces choses : & de quelque sexe que l'on soit, on merite reprehen-

A ERINNE.

sion quand on faict mal; & beaucoup d'estime quand on faict bien. Mais pour donner quelque chose à l'visage, & à la deprauation du siecle; laissez Erinne, toutes ces sciences espineuses, à ceux qui n'ayment à chercher la gloire, que par des sentiers difficiles. Ie ne veux pas vous conduire, en des lieux où vous ne voyez rien d'agreable : Ie ne veux pas que vous passiez toute vostre vie, dans les importunes recherches, de ces secrets qu'on ne trouue point : Ie ne veux pas que vous employez tout vostre esprit inutilement, à connoistre en quel lieu les vents font leur retraite, apres auoir fait faire des naufrages : & ie ne veux pas enfin, que vous consumiez le reste de vos iours, à Philosopher indifferemment sur toutes choses. I'ayme vostre repos, vostre gloire, & vostre Beauté tout ensemble : ie ne veux point pour vous de ces sortes d'estude, qui rendent le teint iaune; les yeux enfoncez; le visage haue; qui mettent des rides sur le front; & qui rendent l'humeur sombre & inquiete. Ie ne veux point que vous fuyez la societé ny la lumiere : mais ie veux seulement, que vous me suiuiez aux bords du Permesse. C'est-là Erinne, que ie vous veux conduire : c'est-là que vous me surpasserez, aussi-tost que vous y serez arriuée : c'est là que vous acquerrez vne Beauté, que le Temps, les années, les saisons, la vieillesse, & la mort mesme, ne pourront vous dérober : & c'est la enfin, que vous connoistrez parfaitement, que nostre sexe est capable, de tout ce qu'il veut entreprendre. Vous me direz peut-estre, qu'en voulant vous porter à la Poësie, ie ne vous tiens pas ma parole : puis que dans les descriptions que l'on fait de ceux qui font des vers, il semble que la Beauté ne peut compatir, auec les grimaces que l'on leur faict faire. Mais sçachez Erinne, que cela n'est qu'vne inuention des hommes : qui ont voulu faire entendre, que comme nous voyons ceux qui rendent les Oracles, estre troublez par la presence du Dieu qui les faict parler ; de mesme aussi, la Poësie estant toute diuine, trouble ceux qui la pratiquent. Mais quand cela seroit ainsi, vos yeux n'en seroient pas

A ERINNE.

moins clairs : car comme lors que l'oracle est rendu, le Prestre retrouue sa premiere tranquilité ; vous n'aurez pas aussi plustost quité la plume, que vous retrouuerez vos premieres graces. Et puis, ie ne pense pas que vous remplissiez iamais vostre esprit, de si funestes images, qu'il en puisse reiallir, quelque chose de funeste dans vos yeux. Vous serez Maistresse absoluë, des suiets que vous voudrez traicter : & de tant de beautez qui sont en la Nature, vous pourrez choisir celle, qui touchera le plus vostre inclination. La description d'vn bois, ou d'vne fontaine; les pleintes d'vn Amant & d'vne Maistresse; ou l'Eloge de quelque vertu ; vous donneront d'assez amples suiets, de faire paroistre les Talents, que le Ciel a mis en vostre personne. Vous estes née auec de si glorieux aduantages, que vous seriez ingrate enuers ceux qui vous les ont donnez, si vous n'en sçauiez pas bien vser. Vous me demanderez peut-estre, s'il n'est pas assez glorieux à vne belle femme, que tous les beaux esprits de son temps, fassent des vers à sa loüange, sans

Iii iij

qu'elle se mesle, de faire elle-mesme son portraict ? Vous me demanderez dis-je, si sa
gloire n'est pas mieux establie de cette façon que de l'autre ? mais i'ay à vous respondre, que quelques Eloges que l'on vous
puisse donner, il vous feroit plus glorieux,
d'auoir faict des vers pour tous les Illustres
de vostre siecle, si vous les faisiez bien ; qu'il
ne vous le seroit, qu'ils en eussent tous faict
pour vous. Croyez-moy Erinne, il vaut
mieux donner l'immortalité aux autres,
que de la receuoir d'autruy : & trouuer sa
propre gloire chez soy, que de l'attendre
d'ailleurs. Les portraits que l'on feroit de
vous de cette sorte, ne passeroient peut-estre
vn iour chez la Posterité, que pour des tableaux faicts à plaisir. On admireroit plus
l'imagination des Poëtes, que vostre beauté ; & les copies enfin, passeroient pour Ori-
ginaux. Mais si de vostre propre main, vous
laissez quelques marques de ce que vous
estes, vous viurez tousiours auec honneur, en la memoire de tous les hommes;
ceux de vostre siecle qui vous auront loüée,

A ERINNE. 439

passeront lors pour veritables ; & ceux qui ne l'auront pas faict, pour stupides ou pour enuieux. Ie ne pretends pas toutesfois, que vous fassiez vostre portraict ; que vous parliez de vostre Beauté ; de vostre vertu ; & de toutes les rares qualitez qui sont en vous : Non, ie ne veux pas imposer, vne si dure chose à vostre modestie. La Poësie a bien d'autres priuileges : vous n'auez que faire de parler de vous, pour vous faire connoistre à la Posterité : vous n'auez qu'à parler de bonne grace, & l'on vous connoistra assez. Oüy Erinne, quād vous n'employeriez vostre plume, qu'à blasmer les vices de vostre siecle, on ne laisseroit pas de vous loüer. Considerez donc encore vne fois ie vous en coniure ; combien foible & peu durable, est la reputation qui se fonde sur la Beauté. De tout ce nombre infiny de belles femmes, qui ont sans doute vescu dans les siecles qui ont precedé le nostre, à peine auons nous oüy parler de deux ou trois seulement : & dans ces mesmes siecles, nous voyons la gloire de plusieurs hommes, solidement establie, par les escrits qu'ils nous ont laissez. Faites Erinne, que le Temps, la vieillesse, & la mort, ne vous dérobent que des roses ; & qu'ils n'emportent pas toute vostre Beauté. Triomphez de ces ennemis de toutes les belles choses : mettez-vous en estat de soûtenir par vostre exemple, la gloire de nostre sexe : faites aduoüer à nos communs ennemis, qu'il nous est aussi facile de les vaincre, par la force de nostre esprit, que par la Beauté de nos yeux : faites paroistre vostre iugement, par le mespris des sottises, que le vulgaire dira, de vostre resolution : faites voir à toute la Terre, de si beaux tableaux de vostre imagination ; de si nobles efforts de vostre esprit ; de si beaux effects de vostre memoire ; & de si belles marques de vostre iugement ; que vous seule ayez l'aduantage, d'auoir restably la gloire de toutes les femmes. Ne mesprisez donc pas ce que ie vous dis : car si par vne fausse honte, vous ne vous resoluez point à me suiure ; & que vous fassiez consister, toute vostre gloire en vostre Beauté ; vous pleurerez de vostre viuant, la perte de cette Beauté.

A ERINNE.

Beauté. L'on parlera de vous, comme si vous auiez esté d'vn autre siecle : & vous trouuerez lors, que i'auray eu raison de vous dire auiourd'huy, ce que ie pense auoir dit autrefois, dans quelques vns de mes Vers;

Les lys, les œillets, les Roses,
Et toutes ces belles choses,
Dont vostre visage est peint;
L'esclat des yeux & du teint;
Tout perdra forme & matiere;
Et vous mourrez toute entiere,
Si pour vaincre la Parque, & la fatalité,
Vous n'allez par l'estude, à l'immortalité.

EFFECT DE CETTE HARANGUE.

ON ne peut pas dire, que cette Harangue n'eut point d'effect, si l'on prend les choses au pied de la lettre : car il paroit bien, que celle à qui elle s'adressoit, se laissa porter où l'on voulut, puis qu'une Epigramme Grecque nous a dit ; qu'autant que Sapho surpassoit Erinne en Poësie Lyrique ; autant Erinne surpassoit Sapho, en vers Hexametres. Que si l'on s'esloigne du sens Literal, pour s'aprocher de mes intentions ; ie seray bien glorieux, si ie puis persuader à nos Dames, ce que cette belle Lesbienne, persuadoit à son Amie : & plus encore, si ie puis persuader à toute la terre, que ce beau Sexe, est digne de nostre adoration : afin qu'on luy consacre vn iour des Temples & des Autels, comme ie luy consacre maintenant, L'ARC DE TRIOMPHE, QVE I'AY ESLEVÉ A SA GLOIRE.

FIN.

PRIVILEGE DV ROY.

LOVIS PAR LA GRACE DE DIEV ROY DE FRANCE ET DE NAVARRE, A nos amez & feaux Conseillers les Gens tenans nos Cours de Parlemens, Maistres des Requestes ordinaires de nostre Hostel, Baillifs, Seneschaux, Preuosts, leurs Lieutenans, & tous autres de nos Iusticiers & Officiers qu'il appartiendra, Salut. Nostre cher & bien amé le sieur DE SCVDERY nous a fait remonstrer qu'il a composé vn Liure intitulé *Les Femmes Illustres, ou les Harangues Heroïques, auec les Portraits tirez sur les Medailles antiques.* Lequel liure il desireroit faire imprimer s'il nous plaisoit luy accorder nos Lettres sur ce necessaires. A CES CAVSES, desirant traitter fauorablement ledit Exposant, Nous luy auons permis & permettons par ces presentes, de faire imprimer, vendre & debiter ledit Liure en tous les lieux de nostre obeyssance par tel Imprimeur ou Libraire qu'il voudra choisir, en vn ou plusieurs volumes, en telles marges, en tels charactres, & autant de fois que bon luy semblera, durant l'espace de six ans entiers & accomplis, à compter du iour que chaque volume sera acheué d'imprimer pour la premiere fois. Et faisons tres-expresses defenses à toutes personnes, de quelque qualité & condition qu'elles soient, de l'imprimer, faire imprimer, védre ny distribuer en aucũ lieu de noſtre obeïſſance durāt ledit tēps, auec figures ou ſans figures, ny d'en diſtraire aucune choſe, ny d'en emprunter le titre & le frontiſpice ſans le conſentement de l'Expoſant, ou de ceux qui auront droict de luy, à peine de quinze cens liures d'amende, payables par chacun des contreuenans, applicables vn tiers à Nous, vn tiers à l'Hoſtel-Dieu de Paris, & l'autre tiers à l'Expoſant ou au Libraire qu'il aura choiſy, de confiſcation des exemplaires contrefaits, & de tous deſpens, dommages & intereſts, A condition qu'il ſera mis deux exemplaires dudit Liure en noſtre Bibliotheque publique, & vn en celle de noſtre tres-cher & feal le ſieur Seguier, Cheualier, Chancelier de France, auant que de l'expoſer en vente, à peine de nullité des preſentes. Du contenu deſquelles nous vous mandons que vous faſſiez ioüir pleinement & paiſiblement l'Expoſant & ceux qui auront droict de luy, ſans ſouffrir qu'il leur ſoit fait ny donné aucun empeſchement. Voulons auſſi qu'en mettant au commencement ou à la fin dudit Liure vn extraict des preſentes, elles ſoient tenuës pour deuëment ſignifiées, & que foy y ſoit adiouſtée, & aux Coppies collationnées par l'vn de nos amez & feaux Conſeillers Secretaires, comme à l'Original. Mandons au premier noſtre Huiſſier ou Sergent ſur ce requis de faire pour l'execution des preſentes tous exploicts neceſſaires, ſans demander autre permiſſion. Car tel eſt noſtre plaiſir. Nonobſtant Clameur de Haro, Chartre Normande, & autres Lettres à ce contraires. Donné à Paris le dixieſme iour de Decembre l'an de Grace mil ſix cens quarante & vn. Et de noſtre regne le trente-deuxieſme. Signé, Par le Roy en ſon Conſeil, SAVLGER. Et ſeellé.

Et ledit ſieur de Scudery a cedé & tranſporté le Priuilege cy-deſſus, pour la premiere Partie ſeulement à Auguſtin Courbé Marchand Libraire à Paris, ſuiuant l'accord faict entr'eux.

Acheué d'imprimer le quinzieſme Auril 1642.

Les exemplaires ont eſté fournis.

Fautes suruenuës à l'Impreßion.

PAge 8. ligne 25. Siegneur, lisez Seigneur. p. 11. lig. 18. onnée, l. donnée. p. 22. lig. 14. plein, l. pleint. p. 54. lig. 11. esta, l. estat. p. 93. lig. 14. leur deffendre, l. deffendre. p. 160. lig. 6. aiment, l. aime. p. 178. lig. 13. veillent, l. veuillent. p. 179. lig. 3. s'eslolgner, l. s'éloigner. p. 181. lig. 2. il manque vne virgulle p. 1.3. lig. 1. il faut mettre vn point. p. 203. lig. 8. il faut vn poinct p. 300. lig. 25. toutes sortes, l. toute sorte. p. 302. lig. 17. il faut vn point, au lieu d'vne virgulle. p. 318. lig. 17. cent, l. cents. p. 319. lig. 22. il faut oster deux poincts. p. 332. lig. 14. long, l. longs. p. 338. lig. 16. admira, l. admirera. p. 353 lig. 1. arrichissez, l. enrichissez. p. 356. lig. 17. punis, l. punist. p. 388. lig. 10. permy, l. permis. p. 389. lig. 5. permis, l. permist. p. 417. lig. 16. ils ont, l. ils en ont. p. 424 lig. 4. fexe, l. sexe. p. 430. lig. 12. de, l. des p 431. lig. 17. Magistrats, l. Magistrats.

www.ingramcontent.com/pod-product-compliance
Lightning Source LLC
Chambersburg PA
CBHW070216240426
43671CB00007B/671